THOMAS HOCCLEVE

A FACSIMILE OF THE AUTOGRAPH VERSE MANUSCRIPTS

EARLY ENGLISH TEXT SOCIETY

S.S. 19

2002

THOMAS HOCCLEVE

A FACSIMILE OF THE AUTOGRAPH

VERSE MANUSCRIPTS

Henry E. Huntington Library, San Marino (California), MSS HM 111
and HM 744; University Library, Durham (England), MS Cosin V. III. 9

———

WITH AN INTRODUCTION BY
J. A. BURROW and A. I. DOYLE

Published for
THE EARLY ENGLISH TEXT SOCIETY
by the
OXFORD UNIVERSITY PRESS
2002

OXFORD

UNIVERSITY PRESS

Great Clarendon Street, Oxford OX2 6DP

Oxford University Press is a department of the University of Oxford.
It furthers the University's objective of excellence in research, scholarship,
and education by publishing worldwide in

Oxford New York

Auckland Bangkok Buenos Aires Cape Town Chennai
Dar es Salaam Delhi Hong Kong Istanbul Karachi Kolkata
Kuala Lumpur Madrid Melbourne Mexico City Mumbai Nairobi
São Paulo Shanghai Singapore Taipei Tokyo Toronto

Oxford is a registered trade mark of Oxford University Press
in the UK and in certain other countries

Published in the United States
by Oxford University Press Inc., New York

British Library Cataloguing in Publication Data
Data available

Library of Congress Cataloging in Publication Data
Data applied for

ISBN 0-19-722420-2

Typeset by Joshua Associates Ltd., Oxford
Printed in Great Britain
on acid-free paper by
Print Wright Ltd., Ipswich

ACKNOWLEDGEMENTS

The Council of the Society wishes to thank the Librarians of the Huntington Library and the Durham University Library for granting permission to reproduce their manuscripts and for the cooperation of their staff in the production of this volume. We are also grateful to the Master and Fellows of Trinity College, Cambridge, for permitting reproduction from their manuscript in Figure 2 here.

The editors have been indebted to Dr Mary Robertson of the Huntington Library and Professor Thorlac Turville-Petre for their assistance with the Huntington copies. Professor Malcolm Parkes has played an active part in the work, and the editors wish to mark their particular debt to him for his generous help and advice throughout.

CONTENTS

ABBREVIATIONS USED IN THE INTRODUCTION

Burrow, *Thomas Hoccleve* Burrow, J. A., *Thomas Hoccleve*, Authors of the Middle Ages 4 (Aldershot, 1994)

Burrow, EETS Burrow, J. A., ed., *Thomas Hoccleve's Complaint and Dialogue*, EETS 313 (1999)

Doyle and Parkes Doyle, A. I., and M. B. Parkes, 'The production of copies of the *Canterbury Tales* and the *Confessio Amantis* in the early fifteenth century', in *Medieval Scribes, Manuscripts and Libraries: Essays Presented to N. R. Ker*, ed. M. B. Parkes and A. G. Watson (London, 1978), pp. 163–210

Ellis Ellis, R., ed., *'My Compleinte' and Other Poems: Thomas Hoccleve*, Exeter Medieval Texts and Studies (Exeter, 2001)

Guide *Guide to Medieval and Renaissance Manuscripts in the Huntington Library*, C. W. Dutschke *et al.* (San Marino, 1989)

Hammond, *Chaucer* Hammond, E. P., *Chaucer: A Bibliographical Manual* (New York, 1908)

Hammond, *English Verse* Hammond, E. P., ed., *English Verse between Chaucer and Surrey* (Durham NC, 1927)

IMEV *Index of Middle English Verse*, ed. C. Brown and R. H. Robbins (New York, 1943)

Mason Mason, G., ed., *Poems by Thomas Hoccleve Never Before Printed* (London, 1796)

Minor Poems *Hoccleve's Works: The Minor Poems*, ed. F. J. Furnivall and I. Gollancz, EETS ES 61 (1892) and ES 73 (1925), revised reprint in one volume, ed. J. Mitchell and A. I. Doyle (1970)

O'Donoghue O'Donoghue, B., ed., *Thomas Hoccleve: Selected Poems* (Manchester, 1982)

Parkes, *Pause and Effect* Parkes, M. B., *Pause and Effect: An Introduction to the History of Punctuation in the West* (Aldershot, 1992)

Pryor Pryor, M. R., ed., *Thomas Hoccleve's Series: An Edition of MS Durham Cosin V iii 9*, Ph.D. thesis, University of California, Los Angeles (1968)

Regement of Princes *The Regement of Princes*, ed. F. J. Furnivall, EETS ES 72 (1897)

SAC *Studies in the Age of Chaucer*

Seymour Seymour, M. C., ed., *Selections from Hoccleve* (Oxford, 1981)

Skeat, *Chaucerian and Other Pieces* *Chaucerian and Other Pieces*, ed. W. W. Skeat, Supplementary Volume to Skeat's *Complete Works of Geoffrey Chaucer* (Oxford, 1897)

STC *A Short-Title Catalogue of Books Printed in England, Scotland, and Ireland 1475–1640* 2nd ed., 3 vols (London, 1976–91)

INTRODUCTION

THIS FACSIMILE reproduces three manuscripts which contain English writings by Thomas Hoccleve, copied by the poet himself in his last years, between 1422 and his death in 1426. In the order followed here, these are: California, San Marino, Henry E. Huntington Library, MS HM 111, Huntington Library, MS HM 744, and Durham University Library, MS Cosin V. iii. 9. The two Huntington manuscripts are put first because they were probably copied by the poet rather earlier than the Durham MS. It has been suggested that they originally formed part of a single volume.[1] Together the three manuscripts contain 7034 lines of Hoccleve's verse, along with three prose pieces, in authorial fair copies. They provided the material for the Early English Text Society editions of Hoccleve's 'Minor Poems', which include all their contents except the incomplete copy of *Learn to Die* at the end of HM 744. (This was omitted because the Durham MS has a complete copy of the same poem—the only text to appear more than once in the manuscripts.) With the important exception of Hoccleve's major work *The Regiment of Princes*, of which no holograph copy is known, all the poems currently attributed to him are to be found in these three manuscripts, some of them only here. Nothing certain is known about the original purpose or destination of the Huntington copies, but Hoccleve directed the Durham collection in a concluding envoy (fol. 95^r) to Joan Beaufort, Countess of Westmorland.

In a poem evidently intended to accompany a holograph copy of *The Regiment of Princes* to be presented to John of Lancaster, Hoccleve apologised for the quality of his writing in that copy (now lost), ascribing it to the weakness of his eyes (HM 111, fol. 37^v ll. 3–9); but the present manuscripts, copied several years later, show no evident signs of disability. The Secretary script is generally clear and firm, and mistakes in copying are few (*at* omitted between *nat* and *al* in Durham, fol. 15^v line 16, for instance, and *thow* omitted before *now* in Durham, fol. 16^r l. 2).[2] As a senior member of the office of the Privy Seal, Hoccleve was an experienced clerk, long accustomed to the accurate writing of Latin and French documents, and he brings the same discipline to his writing of English.[3] The spelling of words is, for the period, quite remarkably consistent, and he takes pains with such details as the writings of final *-e* (contributing to the syllable count in many verse lines). It is only rarely that one has the opportunity to read Middle English verse in such copies, carefully made by the poet himself and free from all suspicion of interference by scribal intermediaries.[4]

The present volume reproduces all Hoccleve's work in the three manuscripts, excluding the first, non-Hocclevian, part of HM 744, which was originally separate. There may be some slight discrepancies between the dimensions of the facsimiles and the originals. It should also be noticed that the colour of the leaves and ink here is only an approximation, preferred for sharpness of definition, and not an exact rendering of the colours of the original manuscripts, which vary somewhat but are in general rather yellower.

---

[1] See J. M. Bowers, 'Hoccleve's Huntington holographs: the first "Collected Poems" in English', *Fifteenth-Century Studies* 15 (1989), 27–51. The matter is discussed below, p. xxvii.

[2] Considerations of sense and metre are here supported by the evidence of scribal copies not descended from the Durham MS.

[3] Hoccleve's writing of French and Latin documents may be seen in the formulary compiled, mostly by himself, in the last years of his life, to serve as a collection of models of office practice for the benefit of his successors: British Library MS Add. 24062: see p. xxxvi, n. 1.

[4] See R. Beadle, 'English autograph writings of the later Middle Ages: some preliminaries', *Gli Autografi Medievali: Problemi Paleografici e Filologici*, ed. P. Chiesa and L. Pinelli (Spoleto, 1994), 249–68.

CONTENTS OF THE MANUSCRIPTS

HUNTINGTON LIBRARY MS HM III

1.   fols 3^r–7^v

¶O womman þat among the peple speek

How þat the wombe blessid was þat beer . . .

IMEV 2428; pr. *Minor Poems*, pp. 1–8, as 'The Compleynte of the Virgin before the Cross'; also Seymour, pp. 1–7 and Ellis, pp. 53–60 (both with opening stanzas from the Egerton MS). Lacks first six stanzas by loss of leaf. At end: 'Ceste conpleynte paramont feust translatee au commandement de ma Dame de Hereford que dieu pardoynt'. Joan, Countess of Hereford, died in 1419. A scribal text from British Library MS Egerton 615, printed in *Regement of Princes*, pp. xxxvii–xlv, contains the missing stanzas at the beginning, together with five stanzas at the end probably not by Hoccleve. In this form, the poem appears in the Middle English translation of Deguileville's *Pelerinage de l'Ame*, the ten MSS of which are listed in R. P. McGerr (ed.), *The Pilgrimage of the Soul*, I (New York, 1990); also Burrow, *Thomas Hoccleve*, pp. 52–3.

2.   fols 1^r–2^v, 8^r–16^v

Ceste feust faicte au temps que le .R. .H. le .V^t. que dieu pardoint feust a Hampton sur son primer passage vers Harflete

The laddre of heuene / I meene charitee

Comandith vs / if our brothir be falle . . .

IMEV 3407; pr. *Minor Poems*, pp. 8–24, as 'To Sir John Oldcastle A. D. 1415'; also Toulmin Smith, *Anglia* 5 (1882), 9–42; Seymour, pp. 61–74; R. H. Robbins, *Historical Poems of the XIVth and XVth Centuries* (Oxford, 1959), pp. 106–8. Transcription with introduction and notes by Richard James (1592–1638) in Bodleian Library MS James 34 and British Library MS Additional 33785.

3.   fols 16^v–26^r

Cy ensuyt la male regle de .T. Hoccleue

O precious tresor inconparable

O ground & roote of prosperitee . . .

IMEV 2538; pr. *Minor Poems*, pp. 25–39; also Mason, pp. 27–57; Hammond, *English Verse*, pp. 60–6; Seymour, pp. 12–23; O'Donoghue, pp. 47–60; Ellis, pp. 64–76. Nine stanzas selected from the whole make up a moral balade in Canterbury Cathedral Archives, Register O, fols 406^v–407^r: *Notes and Queries* 243 (1998), 178–80.

4.   fols 26^r–27^r

¶ Ceste balade ensuante feust faite au tresnoble Roy .H. le .V^t. que dieu pardoint le iour que les seigneurs de son Roialme lui firent lour homages a Kenyngtoun

The kyng of kynges regnyng ouer al

Which stablisshid hath in eternitee . . .

IMEV 3402; pr. *Minor Poems*, pp. 39–40; also Seymour, pp. 58–9.

5.   fol. 27^{r–v}

Cestes balades ensuyantes feurent faites au tresnoble Roy H. le quint que dieu pardoint & au treshonurable conpaignie du Iarter

To yow welle of honur and worthynesse

Our right cristen kyng / heir & successour . . .

Lancaster, later (1414) Duke of Bedford, on whom see M. J. Barber, *Book Collector* 12 (1963), 308–15. Scribal copies in two *Regiment* MSS: Bodleian Library MS Dugdale 45, fol. 97$^{r–v}$; British Library MS Royal 17. D. xviii, fol. 100^r.

12.   fol. 38$^{r–v}$

Fadir in god benigne and reuerent
My lord the Chanceller / with al humblesse . . .

IMEV 783; pr. *Minor Poems*, p. 58, as 'Balade to my Lord the Chancellor'. Probably addressed to Thomas Langley, Chancellor and Bishop of Durham, 1406–7: Burrow, *Thomas Hoccleve*, p. 15.

13.   fols 38^v–39^r

Cestes Balade & chanceon ensuyantz feurent faites a mon Meistre .H. Somer quant il estoit Souztresorer

The Sonne with his bemes of brightnesse
To man so kyndly is & norisshynge . . .

IMEV 3480; pr. *Minor Poems*, pp. 59–60; also Mason, pp. 59–62; Hammond, *English Verse*, pp. 66–7; Seymour, p. 25; O'Donoghue, pp. 68–9; Ellis, pp. 79–80. Henry Somer was Under-Treasurer at the Exchequer from 1408 to 1410: Burrow, *Thomas Hoccleve*, pp. 15–16.

14.   fol. 39^v

Somer þat rypest mannes sustenance
With holsum hete of the Sonnes warmnesse . . .

IMEV 3224; pr. *Minor Poems*, p. 60; also Mason, pp. 62–3; Hammond, *English Verse*, p. 67; Seymour, p. 26; O'Donoghue, pp. 69–70; Ellis, p. 80. The heading to no. 13 above includes this item.

15.   fols 39^v–40^r

¶ Ceste balade ensuyante feust mise en le fin du liure del Regiment des Princes

O litil book / who yaf thee hardynesse
Thy wordes to pronounce in the presence . . .

IMEV 2229; pr. *Minor Poems*, p. 61; also Seymour, p. 53. Found at the end of most copies of the *Regiment*; pr. from British Library MS Royal 17. D. vi in the editions of Wright (1860) and of Furnivall.

16.   fol. 40$^{r–v}$

¶ Item au Roy que dieu pardoint

Victorious Kyng our lord ful gracious
We humble lige men to your hynesse . . .

IMEV 3854; pr. *Minor Poems*, p. 62; also Mason, pp. 71–2; Seymour, pp. 53–4. Another copy in Bodleian Library MS Fairfax 16, fols 198^v–199^r.

17.   fol. 41$^{r–v}$

See heer my maister Carpenter I yow preye
How many chalenges ageyn me be . . .

IMEV 3082; pr. *Minor Poems*, pp. 63–4, as 'Balade to my maister Carpenter'; also Mason, pp. 73–5; Hammond, *English Verse*, p. 67; Seymour, p. 24. John Carpenter (1370–1441) was town clerk of London, 1417–38: see W. Scase, *Medium Aevum* 61 (1992), 267–9. His name is written in darker ink over an erasure. The original recipient of the poem was supplied with the names of Hoccleve's creditors (see l. 8), represented here by the sidenote 'A de B & C de D. &c', followed by 'Ceste balade feust tendrement considere & bonement execute'.

HUNTINGTON LIBRARY MS HM 744

5.   fols 33ʳ–36ʳ
      Item de beata virgine
          Syn thow modir of grace haast euere in mynde
          Alle tho / þat vp on thee han memorie . . .
      IMEV 3150; pr. *Minor Poems*, pp. 285–9.

6.   fols 36ʳ–39ʳ
      Item de beata virgine

6(a).   fols 36ʳ–36ᵛ
          Who so desirith to gete and conquere
          The blisse of heuene ⫶ needful is a guyde . . .

6(b).   fols 36ᵛ–39ʳ (text beg. 37ʳ)
      Explicit prologus & incipit fabula
          Ther was whilom / as þat seith the scripture
          In France / a ryche man and a worthy . . .
      IMEV 4122; pr. *Minor Poems*, pp. 289–93 ('prologus' and 'fabula' as separate items, nos VI and
      VII, the latter as 'The Story of the Monk who clad the Virgin by Singing Ave Maria'); also B. Boyd,
      The Middle English Miracles of the Virgin (San Marino, 1964), pp. 50–5; Ellis, pp. 88–91. A sidenote
      at the head of 6(a) on fol. 36ʳ in Hoccleve's hand: 'Ce feust faicte a linstance de .T. Marleburgh'.
      Thomas Marleburgh, a London stationer, was a warden of the Limners and Textwriters Guild in
      1423. On Marleburgh, see Doyle and Parkes, pp. 197–8; C. P. Christianson, *A Directory of London
      Stationers and Book Artisans, 1300–1500* (New York, 1990), pp. 131–2; also J. J. Thompson,
      'Thomas Hoccleve and manuscript culture', in *Nation, Court and Culture*, ed. H. Cooney (Dublin,
      2000), pp. 81–94 (89–90). Other copies in Trinity College Cambridge MS R. 3. 21 (601), fols 274ᵛ–
      275ᵛ, and (as a Canterbury Tale assigned to the Ploughman) in Christ Church Oxford MS 152,
      fols 229ʳ–31ʳ: Hammond, *Chaucer*, pp. 444–6. The Christ Church text pr. *Chaucer Society
      Publications*, 2nd Series, 34 (1902), also J. M. Bowers, *The Canterbury Tales: Fifteenth-Century
      Continuations and Additions* (Kalamazoo, 1992), pp. 26–30.

7.   fols 39ᵛ–50ᵛ
      Lepistre de Cupide
          Cupido / vn to whos commandement
          The gentil kynrede / of goddes on hy . . .
      IMEV 666; pr. *Minor Poems*, pp. 294–308; also T. S. Fenster and M. C. Erler, *Poems of Cupid, God
      of Love* (Leiden, 1990), pp. 176–202; Ellis, pp. 93–107. A version of Christine de Pizan's *Epistre au
      Dieu d'Amours*. Ten other copies, some with changed stanza order, some incomplete: Bodleian
      Library MS Arch. Selden B. 24, fols 211ᵛ–217ʳ; Bodleian Library MS Bodley 638, fols 38ᵛ–45ᵛ;
      Bodleian Library MS Digby 181, fols 1ʳ–6ᵛ; Bodleian Library MS Fairfax 16, fols 40ʳ–47ᵛ;
      Bodleian Library MS Tanner 346, fols 41ʳ–48ᵛ; British Library MS Additional 17492, fols 89ᵛ and
      91ʳ (four stanzas); Cambridge University Library MS Ff. i. 6, fols 71ʳ–76ᵛ; Durham University
      Library MS Cosin V. ii. 13, fols 106ʳ–112ᵛ; Trinity College Cambridge MS R. 3. 20, pp. 116–30;
      National Library of Scotland MS Advocates' 1. 1. 6, fols 269ʳ–274ᵛ. The Fairfax text pr., with
      variants, in *Minor Poems*, pp. 72–91; also W. W. Skeat, *Chaucerian and Other Pieces*, pp. 217–32.
      The poem was included in Thynne's *Workes of Geffray Chaucer* (1532) and in some later *Chaucers*;
      first assigned to Hoccleve in Speght's *Chaucer* (1598): Hammond, *Chaucer*, pp. 434–6. A
      modernisation by George Sewell (1718) is printed by Fenster and Erler, pp. 224–37.

1300–1500 (London, 1977), pp. 266–80 (ll. 1–308). In the hand of John Stow (1525?–1605), and headed by him 'Thomas Hocclive', with the rest of the heading supplied in pencil by George Davenport. Other copies: Bodleian Library MS Bodley 221, fols 1^r–6^v; Bodleian Library MS Laud misc. 735, fols 1^r–5^r; Bodleian Library MS Selden Supra 53, fols 76^r–83^v; Coventry City Record Office MS Acc. 325/1, fols 40^r–43^r; Yale University, Beinecke Library MS 493, fols 1^r–6^v. Pr. from MS Selden in Seymour, pp. 75–87; O'Donoghue, pp. 19–31; Burrow, EETS, pp. 2–32; Ellis, pp. 115–27.

2.   fols 9^r–26^v
Thomas Hoccleve Dialogus cum Amico
    And endyd my complaynt / in this manere
    One knocked / at my chambre dore sore . . .
IMEV 299; pr. *Minor Poems*, pp. 110–39; also Pryor, pp. 195–240; Seymour, pp. 88–92 (extracts); Burrow EETS, pp. 52–72 (from l. 253); Ellis, pp. 138–55 (from l. 253). In the hand of John Stow up to l. 252, headed by him 'Thomas Hoccleve', with 'Dialogus cum Amico' supplied below in pencil by Davenport. Other copies (as for item 1 above): Bodley, fols 6^v–15^v; Laud, fols 5^v–15^v; Selden, fols 83^v–98^r; Coventry, fols 43^v–49^r; Yale, fols 6^v–16^v. Pr. from MS Selden in Hammond, *English Verse*, pp. 69–74 (ll. 498–826); O'Donoghue, pp. 32–45 (extracts); Burrow, EETS, pp. 32–50 (ll. 1–252); Ellis, pp. 131–8 (ll. 1–252).

3.   fols 26^v–49^r
Fabula de quadam Imperatrice Romana
    In the Romain actes writen is thus
    Whilom an Emperour in the Citee . . .
IMEV 1561; pr. *Minor Poems*, pp. 140–73; also Pryor, pp. 241–86; Ellis, pp. 160–87. The tale of Jereslaus's Wife, from *Gesta Romanorum*. Other copies (as for item 1 above): Bodley, fols 15^v–28^r; Laud, fols 15^v–27^v; Selden, fols 98^v–115^r; Coventry, fols 49^r–56^r; Yale, fols 16^v–28^v. Also: Bodleian Library MS Digby 185, fols 145^r–156^r; Bodleian Library MS Eng. Poet. d. 4, fols 4^r–18^r (ll. 1–107, 418–952); British Library MS Royal 17. D. vi, fols 102^r–118^v.

4.   fol. 49$^{r–v}$
¶ Explicit fabula de quadam Imperatrice Romana
    My freend aftir I trowe a wike or two
    That this tale endid was ⁊ hoom to me cam . . .
Not in *IMEV*; pr. *Minor Poems*, p. 174; also Pryor, pp. 287–8; O'Donoghue, pp. 46–7; Ellis, pp. 187–8. Prologue to the moralisation of Jereslaus's Wife. Other copies (as for item 1 above): Bodley, fol. 28$^{r–v}$; Laud, fols 27^v–28^r; Selden, fol. 115^v; Coventry, fol. 56^r; Yale, fols 28^v–29^r.

5.   fols 50^r–52^v
¶ Hic incipit moralizacio
    This Emperour þat y spak of aboue ⁊ is our lord Iesu Cryst / his wyf ⁊ is the soule . . .
Prose moralisation of Jereslaus's Wife; pr. *Minor Poems*, pp. 175–8; also Pryor, pp. 288–92; Ellis, pp. 188–90. Other copies (as for item 1 above): Bodley, fols 28^v–30^r; Laud, fols 28^r–29^r; Selden, fol. 116$^{r–v}$; Coventry, fols 56^r–57^r; Yale, fols 29^r–30^r. Also: Bodleian Library MS Digby 185, fols 156^r–157^r; British Library MS Royal 17. D. vi, fols 119^r–120^r.

6.   fols 52^v–74^r

¶ **Explicit moralizacio & incipit ars vtillissima sciendi mori. Cum omnes homines naturaliter scire desiderant &c**

Syn alle men naturelly desyre
To konne / o. eterne sapience . . .

IMEV 3121; pr. *Minor Poems*, pp. 178–212; also Pryor, pp. 293–352; Ellis, pp. 196–222. 'Learn to Die', from Heinrich Suso's *Horologium Sapientiae*. Other copies (as for item 1 above): Bodley, fols 30^r–42^v; Laud, fols 29^r–41^r; Selden, fols 117^r–133^r; Coventry, fols 57^r–63^v; Yale, fols 30^r–41^r. Also: Huntington Library MS HM 744, fols 53^r–68^v (see above, p. xvii); British Library MS Harley 172, fols 73^r–88^r; British Library MS Royal 17. D. vi, fols 120^v–137^r. One stanza, ll. 365–71, is quoted on fol. 97^v of Huntington Library MS HM 144: K. Harris, *SAC* 20 (1998), 198–9.

7.   fol. 74^v

The othir .iii. partes which in this book
Of the tretice of deeth expressid be . . .

Not in *IMEV*; pr. *Minor Poems*, p. 212; also Pryor, p. 353; Ellis, pp. 222–3. Prologue to a Lesson on All Saints' Day. Other copies (as for item 1 above): Bodley, fol. 42^v; Laud, fol. 41^r; Selden, fol. 133^r; Coventry, fols 63^v–64^r; Yale, fol. 41^r.

8(a).   fols 75^r–76^v

Lo thus is seid of þat Citee in a place / There in is no sorwe . . .

8(b).   fols 76^v–77^r

Now vndirstandith wel and considerith in youre hertes . . .

Prose Lesson and reflections on All Saints' Day; pr. *Minor Poems*, pp. 213–15; also Pryor, pp. 354–6; Ellis, pp. 223–5. Other copies (as for item 1 above): Bodley, fols 42^v–44^r; Laud, fols 41^r–42^r; Selden, fols 133^v–134^v; Coventry, fol. 64$^{r–v}$; Yale, fols 41^v–42^r. Also British Library MS Royal 17. D. vi, fols 137^r–138^v.

9.   fols 77^r–79^r

¶ **Hic additur alia fabula ad instanciam amici mei predilecti assiduam**

This book thus to han endid had y thoght
But my freend made me change my cast . . .

IMEV 3582; pr. *Minor Poems*, pp. 215–18; also Pryor, pp. 357–60; Ellis, pp. 234–6. Prologue to the tale of Jonathas. Other copies (as for item 1 above): Bodley, fols 44^r–45^r; Laud, fols 42^v–43^v; Selden, fols 134^v–136^r; Coventry, fols 64^v–65^r; Yale, fols 42^r–43^r. Also: Bodleian Library MS Eng. Poet. d. 4, fols 21^r–22^r (lacking ll. 1–14).

10.   fols 79^r–93^r (text beg. 79^v)

¶ **Explicit prologus & incipit fabula de quadam muliere mala**

Whilom an Emperour prudent & wys
Regned in Rome / and hadde sones three . . .

IMEV 4072; pr. *Minor Poems*, pp. 219–40; also Pryor, pp. 361–88; Seymour, pp. 93–102 (up to l. 455); Ellis, pp. 236–53. The tale of Jonathas, from *Gesta Romanorum*. Other copies (as for item 1 above): Bodley, fols 45^r–52^v; Laud, fols 43^v–51^v; Selden, fols 136^r–146^v; Coventry, fols 65^r–69^v; Yale, fols 43^r–50^v. Also: Bodleian Library MS Digby 185, fols 157^v–164^r; Bodleian Library MS Eng. Poet. d. 4, fols 22^v–30^v (fragments); British Library MS Royal 17. D. vi, fols 138^v–148^v. A modernisation by William Browne, in his *Shepheards Pipe* (1614), pr. W. C. Hazlitt (ed.), *The Whole Works of William Browne*, 2 vols, Roxburghe Club (London, 1868–9).

11.   fols 93^v–95^r

Themperour þat y spak of aboue / is oure lord god þat hath .iii. sones . . .

Prose moralisation of Jonathas; pr. *Minor Poems*, pp. 240–2; also Pryor, pp. 389–92; Ellis, pp. 253–5. Other copies (as for item 1 above): Bodley, fols 52^v–53^v; Laud, fols 51^v–52^r; Selden, fols 146^v–148^r; Coventry, fols 69^v–70^r; Yale, fol. 51^{r-v}. Also: Bodleian Library MS Digby 185, fols 164^v–165^r; British Library MS Royal 17. D. vi, fol. 149^{r-v}.

12.   fol. 95^r

Go smal book / to the noble excellence
Of my lady / of Westmerland / and seye . . .

IMEV 4072; pr. *Minor Poems*, p. 242; also Pryor, p. 392; Ellis, p. 255. Envoy to the Countess of Westmorland (d. 1440). Subscribed: 'Humble seruant to your gracious noblesse T. Hoccleue'. Not in other copies.

DATES OF THE MANUSCRIPTS

Hoccleve died in 1426, and all three manuscripts reproduced here were copied by him at some times during the last four years of his life.

In HM 744, the latest dateable item is art. 8, which was addressed, according to its heading, to Henry V on his last return from France, in February 1421. The petition for Henry's soul in the same heading ('que dieu pardoint') and perhaps also the reference to his 'dareine venue' from France show that this fair copy dates from after Henry's death on 31 August 1422.

In HM 111, the latest dateable item is art. 18 (Furnivall no. XVII), which was addressed to the Exchequer official Henry Somer shortly before May Day 1421.[1] The headings to arts 2, 4, 5, and 16 (Furnivall no. XV) all contain petitions for Henry's soul and therefore date from after August 1422. The heading to art. 11 speaks of John, Duke of Bedford, as 'now' Regent of France, perhaps implying a date not long after the duke took up that office, in September 1422.

In the Durham MS, the latest dateable reference is to a coinage statute enacted in May 1421 and in force from Christmas of that year, in art. 2, *Dialogue*, lines 136–40.[2] The sidenote on fol. 19^v, concerning Duke Humfrey's 'second return from France' (late in 1419), was probably intended to distinguish that from his third return, in March or April 1422.[3]

The order of these three copying jobs within the period 1422–6 cannot well be determined. The two copies of *Learn to Die* in Durham and HM 744 (the latter defective after line 672) exhibit some 69 textual variants, but these are not such as clearly to establish either copy as the earlier.[4] An argument favouring the priority of both Huntington manuscripts can be drawn from Hoccleve's writing of the first-person pronoun. In all three manuscripts, and with very few exceptions, he writes **I** at the beginning of verse lines and **y** at the end; but his usage where the pronoun appears within the line exhibits a rather remarkable contrast between the two Huntington copies on the one hand and Durham on the other. The Huntington manuscripts consistently have **I** there (357 times in all), with only one instance of **y**; but Durham shows a marked shift towards medial **y**. The figures are as follows (for **I** first, then for **y**): *Dialogue* (art. 2) 122:4, *Jereslaus's Wife* (arts 3 and 4) 101:71, *Learn to Die* (arts 6 and 7) 12:155, *Jonathas* (arts 9 and 10) 25:84. These statistics are most

---

[1] Burrow, *Thomas Hoccleve*, pp. 28–9.   [2] Burrow, EETS, pp. lviii–lix, 120–3.

[3] Burrow, EETS, pp. lvii, 100–1.

[4] This conclusion is shared by J. M. Bowers, 'Hoccleve's two copies of *Lerne to Dye*: implications for textual critics', *Papers of the Bibliographical Society of America* 83 (1989), 437–72. See also Burrow, EETS, pp. 111–18, and Ellis, pp. 19–22.

readily accounted for by supposing that the Huntington MSS represent a consistent earlier usage, from which Hoccleve, for whatever reason, later moved away in the course of copying Durham.[1]

DESCRIPTIONS OF THE MANUSCRIPTS

CALIFORNIA, SAN MARINO, HENRY E. HUNTINGTON LIBRARY, MS HM III

Material and Construction

Smooth membrane of medium to lower quality (e.g. fol. 39 flaw), with clear contrast between hair and flesh sides, probably sheep (from the grain pattern of fols 46ᵛ–47ʳ), trimmed to leaves of 210 × 155 mm. approx.: now 47 leaves, gathered with flesh outside each quire and like facing like within them, originally as five quires of eight and one of ten leaves, but now defective: 1⁸ (lacks 1, 7–8 misbound as fols 1–2), 2–5⁸, 6¹⁰ (lacks 9–10, probably blanks). The misbinding may have been deliberate, to disguise the loss of the first leaf, perhaps in the early seventeenth century for its princely owner (see p. xxiii below). Early bifolium signing in roman numbering (i–iiij) by brown ink in top right corners of rectos for the first half of the second, fourth and fifth quires is very likely by Hoccleve himself as it occurs similarly in both HM 744 and the Durham manuscript. Fol. 47ᵛ is entirely blank except for the stain of the turn-in of the present binding on the vertical edge only; it is followed by the stubs of the conjugate leaves of fols 40–41. There is an eighteenth-century ink pagination up to p. 31 (fol. 16ʳ) and nineteenth-century pencil foliation 1–47. Modern pencil or ink leaf signatures (by F. J. Furnivall?) in the lower right corners of rectos.

Ruling and Layout

The page frames are ruled in soft brown plummet or crayon, little now visible and evidence of the pricking for it has been cropped (witness the sidenote on fol. 8ᵛ). The writing space is approximately 150–170 × 97–100 mm., being taller (up to 170 mm.) on the many pages containing eight-line or nine-line stanzas. (There is a single pricked hole right through the quires up to 8–10 mm. from the bottom edge and 45–55 mm. from the gutter, not corresponding closely with the placing of the catchwords or other page-design, and not suitable for even temporary tacketing).

The initial lay-out of three separated seven-line stanzas a page is probably taken from a model like Chaucer's *Troilus* (there perhaps derived from Italian or French verse manuscripts), though for fewer stanzas on the smaller page-size here.[2] From fol. 32ᵛ to 34ʳ, 37ᵛ–38ʳ and 43ᵛ–47ʳ longer stanzas disturb that regular pattern. Hoccleve's separating lines between stanzas, starting with a 2-like curve and having two sets of three cross-strokes, occur also in HM 744, and in Durham, but in the last shorter and without the cross-strokes. The provision of sidenotes quoting textual sources, as in the Hengwrt and Ellesmere copies of the *Canterbury Tales* and Hoccleve's own *Regiment of Princes*, may be derived from glossed manuscripts of Latin prose works, to authenticate the authors' erudition.[3] There are either 24 lines of verse per page for three eight-line stanzas, plus

---

[1] We owe this argument to Charles Blyth, who presented it in an unpublished lecture in 1994. J. M. Bowers argues for the priority of the Huntington MSS on other grounds: 'Hoccleve's Huntington holographs: the first "Collected Poems" in English', *Fifteenth-Century Studies* 15 (1989), 27–51 (pp. 38–42). We do not, however, share the opinion of Bowers (p. 31) that the French headings in the Huntington manuscripts appear to have been added at a significantly later date. Pryor, p. 123, maintains the priority of Durham, as does Ellis, p. 11.

[2] The earliest extant *Troilus* manuscripts, all probably after 1400, have four or five stanzas to a page, on larger leaves, and later ones six: see R. K. Root, *The Manuscripts of Chaucer's Troilus, with Collotype Facsimiles of the Various Handwritings*, Chaucer Society, 1st Series, 98 (1914), and, for the Hatfield fragment, A. I. Doyle, 'The copyist of the Ellesmere *Canterbury Tales*', in *The Ellesmere Chaucer: Essays in Interpretation*, ed. M. Stevens & D. Woodward (San Marino, 1995), figs 116–17.

[3] Cf. Doyle & Parkes, pl. 55–7.

three dividing lines, so 27 in all, or three seven-line stanzas plus dividers making 24 in all; but nine-line stanzas (art. 11) or blank spaces and enlarged headings on some pages push parts of stanzas on to the next page (fols 33r, 34r, 38r, 40v, 44r, 44v, 45r, 45v, 46r, 47r).

The first line of text is written on or through the top ruled line (not uncommon in the fifteenth century), but only a few other horizontal rulings are now visible, and there may not have been one at the foot of each page, to allow for the variation in the depth of the written space. Such economy, erasure or erosion of plummet ruling is quite frequent in the fifteenth century.

Copying and Correction

The headings in a larger set script (i.e. with more pen-lifts between letters) and the poems, catchwords (underlined), original sidenotes and interlinear glosses (e.g. fol. 26v line 17), often more current and in smaller sizes, are all by Hoccleve's hand. The surface of the brownish ink of varying density has been rubbed off parts of some pages (e.g. fols 30r, 45r), probably owing to poor mixture, an unretentive surface or subsequent damp. The heading for article 2, now on fol. 1r, is crowded in at the head of the leaf, on an extra ruled line, as if an after-thought, and that for art. 11 looks similarly crowded into the upper margin of fol. 37v, though the close cropping of the top edge accentuates the cramped appearance. There is no heading in the same position on fol. 32v (art. 9), nor space allowed for it as there is on 43v. Latin sidenotes on fols 1v, 2r–v and the catchwords on 2v are in paler ink than the text; the catchwords have been inserted below erased previously-written ones displaced by the overflowing added sidenote. The sidenotes on fols 8v, 9v and 10v are also in the paler ink, and sloping in relation to the text; the Latin sidenote on 25v is in the same ink as the adjacent text, though placed awkwardly close to it and therefore separated by a thin pen-line. The final phrase 'quant il estoit Souztresorer' in the heading to art. 13 on fol. 38v is added in paler ink and with an extension of the accompanying bracket. 'Cest tout' at the end of art. 16 on fol. 40v was originally written somewhat higher on the page, before the insertion of the dividing line, and so was presumably moved merely for the aesthetic effect. In the first line of art. 17 on fol. 41r the name 'Carpenter' is written in darker ink on an erasure, including also the end of 'maister' and the following 'I' (the overlap of its top stroke is however not unparalleled); but the previous reading (which must have been a dissyllabic name) is irrecoverable by ultra-violet light. The sidenote here is all added in paler ink than the text and at a slope, again presumably an after-thought. There are a number of other small corrections by Hoccleve, between the lines of text (e.g. on fols 6v, 31r, 31v, 33v, 35v, 38r, 45v), or on erasures (e.g. 24r line 15, 31r penultimate line, 31v line 13, 34v line 2, 37v line 5). On 41r line 7 'ny' is on erased 'I' and in line 14 't' probably erased at end of 'fayn'. On fol. 43r line 2 'Stywardes' in larger size on a probable erasure is followed by other apparent alterations in subsequent lines, while the last three of the stanza slope badly down to the right with changes of pen and ink. On fols 12v and 13r there have been attempts to erase the word 'pope', presumably after Henry VIII's edict in 1536, but it is quite clear and seems in Hoccleve's hand, so perhaps revived later chemically.

Decoration

The first initial of each poem and of some sub-divisions is two lines in depth, painted in blue with red pen-work filling, framing and extensions of a standard English serrated style, as also in HM 744,[1] but not so in the Durham manuscript which has illuminated initials instead. The initial on fol. 1r is painted on top of the descenders of 'feust' in the heading, proof that the latter, if an after-thought, was nevertheless inserted before completion of the volume; it is also clear from fol. 42v

---

[1] This English style, quite distinct from continental penwork flourishing of initials, seems to have originated in the 1380s, the serration sometimes becoming more simplified in the fifteenth century.

that the flourished initials were, as customary, added after the text. There are no illuminated paraphs like those in the Durham manuscript, since the scribal **cc** form is used instead, as in HM 744. (For other scribal punctuation see p. xxxviii.)

Binding and Provenance

Throughout HM 111 there are six holes in the inner margins from a previous stabbed sewing (though some of them possibly from an original temporary tacketing), probably for binding in parchment covers. HM 111 is now in a plain brown calf binding of the early seventeenth century, with the arms supposedly of Prince Henry, son of King James I of Great Britain, gold-tooled with a couple of simple fillets around each cover. Any early lettering or insignia on the spine have been lost in rebacking. The stamp of the royal arms, with a label of three points for the heir and the crest of a princely coronet, is not that on some of the most spectacular done for Prince Henry, and like others made for him could have been used after his death (1612) for Prince Charles (i.e. before 1625).[1] In fact the same stamp is found on a book printed in 1619 and dedicated to James I, in the Old Royal Collection, though that copy could of course be Charles's.[2] HM 111 is not in the manuscript catalogues of the Lumley library, which became Prince Henry's.[3]

HM 111 was lot 327 in the auction of Anthony Askew's books on 10 March 1785 and was sold for £3 to George Mason. A letter from Thomas Tyrwhitt, dated 4 April 1785, pasted inside the front cover, mentions the misbinding, with further notes by Mason; the latter employed selected pieces from it for his edition of *Poems by Thomas Hoccleve* (London 1796).[4] At his sale in 1799, lot 279, it went to Richard Heber, and in the latter's series of sales in 1836, part XI, lot 583, to Sir Thomas Phillipps, in whose collection it was no. 8151, as inscribed on fol. 1[r]. F. J. Furnivall transcribed from it and added notes at the front in 1882. It was bought from the American dealer A. S. W. Rosenbach for the Huntington Library in 1923.[5]

HUNTINGTON LIBRARY MS HM 744 PART II (FOLS 24–68 ONLY)

HM 744 contains more than the six quires forming Hoccleve's autograph manuscript reproduced in this facsimile. It seems that these quires must have become incorporated with part I (fols 1–24) in the third quarter of the fifteenth century, since the Easter table on fols 1[r]–3[v] with memoranda of the Filer family covering the years 1424–73 and the inventory of the contents of a house dated 1463 on fol. iii at the end of the volume, by one of the same hands as in the memoranda, sandwich the Hoccleve, a state which is unlikely to have been created in post-medieval rebinding.[6]

Material and Construction

Part II of the volume, written by Hoccleve, consists of 44 leaves of membrane measuring 230–35 × 155–60 mm. The character of the membrane in Hoccleve's manuscript is similar to that of HM 111 but in poorer condition. There is a natural thick concave edge (from flaying) at the outer lower corner of fol. 53 (the first of quire 5). A rough oval area with a repaired tear under the last

[1] M. M. Foot, *Studies in the History of Bookbinding* (London, 1993), pp. 340, 346.

[2] W. Y. Fletcher, *English Bookbindings in the British Museum* (London, 1895), pl. XL.

[3] *The Lumley Library: the Catalogue of 1609*, ed. S. R. Jayne & F. R. Johnson (London, 1956), p. 303; the Huntington *Guide* inadvertently gives the contrary impression.

[4] See J. A. Burrow, 'An eighteenth-century edition of Hoccleve', in *Chaucer in Perspective: Middle English Essays in Honour of Norman Blake*, ed. G. Lester (Sheffield, 1999), pp. 252–66.

[5] *Guide*, I. 146–7; according to Burrow, *Thomas Hoccleve*, p. 21, n. 84, Oxford, Bodleian Library, MS James 34, contains a copy by Richard James (1592–1638, Sir Robert Cotton's librarian after 1620) of Hoccleve's poem on Oldcastle taken from HM 111, presumably about the time of its binding for Prince Henry or Charles.

[6] For questions about the binding see below p. xxvii.

verses on fol. 33^{r-v} impairs the writing at the beginning and end of those verses and is probably a flaw arising during the preparation of the skin. An oblique tear across the middle of fols 28–29 (the central bifolium of the quire) has been repaired, but there is an unrepaired (so probably more recent) tear in the lower fore-edge of fol. 38. Broad strips about 60 mm. wide have been cut from the lower margins of fols 50 and 51 (a bifolium), removing most of Hoccleve's dividing line after the third stanza on fol. 51^{r}; presumably for some nonce utilisation in the fifteenth or sixteenth century. There are some damp-stains at the feet or heads of gutters or on the fore-edges (fols 48–49, 56–57, 68^{r}), which have also faded the ink in adjacent text, and prolonged exposure or rubbing has damaged what is now the final page, fol. 68^{v}. There are more nicks and soiling of margins and corners of the leaves than in HM 111.

The Hoccleve manuscript now consists of six quires: 1–3^{8} (fols 25–48), 4^{4} (fols 49–52), 5–6^{8} (fols 53–68). The smaller fourth gathering suggests that it was at first planned to finish on fol. 52^{v}, but that he subsequently decided to continue copying on further quires. The final couplet on fol. 52^{v} seems to have been meant to preface what was to follow, but the second line is on an equally long erasure and may reflect either a change of mind about the sequel or merely a modification of wording, the sidenote (in darker ink) having been added after the catchword for the following *Ars utilissima sciendi mori*. This text ends defectively with the catchword on fol. 68^{v}, now the last page; the remainder of that work, stanzas 97–131 (35 in all), would have occupied nearly another twelve pages, a quire of six leaves, but if it had (as in the Durham manuscript) also included the appended stanzas 132–134 and the prose passage on the joys of heaven it would have needed a further five pages (in the uniform lay-out), two and a half leaves, so adding up to more than a quire of eight; if it had also gone on with the tale of Jonathas, as in Durham, there would have been nearly thirty-six pages more, making up another quire of eight and one of ten leaves including a final blank leaf or page. The collation of the whole of the Hoccleve manuscript would then have been: 1–3^{8}, 4^{4}, 5–6^{8} [7^{6} *or* 7–8^{8}, 9^{10} ?], up to 70 leaves. (The left-hand edge of the leaf visible in the facsimile following fol. 68^{v}, showing two **cc** paraphs on the recto, is from the inventory on fol. iii^{r}.)

The first four leaves in quires 3 and 5 of Hoccleve's portion of the volume are signed in the lower right-hand corners with minute red ink letters and small roman numerals from which the sequence [a–b^{8}], c^{8}, [d^{4}], e–f^{8} may be inferred. These are not apparently in Hoccleve's hand and may be the work of a fifteenth-century binder, showing that it was, or was meant to be, bound separately from the preceding portion.[1] In the top right-hand corners of the rectos of the first leaf of each bifolium in quires 4–6 there are bifolium signatures by roman numerals without letters, in brown ink, as in HM 111 and Durham, which from their similarity must surely be Hoccleve's own.

The two bifolia fols 55–58 have been misbound (eiiij outside eiij), putting art. 11 stanzas 19–24 before 13–18 and 31–36 before 25–30. This disorder is not noted on those leaves in the manuscript, as was often done when a medieval misbinding was soon observed.

Ruling and Layout

Unlike in HM 111 a row of pricks for horizontal line-ruling survives on the outer edges of many leaves (which must however have been trimmed a little), with single pricks below the top edge and above the bottom one for the vertical rulings of the page frames. There are many more traces of the brown plummet ruling than in HM 111, and it appears that the frames were approximately 150–

---

[1] See Nicolas Barker, 'Quiring and the binder' in *Studies in the Book Trade in Honour of Graham Pollard*, Oxford Bibliographical Society, n.s. 18, 1975, pp. 11–31, on red signing. Bowers suggests that similar signatures could have been lost by the cropping of the feet of the leaves in HM 111—certainly possible.

60 × 100–105 mm., the vertical ruling running beyond the pricks, and the top two horizontal lines and the bottom two ruled across the gutter to the conjoint pages. The pricking for the horizontal ruling is in a rather rambling line, with elongated (knife-point?) rather than round holes. But the line-ruling is invisible except for the first two and last two of each page, which contains normally three stanzas of seven verses plus three dividers, i.e. 24 lines of writing (the first on or through the top ruled line), except when displayed headings and endings occupy some of the space, and the different layout of the *chaunceons* on fol. 52^{r-v}.

Copying and Correction

The headings, endings, texts, and catchwords (underlined) are in Hoccleve's two grades and three sizes of script, as in HM 111 and the Durham book, excepting the words 'Honor et Gloria' filling the space at the foot of fol. 28^r, which are somewhat different, but contemporary and most probably also by his hand. There is an interlinear Latin gloss by him on fol. 44^v line 5. The Latin sidenote on fol. 56^r is in darker ink than the adjoining text, while the two on fol. 64^r are paler; that on 68^v is at an obvious slope. They were obviously added after the main text, but not necessarily much later. There are some interlinear corrections (e.g. fol. 43^v line 1, 46^v line 1, 54^v line 18) and more on erasures, notably the changes of the first person singular (**I** or **y**) to the plural **we** in the *Epistle of Cupid*, fols 45^r lines 3 and 10, 48^r line 8, 48^v lines 2 and 5, 49^r line 12 ('we witen'), 49^v lines 8 and 11, in each case using the bipartite form of **w** because it was simpler to squeeze in to the space than Hoccleve's prevalent round form: presumably the author's own late amendments (cf. 'oure', probably on erasure, in line 2 of fol. 45^r), and so not represented in the previously-established textual tradition of the poem.[1] On fol. 47^r line 4 'ne' is on erasure and 'of' interlineated, and in line 12 'strav' [*sic*] is on erasure. At the foot of fol. 51^v in the first line of the displayed heading the word 'trois' is on erasure. The second verse of the rhyming couplet at the foot of fol. 52^v is in Hoccleve's hand on an equivalent stretch of erasure (showing through on 52^r), which may be a revision to suit the following (probably additional) text (art. 11).

From the last line on fol. 53^v to the last line on 54^v an angular upper compartment has been added to most (yet not all) instances of Hoccleve's constant single-compartment Secretary **a**, converting it to Anglicana Formata, a form unparalleled in Hoccleve's autographs. This alteration occurs only on these pages, probably done in the mid fifteenth century; the ink of these additions is conspicuously darker. The changes seem entirely motiveless and may be the experiment or whim of an early reader with calligraphic ambitions.

Decoration

The major initials at the beginnings of poems are coloured in blue with red penwork filling and serrated extensions in the same style as HM 111; for two lines of text and a heading on fol. 25^r, for one line and a heading on 33^r and for two lines under a heading on 53^r, for two lines on 28^v and 31^v, and one line on 37^r and 39^v. The style is too conventional to say if they are by the same hand as in HM 111, and it is not impossible that they could have been done by the scribe, since we are surprisingly uninformed about training in this widely-practised skill, but Hoccleve's official activities did not normally involve it and professional flourishers were commonly available in the metropolis and elsewhere. As in HM 111 it is clear from fols 30^r and 36^r that the flourishing was done after the text and separating lines.

---

[1] Ellis, pp. 17, 93–111, 274–6, observes the differences in this respect between the holograph and non-holograph copies, but not that the changes in the former are distinctly after-thoughts.

The Non-Hocclevian Part of HM 744

Part I of HM 744, fols 1–24, two quires of twelve, is a collection of devotional and catechetical English items, defective at the end, mostly in prose,[1] copied by more than one hand of the mid fifteenth century, predominantly Anglicana but with an admixture of Secretary **g** and, indicative for dating, of unlooped **w**, which enters English hands about 1430–40. The blue initials with red flourishing for some items are in the same common style as in the Hoccleve but not therefore by the same hand. The first item is a table of Easter Days from 1386 to 1527 in English, in the margins of which another hand has noted in Latin those of certain years from 1410 to 1527 (the last mistaken) in red ink, and obits of members of the Filer family from 1424 to 1473, with a number of other Christian names (only one female). The name 'Thomas Fyler' also occurs amongst pen-trials on a front flyleaf, fol. ii^r, and on the end-leaf fol. iii^r–v is a list of movables 'in my place in litill Ba⟨ddo?⟩w' (Essex) dated 15 May 1463, a well-furnished house (including 'A mappa mundy of parchment' in the hall), probably by the same hand as the obits of 1471 and 1473.[2] A Thomas Fyler has been found in records of the Mercers' Company of London, 1461 and 1474, and members of the family in London wills 1479–82, mentioning Baddow.[3] Amongst pen-trials there are two versions of a merchant's mark based on an **A** (fols ii^r, iii^v), of the fifteenth or sixteenth century.

Binding

It is uncertain when the two parts of the volume were first bound together but, as observed above, the red ink quire signatures on the second (Hoccleve's) part indicate that it was once regarded as independent. The present binding is in a limp leather wrapper with flat spine, thought to be of the sixteenth or seventeenth century (but possibly earlier), strengthened with later repairs, some of the nineteenth or twentieth century.[4] The condition of the last few leaves suggests that following the loss of at least one quire at the end of part II it was exposed to further damage for some (perhaps many) years before being bound up with part I as at present.

Evidence of Subsequent History

In the lower margin of fol. 25^r (the first of Hoccleve's) there are three erased lines of writing, perhaps relating to subsequent ownership (by the Filer family?), not legible by ultra-violet light. In the outer and lower margins of fol. 61^v there are random musical notes with void round heads and in the lower margin of 62^r one with a solid head, jottings probably of the later sixteenth century. Ink or other spots of uncertain date have offset between fols 65^v and 66^r. Near the foot of fol. 68^v there is a pencil note by an eighteenth- or nineteenth-century hand that there were 14 stanzas more (to follow), though in fact it should be 35 at least (see p. xxiv). There is a small circular label with N.142 in ink on the front cover (mid nineteenth century?). The volume was MS Appendix 133 of the Earl of Ashburnham, sold privately in 1897 to H. Yates Thompson, and at his auction, Sotheby's 1 May 1899, lot 81, to the London bookseller Leighton; then at George Dunn's Sotheby sale, 11 February 1913, part I, lot 518, to the London bookseller Maggs. It belonged to Sir Israel Gollancz when he edited most of the Hoccleve poems from it for the Early English Text Society (ES 73) in 1925, the year when it was bought by Huntington from Rosenbach.[5]

---

[1] *Guide*, I. 250–251; Ralph Hanna III, *Index of Middle English Prose: Handlist I; a Handlist of Manuscripts containing Middle English Prose in the Henry E. Huntington Library* (Cambridge, 1984), pp. 33–35.

[2] Printed, not quite accurately, by 'W', 'from a manuscript in private hands', *Retrospective Review*, I (London, 1853), 101–2.

[3] *Guide*, I. 251.

[4] As judged by Huntington curatorial and conservation staff.

[5] *Guide*, I. 251.

THE RELATIONSHIP OF HM III AND HM 744

The tentative suggestion by Doyle and Parkes[1] that these two Hoccleve manuscripts might have been intended to form a single volume, based on the similarity of dimensions and complementary contents, has since been developed by Bowers.[2] His hypothesis is that in such a volume, intended as a collection of Hoccleve's minor poems, HM 744 would have preceded HM III, for the following reasons. First, because the text in 744 begins neatly with the heading *Invocacio ad patrem* and the largest coloured and pen-work initial on the first page of a regular quire; secondly, because the order of contents may have been determined by stanza-lengths, the dominant seven-line (rhyme royal) ones in 744 preceding the same (originally) at the beginning of III, where they are followed by eight-line and nine-line ones; and thirdly, that the loss of leaves at the end of 744 and of at least one leaf at the front of III happened when the two parts were bound in that order. But the large initial on the first page of 744 (fol. 25^r) is not so different (25 mm. deep) from those on 33^r and 53^r (20 mm.), which also have headings at the beginnings of quires. Its seven-line stanzas are interrupted on fol. 52, and stanza-lengths return to seven-line in III after changes between eight- and nine-line ones. It seems unlikely that, once constituted, such a collective volume would have been subsequently broken in two (for what reason?) and that a large portion would be lost from the end of the first part while only the front leaf was lost from the second. It is more likely that the first leaf of III, perhaps illuminated, was damaged or raided when it was a separate volume, in a temporary tacketed or stabbed cover, and that 744 suffered the loss of quires at its end when exposed by a missing back cover, just as the Durham manuscript did from its front. Losses of the front or final leaves of medieval manuscripts are much commoner than of odd leaves or quires from their middles.

The dimensions, ruling, writing and decoration of III and 744 are certainly so similar, although not identical, that it is possible that they were originally conceived to be compatible, but there appears to be no firm evidence that they were ever bound together, except Bowers's attempt to match the number and spacing of sewing stations in the two books.[3]

HM III has been more severely cropped by binders than 744, as can be seen at the head of the present fol. 1^r, the sidenote on fol. 8^v, the penwork descenders on fols 16^v, 38^v, 40^r, 42^v, and the absence of prick marks. This may have been post-medieval cropping. The present width of the leaves is at the maximum nearly the same in each (160 mm.) but HM III lacks the edge-pricking visible in 744, which presumably has been trimmed less there. HM III is now much shorter in height (210 mm. approx. against 230–235). The upper margin of 744 is 25 mm. compared with 15 mm. for III and the lower margin is 60 mm. against 30–45. The minimum ruled page heights of each, 150 mm., are the same, but III seems to dispense with a base ruling and goes down to 170 mm. for eight-line stanzas, whereas 744 has base ruling and extends only to 160 mm. at most. Where a right-hand ruling is visible both are close to 100 mm. in page width.

The different subsequent histories and treatments of HM III and HM 744 argue that they were not bound together before or soon after the time of Hoccleve's death in 1426. They may have been designed and executed uniformly, like other manuscripts Hoccleve refers to, to be presented to different recipients, in the case of HM III possibly for John Carpenter (so conspicuously and anomalously substituted in its text).[4] As the question is still speculative and their relative dating

---

[1] Doyle and Parkes, p. 182, n. 38; repr. in Parkes, *Scribes, Scripts and Readers* (London, 1991), p. 220, n. 38.

[2] J. M. Bowers, 'Hoccleve's Huntington holographs: the first "Collected Poems" in English', *Fifteenth-Century Studies* 15 (1989), 27–51.

[3] Ibid., 33–34; recent examination by Huntington staff is inconclusive on this question.

[4] Burrow, *Thomas Hoccleve*, p. 16.

after the death of Henry V (1422) uncertain, HM 111 and HM 744 are therefore reproduced here in numerical order and preceding the Durham manuscript which has greater differences from either of them.

DURHAM UNIVERSITY LIBRARY, COSIN MS V. iii. 9

Material and Construction

Hoccleve's manuscript occupies fols 13–95, i.e. 83 leaves of membrane approximately 233×170 mm. (including dog-ears at the lower outer corners of fols 75 and 91, which, being turned up, were missed in subsequent trimming). It is preceded by ten leaves of paper, fols 3–12, trimmed to 220×165 mm. approx., written by John Stow, to supply the missing copies of Hoccleve's *Complaint* and the first 36 stanzas of his *Dialogue*. The membrane sheets (which one would expect to be sheep) are not of high quality and are of varying thickness, folded with the flesh side on the outside of the quires and like facing like within. The hair sides are distinctly yellower and the strong grain pattern on fols 38^r–40^v, 79^r and 80^v looks more like goat than sheep from modern specimens.[1] The edges have been trimmed by binders (prickings and some paraphs on outer edges being cropped off). There is a rough concave edge at the foot of fol. 13, one at the outer lower corner of fol. 39, and a hole in the first line of fol. 69, common effects of parchment-making.

The paper leaves of the first quire are folio in format, severely trimmed to fit well within the volume. They have twin watermarks of a glove with the letters RB in the cuff, closest to Briquet's 'Main' no. 11365, used in Holland in 1557, and a type found in northern France, the Low Countries and north-west Germany between 1526 and the end of that century (see Fig. 1).[2] This matches the span of Stow's antiquarian activities (*c.*1560–1603?) and he may have had paper in hand for a long time, so we do not yet know more closely when he did this copying, though fresh research on his manuscripts may give us a better notion.[3] There are traces of left-hand and bottom bounding rules in brown plummet on fols 4 and 5, about 175 mm. page height, and blind impressions on the other leaves, with the indented chain and wire lines of the paper serving as guides for Stow's copying. His catchwords on most of his recto pages are cropped at the right-hand edge, well short of the membrane one, as are the feet of his leaves, so presumably trimmed before incorporation in the volume.

The paper leaves contain four or five stanzas per page in contrast with Hoccleve's own regular pattern of three stanzas. The number of supplied stanzas (95) suggests that, allowing space equivalent to one stanza for one or two headings, the missing text in the autograph would have occupied 32 pages, so that two quires of eight have been lost at the beginning. The text supplied by Stow occupies a single quire of ten leaves (1^{10}). Hoccleve's manuscript consists of twelve quires, now 2–12^8, 13^4 (wants 4, probably blank).

The first halves of the original quires have bifolium signatures in brown ink, ij–iiij on fols 22–24 in outer top corner (as in HM 111 and HM 744); then in the lower outer corners, iii–iiij cropped on fols 39–40, ij–iiij cropped on 54–56, iij–iiij on 63–64, j on fol. 77^r, iiij on fol. 80^r, and others probably lost with corners cut off (e.g. fols 38, 45–52, 62); iiij on fol. 88^r top outer corner; but j on fol. 93^r and ij on fol. 94^r, more currently, in the lower corners. Quires 2–12 are

---

[1] J. Sheppard & W. Visscher, *Annotated Parchment Sample Book: Compiled with the Help of William Cowley Parchment Works, Newport Pagnell* (privately produced, 1992), specimens H and 10.

[2] C. M. Briquet, *Les Filigranes*, ed. A. Stevenson (Amsterdam, 1968), II. 573–4.

[3] Following a conference on Stow at Oxford in 2000, Dr Alexandra Gillespie is assembling a much-wanted list of books in which his hand occurs, whether as owner or annotator, which will extend the list in C. L. Kingsford's edition of Stow's *Survey of London* (Oxford, 1908), I. lxxxvi–xciii and iv(b).

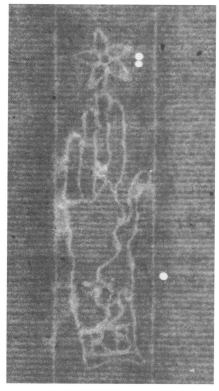 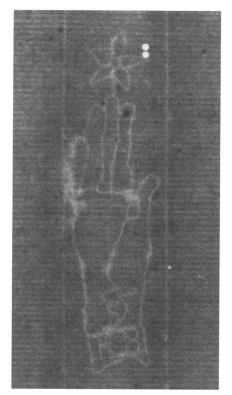

Fig. 1(a) fol. 4   Fig. 1(b) fol. 9
Watermarks (twin) in Cosin V. iii. 9, actual size

signed on all leaves in nineteenth-century pencil, probably by F. J. Furnivall, who made a pencil note about Stow's leaves and the collation of the rest on fol. 2^v (not reproduced here). The volume was foliated in pencil, probably in the late eighteenth century, 1–22, 22–94, duplicating 22 and so out by one onwards, but corrected in the twentieth century and now numbered 1–95; both sequences include two paper flyleaves of the later seventeenth century, c.230 × 165–70 mm., as fols 1–2.[1]

Pricks for the outside vertical ruling are visible near the feet of a number of membrane leaves, about 5–9 mm. from the edge, and pricking for horizontal line ruling on the fore-edges of a number of leaves from about fol. 31 on. Vestiges only of the frame ruling in brown plummet survive; towards the end of the volume, where it is most visible, it is sharper than in the Huntington manuscripts; it appears to be for a writing space of about 160 × 104 mm., providing for three seven-line stanzas and three dividing lines. The two horizontal rules at the top and one at the bottom run across the gutter. On fol. 87 the pricking for the horizontals is 2–5 mm. within the fore-edge and consists of a rambling row of 25 knife-point holes incised vertically and made from the flesh side; the lowest doubled, as usual to direct the through-ruling across the margins. The particular irregularities of the corresponding rows on fols 88–90 suggest that they were all made simultaneously with one tool after folding the sheets, that is through leaves 3–6 (and perhaps 1–2 and 7–8 too, now trimmed) of the quire of eight. Only on fol. 90^r is the line-ruling much more visible, perhaps because of the use of a sharper instrument; the frame is 157 × 100 mm. and the first written line is above it, as on neighbouring pages, though elsewhere in the volume it may be through the rule (as in the Huntington manuscripts). The frame for the prose passages is approximately 160 × 100 mm. for 23 or 22 lines of writing.

---

[1] For these flyleaves see p. xxxiii, n. 4.

Copying and Correction

As in HM 111 and 744 Hoccleve employed a larger, more upright angular set script with a broader nib for displayed Latin headings and endings, and a smaller version of his main (mostly right-slanting) Secretary for the catchwords and sidenotes. The brownish colour of ink does not vary much and it is not usually obvious where he sharpened his nib (but e.g. fol. 82^v line 12 for a change of ink or pen). His stanza-dividing lines here are shorter than in HM 111 and HM 744 and have no cross-strokes.

Hoccleve does not seem to have made quite as many corrections either interlineally or on erasure as in HM 111 and HM 744; in Durham he makes more cancellations by a line with cross-strokes over erasures (as in HM 744 fol. 49^v line 14) on fols 24^r line 18, 33^v line 11, 62^r line 16 and 63^v line 2, which suggest immediate rectification of errors *currente calamo*. The clear insertions, of 'be' and 'to' above the last line of fol. 13^r are by a later (possibly sixteenth-century) hand and ink; both are hypermetrical.[1] On fol. 31^v lines 14 and 21 Hoccleve used erasure within and caret signs for insertion above the line in similar ink; on an erasure in prose fol. 50^v line 12 'left' is in darker ink and more upright (art. 5, ed. p. 175 last line); 'nat' by caret on fol. 66^v line 16; 'y' by caret on fol. 71^r line 17; on fol. 80^r line 13 'of', added by caret and in darker ink, leaning leftwards, looks in form contemporaneous if hypermetrical; on 93^v 'þ^t' in the penultimate line. There is a good deal of rewriting of words and phrases in darker ink by later hands where the writing surface has been badly damaged by damp or ill-use. The author's subscription at the foot of fol. 95^r has been touched up in darker ink, though when examined under ultra-violet, blue-green and infra-red light, with magnification, it is certainly original, since the head loops of the ascenders of the **H** and l and the tail of the **H** have not been tampered with. The change in level between the **H** and rest of his name is frequent (see p. xxxvii). His name is all fully underlined in the original ink. (His surname, with and without *litterae notabiliores*, occurs also in the heading of art. 3 of HM 111 fol. 16^v, fol. 24^r l. 7, fol. 39^r l. 17, and in HM 744, fol. 52^r ll. 14, 18/19 and 52^v ll. 1/2 and 4/7.)

Fols 3^r–12^v are in Stow's very distinctive small current hand.[2] Sidenotes in his hand occur on fols 20^v ('Chirburgh') and 24^v ('Epistle of Cupid'), the latter with a pencil trefoil, which also occurs on fol. 23^v line 1.

Decoration

Unlike HM 111 and 744, where Hoccleve used the cursive paraph formed like **cc** at starts of speeches, the Durham text has alternate gold and blue paraphs painted over the conventional double virgule sign to mark changes of narrative or speaker, and also before some headings, each ending formula (Explicit . . .) and sidenote (see p. xxxviii on punctuation). On fol. 84^v the limner has missed the double virgule in line 19. In contrast with the blue painted and red pen-flourished major initials of HM 111 and 744, here there are illuminated initials of gold leaf on backgrounds of blue and pink with white-line decoration, and pen-sprays with gold balls and trefoils and green touching: on fols 26^v (art. 3), 49^r (art. 4), 50^r (art. 5), 52^v (art. 6), 74^v (art. 7), 75^r (art. 8), 76^v (art. 8b), 77^r (art. 9), 79^v (art. 10), 93^v (art. 11), and 95^r (art. 12), the background of the last solely pink. It is unfortunate that most of them have been more or less rubbed by later hands, and many of the paraphs. A few sidenotes have been missed by the limner. The extra expense involved in this superior decoration may be owing to the status of the dedicatee of the volume, the Countess of Westmorland, though the membrane was not so good. There can be little doubt, from the style of

---

[1] The caret signs appear to be the same for both and not unlike Hoccleve's own additions, but presumably subsequent.
[2] Cf. W. W. Greg, *English Literary Autographs 1550–1650*, III (Oxford, 1932), pl. LXVIII (c–e).

the illumination, that it is contemporary. There were presumably three more illuminated initials in the lost quires, where Stow has three-line indentations copied from his (different, untraced) exemplar, the first page possibly having had an enhanced spray or demi–vinet, but scarcely room for a miniature, unless in a small historiated initial.[1]

Dedicatee

Joan Beaufort, legitimated daughter of John of Gaunt and niece of Chaucer, was Countess of Westmorland 1397–1440, as second wife and widow of Ralph Neville, first Earl of Westmorland (d. 1425). His chief seats were Raby and Brancepeth Castles in county Durham, with many other ties to the North, and her will, made at Howden (East Riding), makes bequests almost wholly in Yorkshire and county Durham, yet she must have spent time earlier, before and during her husband's lifetime, in the south of England, which we do not know that Hoccleve ever left.[2] There is however no clear evidence in the manuscript of it having been further north than Yorkshire before it was given to Bishop Cosin's Library by George Davenport after 1666.

Subsequent History of Book

The evidence of its whereabouts and ownership between the countess (if indeed she received it) and Stow is scattered in the marginalia and on the last page of the volume, by no means fully or all accurately recorded in the footnotes of Furnivall's edition, and only some corrected in the revised reprint by Doyle and Mitchell (EETS ES 61). Of the many marginal names and scribbles very few may be medieval. On fol. 49^r in the outer margin opposite line 4 of the first stanza (art. 3, line 942) 'offord' is written in faint plummet by a hand of the same size and slant as the text, with a black ink arrowhead apparently pointing to it from the outer edge. This was the name of one of Hoccleve's close colleagues in the Privy Seal office, serving c.1408–22, who is named in HM 111 fol. 39^r line 18.[3] It could have been a characteristic semi-jocose (or, if posthumous, nostalgic?) reference by Hoccleve to the subject of the stanza, a wretch whose wife's return would be less welcome than that of the Empress just described. On fol. 29^r in the upper margin there is faintly scrawled in large brown crayon or plummet by a hand of the fifteenth or early sixteenth century 'Ann(?) Rechard', and more clearly in the lower margin of fol. 35^v 'By the master marvell'; on 36^v probably the same hand copies the catchwords 'As she', and there are other words by the same on fol. 64^r. There are many random unutilised rulings by a similar instrument in the margins of many pages.

In the middle of the sixteenth century, over a considerable period, the volume seems to have been treated with so much disregard for its original contents, associations and appearance that it is remarkable that it survived at all. Some of the scribbling on it can be attributed to schoolchildren, or their masters, since many moralising verses and prose sayings are carefully copied, lengthwise in the outer margins or horizontally in the lower. Of the mid sixteenth century or later the largest group are of English rhymed verses (in several metres) by a fluent Secretary hand, five times signed 'quod carter', accompanied a number of times by the Latin *dicta* (or sometimes English) which they translate, written in a fine italic, with source references (e.g. Socrates 2, 8, 14, 21, 23, 28, 30, 35, 38, 44, 47; Diogenes, Ouidius de Ponto, Martialis lib. 12), fols 59^r–63^v, probably from Udall's version

---

[1] For the designs of opening pages of texts see K. L. Scott, *Later Gothic Manuscripts 1390–1490*, Survey of Manuscripts Illuminated in the British Isles (London, 1996), I. 39–40.

[2] G. E. Cokayne & V. Gibbs, *Complete Peerage* XII/2 (London, 1959), 547; testament 1440 ed. J. Raine, *Historiae Dunelmensis Scriptores Tres*, Surtees Society 9 (1839), app. pp. cclviii–lx. See also C. Meale (ed.), *Women and Literature in Britain 1150–1500* (Cambridge, 1993), pp. 140, 144–5.

[3] Burrow, *Thomas Hoccleve*, p. 7 n. 24, p. 16. A similar broad arrowhead occurs in HM 744 fol. 52^r against line 14 where there is a correction on erasure.

of Erasmus's *Apophthegmata*, 1542 or 1564.[1] In a heavier Secretary at the foot of fol. 14[r] is 'Thomas carter' smeared and in the outer margin of 37[v] a claim of ownership of the book for John Hancok, cursing Thomas Carter (as competitor?). On fol. 41[r] 'Thomas you be a good scriuener' with an epistolary formula. This suggests schoolboy rivalry. There is one English couplet in an approximation to a common-law hand on fol. 16[r] and another in a more calligraphic Secretary with a wider nib on fol. 47[r]. On fol. 93[r] in the upper margin is the beginning of a document dated 1 Edw.VI. On fol. 67[r] 'Father and mother' and the date written as *1155* (for 1555?) are in a similar Secretary hand to Carter's signed couplets.

Amongst other inscriptions are 'Johan Medwell, m[aster?] my lord Chamberlain', 'per Prise', fol. 14[r]; 'Per me peter hardy of halyfax (West Riding, Yorks.) ows this boke' smeared, fol. 16[r]; 'Tomas Gardeynnyr'(?), fol. 19[r]; 'I William Wylton of Kyrkeland in the Counte of L⟨ancas?⟩ter', smeared, fol. 24[v]; 'Per me gabriell curtys', 'Thomas Kyngston hath Rede this gudly boke', both fol. 26[v]; 'Thomas kaye the sonne of thomas kay', fol. 28[r]; 'per me Wyllyam Hopkins', fol. 45[v]; 'thomas Onslor', fol. 46[v]; 'wyllyam barnab', fol. 52[r] and 66[v] in italic with a notary's knot; 'Thomas hecker haue Red all Thys boke', fol. 63[r]; 'Geffrye thurgood', fols 68[r], 84[r]; 'try and the[n] trust qwoth bodyll', fol. 73[r]; 'To Thomas Wylton of Kyrke Lande' (a place-name common in the north), fol. 68[v]; a mock letter or petition to Bishop Bonner[2] from 'William Wylton of Kyrke lande in the counte aforseide', fol. 79[r]; 'Richard lyon', fol. 69[r]; 'John Jaclin & Elizabethe his wellebelouede wiffe', fol. 74[r]; 'robert ascue' and 'askewe', fols 75[v], 82[r]; 'John Bargainsaun 1551', fol. 84[r]; 'Radufus [*sic*] wilcockes', fol. 94[v]; 'Thomas onslowe', 'Thys be me boke . . . and mysterres hoblyng', 'Mastre Jaclen', 'Edmounde huncoke' all amidst a mess of pentrials (and phallic sketches?) on fol. 95[v]. Much is illegible and some partly erased. There are monetary calculations of the same period on fol. 29[r] and 37[r]. The name of Peter Hardy occurs in the Halifax parish registers 1557–70;[3] and a Geoffrey Thorogood matriculated at St John's College, Cambridge in 1584.[4]

There are many defects owing to deliberate pillage, wear and tear: a strip more than 20 mm. wide cut off the top of fol. 13, strips nearly 50 mm. wide from fols 23–25 and from the foot of fol. 90; the lower outer corner from fols 19, 34, 38–39, 45–52, 62, 68; a vertical slit of 25 mm. in fol. 39 lower margin and one of about 15 mm. in the upper outer margin of fol. 49; a horizontal cut right across fol. 95. Many pages are badly soiled, stained and scribbled on, besides the readable names; and the damage to the illumination is probably of the same period.

John Stow must have acquired the manuscript after this ill-treatment, and more likely in or near London than elsewhere. Presumably after his death in 1605 it belonged to William Browne (of Tavistock), whose inscriptions are on fols 3[r] and 14[r], for Browne was collecting manuscripts in the early seventeenth century (he dates Durham University Library Cosin MS V. ii. 15 of Walton's Boethius 1612) and he edited the tale of Jonathas from V. iii. 9 in *The Shepheards Pipe*

---

[1] W. A. Ringler Jr, *Bibliography and Index of English Verse in Manuscript 1501–1558*, prepared and completed by M. Rudick & S. J. Ringler (London, 1992), p. 10, lists 26 items with references to his alphabetical index of incipits and the sources of some in English printed books: Becon's *Invective*, STC 1730.5 (misdated by Ringler 1510? but *recte* 1543), Elyot's *Governor*, STC 7635 (1531, and later editions), Udall's translation of Erasmus's *Apophthegmata*, STC 10443 (1542, another edn. 1564), and Heywood's *Two Hundred Epigrammes*, STC 13296 (1535). Under his TM 874 fol. 36 should be 37[v]; TM 1738 is a false reference.

[2] Bishops who were royal Chancellors would have petitions from outside their dioceses; Bonner (Bishop of London 1540–9, 1553–9) was never so, but he could be a target of mockery.

[3] The name of Peter Hardy of Halifax (on fol. 16r) occurs as a godfather in 1557, for the births of two sons and two daughters, 1558–69, his marriage in 1558, and the burials of a son in 1562 and his wife in 1570: *Parish Registers of Halifax*, Yorkshire Parish Register Society, 37, 45, I (1911) 109, 116, 127, 149, 185; II (1914) 39, 221, 244.

[4] J. & J. A. Venn, *Alumni Cantabrigienses*, part I, vol. 4, 235; but he and the others of the surname there seem to belong to Huntingdonshire and neighbouring counties.

(1614).[1] There is a sidenote probably by him, 'Humfrey quasi homme feray' on fol. 21[r], with a pencil underlining of the etymology in the text, line 9. Other such pencil underlinings of unusual words may be owing to him. This volume and four others from Browne's collection bear the inscriptions of George Davenport, one of Bishop Cosin's chaplains, all with the date 1664, apparently that of acquisition, to judge from others of his books with earlier and later dates.[2] Halfway down the outer margin of fol. 3[r] is a bookseller's cipher '.s./.a.', of the same type as occurs in V. ii. 13 and V. ii. 16; the cipher is probably not that of a provincial but a metropolitan dealer, since most of Davenport's manuscripts were not of northern provenance.[3] The title 'The Works of Thomas Hoccleve' on fol. 1[r] and the quotation from 'Pitseus de scriptoribus Angliae anno. 1410.' on fol. 2[r] are in Davenport's hand,[4] as is the note 'Perlegi 1666' at the foot of fol. 95[r] and his name with the date 1664 on the piece of paper preserved from the previous binding, now stuck to the front pastedown of the rebinding c.1847.[5] The ex-libris of the Episcopal Library (now commonly called Cosin's Library after its founder, 1668, incorporated in the University Library since 1936), sometimes confused by strangers with the Chapter (Cathedral) Library, is in the hand of Thomas Rud (1668–1733), who was Chapter Librarian from 1716 to 1726 but also did a great deal in the Episcopal Library, and catalogued both collections of manuscripts; he also wrote the names of 'Thomas' and 'Reason', each twice, as sidenotes on fol. 7[v].[6] The bookplate on the front pastedown, engraved by the firm of Lambert of Newcastle (1807–91), probably by its founder Mark, a pupil of Thomas Bewick, represents Bishop Cosin's chancery seal of 1660, of which the University Library now holds the original matrix, possibly borrowed for the purpose, but not however the printing plate.[7]

Binding

The present binding is of the mid nineteenth century, uniform with other Cosin manuscripts and resembling others on Chapter Library manuscripts rebound by the same firm (binders to the British Museum) in the same period,[8] thin wood boards with brown (russia?) leather covering and one brass clasp catching on the lower cover, sewn on four main raised hemp bands, gilt-lettered THOMAS HOCCLEVE'S WORKS and V. III. 9, and with new unnumbered parchment pastedowns and flyleaves at each end. The cut across fol. 95 was probably repaired at the same time. The front board and fols 1–10 had become detached before photographing for this facsimile and are being re-secured by the senior conservator of the University Library in 2002, with new spine leather and lettering.

---

[1] A. S. G. Edwards, 'Medieval manuscripts owned by William Browne of Tavistock (1590/1?–1643?5?)', in *Books and Collectors: Essays presented to Andrew Watson*, ed. J. P. Carley & C. G. C. Tite (London, 1997), pp. 441–9. For Browne's more formal script see P. J. Croft, *Autograph Poetry in the English Language* (London, 1973), I. 30.

[2] Cosin MSS V. ii. 13, Chaucer's *Troilus*, V. ii. 14, Lydgate's *Thebes* etc., V. ii. 15, Walton's Boethius, and V. ii. 16, Lydgate's *Life of Our Lady*. For Davenport see Venn, *Alumni*, part I, vol. 2, 13; R. Surtees, *History and Antiquities of the County Palatine of Durham*, I (London, 1816), 153, 162, 170–1.

[3] This is one conclusion of the new catalogue of the medieval manuscripts in Durham University Library being completed by A. I. Doyle and A. J. Piper.

[4] The watermark divided between fols 1 and 2 is a large fleur-de-lys in a crowned shield, nearest to E. Heawood, *Watermarks Mainly of the 17th and 18th Centuries* (Hilversum, 1950), nos 1751, 1753 (found in London 1662 and 1674), though with different maker's initials.

[5] The previous binding was probably done for George Davenport by the Durham stationer Hugh Hutchinson, who bound most of his manuscripts and many other books in the Episcopal and Cathedral libraries: A. I. Doyle, 'Hugh Hutchinson, bookbinder of Durham c.1662 or 1665–95', *The Book Collector* 24 (1975), 25–32.

[6] *Dictionary of National Biography*, 49 (1897), 377; the new edition will contain a revision by A. I. Doyle.

[7] C. H. Hunter Blair, 'Post-Reformation ecclesiastical seals of Durham', *Archaeologia* 77 (1928), 166–7, 172, pl. XVI, no. 1; J. Vinycomb, *Lambert (of Newcastle-upon-Tyne) as an Engraver of Book-Plates* (Newcastle-upon-Tyne, 1896), does not list it.

[8] Charles Tuckett was a contract binder for the British Museum 1825–65: C. Ramsden, *London Bookbinders 1780–1840* (London, 1956), pp. 142–3; N. Packer, *Bookbinders of Victorian London* (London, 1991), p. 154.

HOCCLEVE'S HANDWRITING

From his own allusions we know that Hoccleve was born between 1366 and 1368 (most probably 1367),[1] and entered the office of the Privy Seal about 1387, when he would have been about twenty years of age. Previously he must have been educated to a considerable extent in Latin, French, as well as English, and learned how to write in them. The script he would have learned first (besides some Textura which never appears in his identified writing)[2] would have been the traditional cursive Anglicana, some forms of which persist as variants in his informal writing of French, Latin and English, although we are not aware of any example by him entirely in Anglicana. The new Secretary script he may have learned as an aspirant or an apprentice for the Privy Seal office, which was one of the first milieux in which it was adopted in England about 1372 and in other functions of state and church from the last quarter of the fourteenth century on.[3]

We have not yet identified any specimen of his handwriting that can be assigned certainly to a date before 1408 or 1413 (that is after he had been working for the Privy Seal for more than twenty years), but there should be more examples in the Public Record Office awaiting recognition than have yet been found.[4] The handwritings of the several contemporary clerks of the Privy Seal and of the Signet who practised the Secretary script are all quite easily distinguishable, despite their common style and features; Hoccleve's is perhaps the most distinctive.[5] He was a very accomplished scribe in several modes appropriate to the different contexts of his tasks, in some tightly disciplined, in others fluent and relaxed. Schulz, Croft, Petti, Doyle and Parkes have pointed out some of his most distinctive graphs:[6] an expansive **A** with a sweeping deep downwards stroke turning upwards counter-clockwise across itself as it turns clockwise either to a flattened head with an angular junction on the right with a straight broken downstroke or else continuing with a simple curve, in each with a more or less strongly seriffed foot; a flat-topped **g** with variant tails, turning either tightly or in a wide sweep on the left to its head or else turning back more or less sharply to the right; a round or oval **w** made usually with only two strokes, the second like a 2 within the circle; and **y** with its tail turning right up alongside or often back through the head as a hair stroke to make a dot or tick above. The last two of these letters occur naturally in English words or names rather than in Latin or French. The more complex three-stroke bipartite **w** with angular feet is employed chiefly in initial positions and for greater formality, and somewhat paradoxically for crowded corrections in HM 744 (see p. xxv). The oval or round shape is a current Anglicana form, from the late thirteenth century onwards, quite common in the fourteenth but old-

---

[1] Burrow, *Thomas Hoccleve*, p. 2.

[2] There is reason to think that elementary instruction in reading commonly started with the Textura alphabet, and probably some practice in writing it.

[3] M. B Parkes, *English Cursive Book Hands 1250–1500* (Oxford, 1969; revised reprint London, 1979), pp. xix–xxi; he has argued to me that by this period those who taught how to write in French would probably have been doing so in the new script to enhance their pupils' chances of employment. P. Chaplais, *English Royal Documents King John–Henry VI* (Oxford, 1971), pp. 52–53, dates its adoption by scribes of the Privy Seal and Signet 'in 1372 or thereabout', with evidence that it was imported from France by clerks of the Black Prince, and he has discussed an exceptionally early example by John de Branktre in 1356: idem, *Essays in Medieval Diplomacy and Administration* (London, 1981), pp. 169–99, pl. I.

[4] For his work and life in the Privy Seal see Burrow, p. 3 et seq. According to Chaplais, *English Royal Documents*, p. 34, many files from the Wardrobe and Privy Seal were destroyed by a fire in 1619; but writs and warrants went to other offices such as the Chancery and Exchequer, from which come the two pieces of Hoccleve's cited by Doyle and Parkes, p. 182.

[5] See Chaplais, *English Royal Documents*, p. 69, pl. 16c (1377), 19 a & b (1396 by Robert Fry), 22a (1415 by Hoccleve); idem, *English Medieval Diplomatic Practice*, part II (London, 1975), pl. 37 (1382), 38a (Signet 1392), 38b (1394–99 by Fry), 39 (Signet 1395), 41–43 (1396 by Fry), 50 (1414), 52 (1414).

[6] H. C. Schulz, 'Thomas Hoccleve, Scribe', *Speculum* 12 (1937), 71–81; P. J. Croft, *Autograph Poetry in the English Language: Facsimiles of Original Manuscripts from the Fourteenth to the Twentieth Century* (London, 1973), I. 3–4; A. G. Petti, *English Literary Hands from Chaucer to Dryden* (London, 1977), pl. 7; Doyle and Parkes, pp. 182–3.

Fig. 2 Cambridge, Trinity College MS R. 3. 2, fol. 82ᵛ, lower two-thirds, actual size

fashioned by the fifteenth, the latest datable instances being near the time of Hoccleve's death.[1] His rendering of **y** (which he used often by itself for the first person singular pronoun: see p. xx) is notable in that the upwards stroke to the tick or dot above commonly leaves a hairline whereas other scribes may have followed the same trace without recording that part of the stroke.[2] Another

[1] e.g. among many, the hand of BL MS Harley 2253, see facsimile, EETS 255 (1965), intro. N. R. Ker, p. xix (where his 'space-saving' means vertically); cf. Chaplais, *English Royal Documents*, pl. 17a, a draft of a Privy Seal writ, 1389, such as Hoccleve wrote in P.R.O. E28/29 no. 30, temp. Hen. IV or Hen. V. This **w** occurs in a letter from the prior of Bromholm, 1425, BL MS Add. 34888, fol. 11, *Paston Letters and Documents*, ed. N. Davis (Oxford, 1976), II. 1; in the hand of William Paston I, 1426, ibid. I. pl. 1; and that of William de Kerby, 1427, *Notarial Signs from the York Archiepiscopal Records*, ed. J. S. Purvis (London, 1957), pl. 52 (though not in the same scribe's pl. 53, 1422).

[2] Similar treatment of y may perhaps be seen ibid. pl. 37 and more clearly in the first hand of a copy of Gower's *Confessio*

Anglicana form which he used regularly for English and informally in the other languages is the long **r**, descending well below the writing base line in initial positions, although in others, particularly final, he used a somewhat shorter descending **r**, besides the two normal Secretary and '2'-shaped forms. Only in the informal majority of his formulary, BL MS Add. 24062,[1] and the much-corrected draft of a letter in P.R.O. E28/29 (no. 30), did he use the cursive ('reverse') **e** and '6'-shaped (sigma) **s** of Anglicana; except for one **e** in Huntington MS HM 744 fol. 52^v line 1 and one in Cambridge, Trinity College MS R. 3. 2, a copy of Gower's *Confessio Amantis* in which he was one of five copyists, where the **e** occurs in the added catchwords on fol. 33^v, probably by him,[2] and the final **s** of the word 'his' on fol. 82^v (Fig. 2 col. 2 line 23), where it is a hurried correction of the apparently previous (by an easy error) 'hie'.[3]

The most formal and constrained example of his handwriting in English is this portion of only five pages, fols 82^r–84^r, where he had to fit into a pre-determined lay-out of two columns of 46 lines each within a ruled area of 275 × 175 mm. (see Fig. 2) and also to avoid too strong a contrast with the aspect of the one other copyist, the third in the manuscript (designated C by Doyle and Parkes, Hoccleve being the fifth, designated E), of whose work he had probably seen part. The result is a small neat upright set hand in which angular **w** is predominant but the round or oval form is found a few times (e.g. oval in col. 1 line 27). Long **r** occurs in col. 1 line 2 with a long descender and with a shorter one in lines 5–6. All except one (col. 2 line 5) of the instances of flat-topped **g** here have the tails turned tightly to the left, sometimes joined lightly or strongly to the head (col. 1 lines 2, 14). Another form of **g**, with an angular head, appearing occasionally on the other pages (three on fol. 82^r, seven on 83^r, three on 83^v and two on 84^r, not illustrated here), is not found in his three anthologies, though common in his colleagues' documents.[4] Another graph which occurs only in this manuscript is the **v** with long rising curved approach stroke from the left below (col. 1 lines 16, 22), as well as his usual one with a broken curve up to the left and then right above (col. 1 line 6), which usually has an angular body but rounded there and in the upstroke in the informal documents, and e.g. in HM 744 fol. 52^v line 14 and the last line of prose of the Durham manuscript, fol. 95^r. His use of **y** for the first person singular pronoun in the Gower is consistent, and since it is not in the other copyists' stints, it was presumably not derived from the exemplar.[5] As this usage predominates in the Durham book from fol. 37 to its end it has been

---

Amantis, BL MS Egerton 913, which also has flat-topped **g** with elegant tail to the left and long overhanging **s** like Hoccleve's, but from other details certainly not by him.

[1] The contents of Add. 24062 (not before July 1424) have been edited by E-J. Y. Bentley, Ph.D. thesis, Emory Univ., 1965 (Univ. Microfilms no. 65–11503), but without a physical collation, which is attempted by J. J. Thompson, 'A poet's contacts with the great and the good: further consideration of Thomas Hoccleve's texts and manuscripts', in *Prestige, Authority and Power in Late Medieval Manuscripts and Texts*, ed. F. Riddy (York, 2000), p. 99, n. 61. Mentions of the manuscript do not always distinguish accurately between Hoccleve's autograph and others' contributions. Most of his are in his current or very current hand, more in French than Latin, that in the top half of fol. 7^r unusually set, with sidenotes, while a number of long documents in the latter part of the volume are in one or two other formal hands, with one of which he alternates and sometimes annotates, perhaps by his under-clerk John Welde (fols 145^r–54^r, 160^v–3^v, 187^v–8^r, 189^v–90^v). Schulz, pl. 1a and 1b, reproduces Hoccleve's current hand in French and his longer note in English, fol. 194^v (there is a smaller one on fol. 102^r). The inserted English slip, fol. 35, is not by Hoccleve but probably by his junior colleague, Henry Benet, whose surname is at the head of fol. 1^v above a copy of a royal letter in his hand, who copied other documents (e.g. fol. 31^r), and made a number of sidenotes (fols 48^v, 68^v) besides (*pace* Schulz) the ascription of the calendar (contents-list) to Hoccleve at its end on fol. 101^v.

[2] Doyle and Parkes, pp. 166, 182–3, pls 53–4.

[3] John Gower, *English Works*, ed. G. C. Macaulay, II (EETS ES 82, 1901), 156: book V, line 7448.

[4] Shown in the penultimate line of the extract from fol. 84r of the Trinity manuscript, P. R. Robinson, *Catalogue of Dated and Datable Manuscripts c.737–1600 in Cambridge Libraries* (Cambridge, 1988), II. pl. 198(a); cf. Chaplais, *English Royal Documents*, no. 19 (Robert Fry).

[5] J. J. Smith, 'Spelling and tradition in fifteenth-century copies of Gower's *Confessio Amantis*', in M. L. Samuels & J. J. Smith, *The English of Chaucer and his Contemporaries* (Aberdeen, 1988), p. 108: 'some Gowerian relicts, but generally as in Hoccleve's copies of his own poetry'. Charles Blyth has argued, in an unpublished lecture, that the preference for y instead of I suggests a late date for Trinity.

argued to be a preference of Hoccleve's final years, despite its to us more archaic character, and it may therefore be thought that his Gower stint is equally late (cf. p. xx).

On external evidence we can date the Trinity manuscript only to the period between Gower's death in 1408 and Hoccleve's in 1426. The closest likenesses to its manner are in the final envoy stanza of the Durham manuscript, datable not before 1422,[1] on the lower third of fol. 95[r], where there is a conspicuous change from the currency and slant of the writing of the prose passage above to the more set and upright manner of the dedication, though not so consistent as in Trinity: the round **w** occurs in the last two lines and a current **and** sign, not used by Hoccleve in the Trinity Gower. The two instances of flat-topped **g** in the envoy have comparably open tails to those in the last few lines of the prose above, and after the first three lines of the verse the writing slopes noticeably down to the right, though the horizontal level is regained in the subscription. His habit of writing an initial **H** or **h** much lower than the following letters of a word is obvious here (verse line 3, subscription line 1), as it is in the Gower (Fig. 2 col. 1 lines 19, 22, 25).

There are obvious variations in the size and currency of writing within the three autograph anthologies, which cannot be dated more closely than not before March 1422 (Durham) and not before September 1422 (both Huntington) and of course before Hoccleve's death in 1426 (see p. xx). Whereas the calculable modules (distance between writing base-lines) in the Gower and autograph manuscripts are not very different (just over 6 mm. and 6.3–6.6 mm. respectively), the actual paucity of ruling and the frequent stanza-divisions in the anthologies gave greater freedom vertically, and the single columns laterally, for a more generous spacing (laterally about twelve graphs or spaces to an inch against fourteen). There is also a more consistent density of ink in the Gower; in the anthologies it is often simpler to see how the double strokes of **f** and long **s** (with Hoccleve's characteristic overhanging curved or straightish heads) were made, which was also affected by the varying pen pressure more obvious there.

It is noteworthy that when justifying the right-hand edge of prose passages by breaking words he does not employ any hyphens, which may be a reflection of his documentary legal training. For other features of Hoccleve's punctuation see pp. xxxviii following.

For the displayed headings and endings of texts Hoccleve used a broader nib and stiffer duct on a larger scale (though not the still more formalised Bastard Secretary), as he did to a lesser degree in the formulary.[2]

ABBREVIATIONS IN THE MANUSCRIPTS

One form of abbreviation is by suprascript letters, as in the common 'þ[t]' ('th*at*', 25[r], line 5) and 'w[t]' ('wi*th*', 27[v], 8).[3] Suprascript **a** may occur in words such as 'rememb*ra*nce' (31[v], 14) and 'Bet*ra*yen' (41[v], 1), and a '2'-shaped suprascript **r** in words such as 'hon*ure*' (33[r], 4) and 'p*ur*ueance' (64[r], 15). Other syllables beginning with **p** may be abbreviated as follows: 'per' or 'par' with a horizontal stroke through the descender of the **p**, as 'p*er*petuel' (33[v], 9), 'p*er*il' (35[r], 3), 'p*ar*' (47[v], 13), 'p*ar*adys' (Durham, 52[v], 4); 'pro' with a hook through the descender, as 'p*ro*fitable' (35[v], 16), 'P*ro*prely' (48[r], 11); 'pre' with a backward hook above the lobe of the **p**, as 'exp*re*sse' (51[v], 11), 'p*re*sence' (51[v], 12). Backward hooks above other consonants signify the omission of -er- rather

---

[1] Doyle and Parkes, p. 182, n. 39, suggested not before 1419, but Burrow, pp. 26–27, 30, has shown that the *Dialogue* here includes a reference to a statute of 2 May 1421, and the note on Duke Humfrey's second return from France probably implies knowledge of his third in March or April 1422.

[2] For Bastard Secretary, which adapts some features of Textura, see Parkes, *English Cursive Book Hands*, p. xxi.

[3] Citations in this section, by folio and line number, refer to HM 744 unless otherwise indicated. Hoccleve's usage is consistent throughout the three manuscripts.

than -re-, as in 'et*er*ne' (25^v, 1), 'neu*ere*' (27^r, 12). After letters with looped ascenders, however, -er- is represented by a horizontal stroke through the ascender, as 'h*er*te' (26^r, 20), 'lib*er*al' (42^r, 3), also 'ch*ari*tee' (Durham, 94^r, 9). After s, abbreviation of -er- takes the form seen in 's*er*uice' (36^v, 13) and 'mis*er*able' (68^v, 21), as also in Latin 's*er*mo' (61^r, sidenote). A very common sign marks the omission of m or n: 'hi*m*' (29^r, 7), 'com*m*ende' (31^v, 12), 'impressiou*n*' (48^r, 13, but compare 'temptac*i*on', 34^v, 8). The sign for 'and' may be seen on fol. 25^r, 5. 'Quod' ('said') has two abbreviated forms: Durham, 29^v, 8 and 41^v, 9. The Latin abbreviation for terminal -is occurs only in 'awayt*is*' (Durham, 75^r, 8). There are also occasional short forms of particular words: 'Ch*iual*rie' (HM 111, 27^r, 18), 'sp*eci*al' and 'l*et*re' (HM 111, 41^v, 13, 15).

Abbreviation of final -e has caused disagreement among editors, and significantly so, given that -e (when unelided) counts towards the required total of syllables in Hoccleve's verse line. A number of letters and letter groups have extended or extra strokes at the ends of words, notably **f**, **g**, **k**, **r**, and the groups **gh**, **ll**, and **ssh**. Pryor (pp. 125–35) holds that all these are to be expanded with -e, with the exception of *gh*. However, in the cases of *f*, *g*, *k*, and *ssh*, as well as *gh*, expansion commonly produces forms which depart from the poet's well-attested usage, orthographic, morphological, or metrical. These writings are best regarded as no more than positional variants of the letters in question: thus, 'ententyf' (25^v, 17), 'preyyng' (26^v, 4), 'thurgh' (27^r, 6), 'took' (29^v, 16), 'flessh' (29^v, 2). On the other hand, in Hoccleve's practice the horizontal stroke through **-ll** and the backward hook over **-r** do regularly signify -e. Thus, 'all*e*', 'call*e*', and 'fall*e*' (25^r, 2, 4, 5), 'faill*e*' and 'trauaill*e*' (35^v, 20, 21), 'louer*e*' (27^r, 12), 'our*e*' (39^v, 13), 'her*e*' (41^r, 8).[1]

Forms of abbreviation in English, and also French (as in the Huntington headings), largely derive from the Latin usage with which Hoccleve, as a clerk of the Privy Seal, was very familiar. The poet's restriction of final -e abbreviation to barred **ll** and hooked **r** is matched in his Latin sidenotes: 'mill*e*' (Durham, 17^v), 'fundar*e*' (Durham, 22^r). Other parallels between his English and Latin practice appear in, for example, the Latin sidenotes on fol. 60^v of Huntington 744: suprascript **r** in 'morim*ur*', suprascript **a** in 't*ra*nsactis', and two backward hooks for -er- in 'conu*er*tere'. However, the Latin also exhibits forms of abbreviation more drastic than those commonly used in the vernaculars: 's*cilicet* d*omi*na' (32^r, gloss above 19), 'ep*isto*la' (50^v, 15), 'pen*itenci*am' (60^v, sidenote), 'ca*pitulo*' (Durham, 24^r, sidenote).

PUNCTUATION IN THE MANUSCRIPTS

Paraphs mark the beginnings and occasionally the ends of reported speech (Durham, 45^v, HM 744, 42^r, line 8). They also signal changes in the direction of address, as in apostrophes (to Health, HM 111, 25^r, 9, to God, Durham, 63^r, 1). Turning to a new object of address may also, however, be marked by a decorated capital letter (HM 111, 11^v, 9). The more general function of paraphs is to mark changes of topic (HM 744, 44^r, 1, HM 111, 23^r, 9) and transitions in narrative (Durham, 33^r,

---

[1] The two holograph copies of *Learn to Die* in HM 744 and Durham show, for example, 'care' written with a hook in one while -e is written out in the other (Durham, 58^v, 21, HM 744, 59^r, 14). Again, 'befalle' has a horizontal stroke in one and -e written out in the other (Durham, 61^v, 19, HM 744, 62^r, 12). These conclusions about expansion of -e were arrived at first by J. H. Kern in 'Zum Texte einiger Dichtungen Thomas Hoccleve's', *Anglia* 39 (1916), 389–494 (pp. 390–5), and independently also by J. A. Jefferson, 'The Hoccleve holographs and Hoccleve's metrical practice', in *Manuscripts and Texts: Editorial Problems in Later Middle English Literature* (Cambridge, 1987), ed. D. Pearsall, pp. 95–109 (p. 96). Both scholars recognize a problem where **g** is written with a flourish in the endings of present participle and gerund, since places where no abbreviation is in question show that Hoccleve used both -yng and -ynge forms. Hence, when flourished -yng occurs in eliding positions, -yng*e* cannot be ruled out. Yet in non-eliding positions, Hoccleve only once fails to write out an -e where the metre requires it. In that one place (HM 111, 3^v, 14), 'norisshyng*e*' does seem to be called for. See Kern, p. 392, and Jefferson, p. 104 and note. For discussion of the relationship between Hoccleve's syllabic metre and his spelling forms, see Burrow, EETS, pp. xvii–xxxv.

1, 42^v, 15). Paraphs also occur at the head of sidenotes and sometimes also of Incipits and Explicits, as well as marking off the short verse pieces in HM 744, fols 51^v to 52^v. Other uses of the sign are to distinguish numbered sets of items (HM 744, 38^r, Durham, 53^r) and to point up notabilia, especially the citation of authorities (Augustine, HM 111, 1^v, 9, or Cicero, Durham, 15^r, 8). Paraphs are written by Hoccleve himself in the Huntington MSS, taking the form of the scribal **cc**. In the Durham MS, however, he wrote the symbol // to indicate where blue and gold paraphs were to be added (e.g. 43^v).

Hoccleve's punctuation is generally light. In verse, he most often allows the line-break itself to stand for any kind of markable pause. Marks of punctuation appear only very rarely at the ends of lines or stanzas: twenty in the 917 lines of the Durham *Learn to Die*, and nine in the 512 lines of *Oldcastle* in HM 111 (all *elevati* in both). His repertoire, furthermore, includes no sign corresponding in function to the modern full stop. The *punctus* or point has only limited functions. The interjection 'O' is marked on occasion with a point, most often following it (Durham 55^r), though versions of the small curved mark (see below) also appear in that position (HM 744, 56^v, 3, 18). Points also set off Roman numerals (Durham, 53^r, 10, 11, 13, 15), or mark occasional abbreviations (.*T.* for *Thomas*, HM 744, 36^r, sidenote). The two main punctuation marks in these manuscripts, both for verse and for prose, are the *virgula suspensiva* and the *punctus elevatus*. These have a range of functions, and both signs, especially the *punctus elevatus*, vary in physical form, as handwritten punctuation often does.

The *virgula suspensiva*, or virgule, is a straight slanting stroke, sometimes quite faint and often short.[1] It is by far the most frequent mark of punctuation. In the prose texts of the Durham MS, virgules represent every kind of medial pause; and they may also—in the absence of a special sign for the purpose—mark the ends of sentences, with or without a following capital letter (Durham, 52^r, 7 and 12, 76^r, 10). Use of virgules in the verse texts is much the same, and very unlike what appears in some other verse copies of the time, where almost every line has the sign, as if it were a metrical requirement.[2] So, Hoccleve's copy of his *Male Regle* in HM 111, fols 16^v–26^r, has virgules in no more than 170 of its 448 lines. Their prime function here, as in the prose, is syntactic, marking longer or shorter pauses required by the structure of sentences. At the same time, virgules do play a significant part in articulating the rhythm of the lines in which they occur; and they sometimes appear in places where one would not expect to find them in prose, especially towards the middle of lines, as in 'Whil thy power / and excellent vigour' (HM 111, 16^v, 9).

The *punctus elevatus* has a *punctus* or dot with a slanting S-shaped stroke above it. There is also a more common variant, indistinguishable in function, which consists of the S-shape alone with no *punctus* at its foot.[3] Both types range in size from the large (mainly at line ends) to the very small: for examples of the larger forms, see Durham 25^v, 3 (dotted) and HM 744, 27^v, 1 (undotted), and for the smaller, see Durham, 25^v, 5 (dotted) and HM 744, 25^r, 10 (undotted). Their general function is to mark a phrase or clause as requiring to be complemented or completed by what follows. So the *elevatus* may occur at the end of a dependent clause preceding its main verb, especially when the clause is long (Durham, 23^r, 7, HM 111, 33^v, 6); after a fronted object (Durham, 79^v, 10); after a long subject (Durham, 25^r, 14); after an absolute expression (HM 111,

---

[1] On the virgule, see Parkes, *Pause and Effect*, pp. 45–6, 106–7, 307.

[2] A substantial sample from the Hengwrt MS of the *Canterbury Tales* shows only one per cent of lines without virgules: G. B. Killough, 'Punctuation and caesura in Chaucer', *SAC* 4 (1982), 87–107 (p. 93). The earliest scribal copy of the Durham texts, Bodleian Library MS Selden Supra 53, has a similarly small percentage of unvirgulated lines, contrasting sharply with the holograph usage (Burrow, EETS, pp. liv, lxiv).

[3] There are 273 undotted *elevati* in the holographs, as against 97 dotted. On the *punctus elevatus*, see Parkes, *Pause and Effect*, p. 42 and plates 20–4. Hoccleve uses no distinct *punctus interrogativus*, nor a *punctus versus* (Parkes, pp. 306–7). His use of the *elevatus* in place of the *interrogativus* has a parallel in the usage of the Ellesmere/Hengwrt scribe.

16^{v}, 6); and after the first part of a comparison (HM 744, 66^{r}, 21). The sign occasionally links sentences together in the manner of a modern colon (Durham, 91^{v}, 7, HM 744, 58^{r}, 7). Hoccleve also on occasion employs *elevati* to mark questions, and his usage here provides the clearest evidence for their association with rising intonation. Of the 265 questions in the three manuscripts, only 41 are followed by the *elevatus*; but the distribution of these is significant. Studies of intonation in Modern English distinguish two main interrogatory types: open questions, which normally end with a fall in pitch ('Where are you going?'), and yes/no questions, which normally end with the rising pitch characteristic of non-final positions ('Have you finished?').[1] In the three manuscripts, open questions are twice as common as the yes/no type (179:86); yet only three of the former are punctuated with an *elevatus*. All the remaining 38 are marked to have the rising intonation characteristic of yes/no questions: for example, HM 111, 30^{r}, 6 and 8, or Durham, 25^{v}, 3 and 5.

A group of small curved marks remains to be accounted for. An unusually distinct example may be seen at Durham, 33^{r}, 16, contrasting with the virgule in the same line; but more typical are the smaller marks in the first and last lines of the third stanza on fol. 18^{r} of Durham, in contrast again with neighbouring virgules. The curved or hooked shape of these signs is on occasion so reduced that it may be difficult to distinguish them from sketchy virgules (HM 744, 43^{r}, end of line 6). In their functions, however, these marks clearly resemble *elevati*, not virgules; and they may best be regarded as *elevati* in fragmentary form. Like full *elevati*, they commonly point forward to what follows after initial dependent clauses, fronted objects, and the like (HM 111, 24^{v}, 21, 26^{r}, 1); and they may be used interchangeably with *elevati* in parallel constructions, as in lines 2, 7, and 8 of the third stanza on HM 111, fol. 1^{r}.

The only text to appear more than once in the manuscripts is *Learn to Die*, in two copies taken independently, in all probability, from Hoccleve's working copy: HM 744, fols 53^{r}–68^{v} (defective after l. 672) and Durham, fols 52^{v}–74^{r}. Comparison between their punctuations shows a significant amount of variation. Of the 49 lines where *elevati* are used (dotted, undotted, or 'small'), 20 exhibit disagreements between the copies: either no mark in one where the other has an *elevatus* (e.g. at the end of l. 64), or a virgule in place of an *elevatus* (e.g. in l. 2). The use or placement of virgules also varies, as may be seen in the stanza beginning 'Why sette I so myn herte in vanitee': ll. 281–7, HM 744, 59^{v}, Durham, 59^{r}. The two copies here share a *punctus* after *O* in l. 2 and a virgule in ll. 4 and 6, as well as an *elevatus* in the latter line; but HM 744 lacks the virgules present in Durham at ll. 5 and 7.

---

[1] For a brief account, see R. Quirk, S. Greenbaum, G. Leech, and J. Svartvik, *A Grammar of Contemporary English* (London, 1972), pp. 1044–6. For more details, see pp. 161–4 in M. A. K. Halliday, 'Intonation in English grammar', *Transactions of the Philological Society* (1963), 143–69. Hoccleve's question marking is further discussed in a note by Burrow, *Notes and Queries* 247 (2002), 184–8.

FACSIMILES

HUNTINGTON LIBRARY
MS HM 111 folios 1^r–47^r

HM 111 front cover

Ceste feust fee au temps q̃ le R.H. le D. q̃ dieu p̃donn
feust in hampton sir son primer passage vers hau-
flete

The ladde of heuene / meene charitee
Comandith vs if our brothir be falle
In to errour / to haue of him pitee
And seeke weyes in our wittes alle
How we may him ageyn to vertu calle
And in gretter errour ne knocke y noon
Than thow þt dronke haast heresies galle
And art fro Cristes feith tChynned y troon

Allas þt thow þt were a manlys knyght
And shoon ful cleer in famous worthynesse
Standynge in the fauo of euery wight
haast lost the style of cristenly pkesse
Among alle hem þ stande in the cleenesse
Of good byleeue / a no man wt thee holdith
Sauf cursid catife heretes of dirknesse
ffor verray routhe of thee myn hte coldith

Thow haast maad a fair pmutacion
ffro Cristes lore to feendlys doctryne
ffrom honour a fro dominacion
In to repreef and mescheuous ruyne
ffro cristen folk to hethenly coyne
ffro swetee d ioon to derknesse
ffro ioie a ese ioon to wo a pyne
ffro light of trouthe ioon to derk falsnesse

O Oldcastel allas, what eild thee
To slippe in to the snare of heresie
Thrugh which the foo art to the trinitee
And to the blissid virgyne marie
And to the inmundable holy companye
Of heuene, and to al holy chirche allas
To longe haast thou bathid in þt folie
Ryse vp, and pourge thee of thy trespas

Seint Austin seith whiles a man abydith
In heresie or scisme, and list nat flee
Ther fro his soule, fro god he diuidith
And may nat saued been in no degree
For what man holdith nat the trinitee
Of holy chirche neithir his bapteeme
Ne his almesse, how large þt it be
To helthe his profyte, ne god qweeme

And yit more ouer he seith this also
Though þt an heretik for cristes name
Shede his blood, and his lyf for cryst forgo
Shal nat him saue, allas the harm and shame
May nat thy sinewt thys ffroward herte attame
Obeie, obeie in the name of Ihesu
Tho that out of ment þt of honur lame
Conquere hem t god and thee arme in vertu

Aug de fide ad
petrum ...
sic tene et nulla
tenus dubites quo
libet hereticu...
qui extra catho...
no tenet vnitatem
neqz baptismus
neqz elemosina qua
tuouiqz copiosa neqz
more p ...
...opta ... posse
ad salute

HM 111 fol. 1ᵛ: art. 2

If thyn hy herte bolnynge in ercour
To holy chirche cam nat buxum be.
Beholde Theodosius Emperour
How humble & buxum son to god was he
No reward took he of his dignitee
But as a lamb to holy chirche obeide
In the scripture may men rede & se
How meekly of the Bisshop thare he preide

a

De Theodosii illustris
Empator & obediencia
hii humilitate: jes
pice in histo tripti
ta li. vo. vbi nay
vat tu apud Theso
lomcā Ciuitate ꝛc

Thoffense which yt he ageyn god wroghte
Was nat so greet as thyn by many fold
And yit ful heuy he was & it forthoghte
Obeyinge as yt holy chirche hath told
Thow yt thy soule to the feend haast sold
Bye it agayn thurogh thyn obedience
Thyn heresie is al to hoor and old
Correcte thee at Cryftes reuerence

And for thy soules helthe do eek so
Thy pryde yfkenche & thy presumpcion
After thow haast been to Cryftes feith a fo
Plante in thyn herte a deep contricion
And henries foorth be Cryftes Champion
The welle of mercy renneth al in breed
Drinke ther of syn they is fwich foyson
Thyn hertes botel ther of fill I rede

4

Thow hast offendid god wondur sore
And nathelees, if thow thee wilt amende
Thogh thy gilt were x·ti· thymes more
Axe hym mercy, & he wole it thee sende
Thow art on-kynde, thogh thow thee wilt ptende
And so been all of thyn opinioun
To god & holy chirche thow thee bende
Caste out thy venym thurgh confessioun

Thow seist confessioun avaunceleer
Ther needith noon, but it is the contrarie
Thow lookist me, thy sighte is nothyng cleer
Nohy but ther in is thyn Adversarie
And clerkes all fro thy conceit varie
yt Crystes ptie holden & maynteene
leue yt conceit, lest yt thow me carie
Away of the swerd of god, for it is keene

Heere in this lyf, run to god mercy crie
And with the ax or hamer of penance
Smyte on the stoon, slee thyn obstinacie
Haue of thy synnes heuy remembrance
Folwe in the preestes eie, & the greuance
Of thy soule, meekly to hym confesse
And in the wal of heuene is no distance
Thow shalt a quyk stoon be, for thy goodnesse

Q Aldrister

O womman þt among the peple speek
Hooly þt the wombe blessid was þt beer
And the tetes þt riȝt to sowken eek
The sone of god, which on hir hangith heer
What seist thow now, why comest thow no neer
Why nart thow heer, o womman where art thow
That nat ne seest my woful wombe now

O Simeon, thow seidest me ful sooth
The strook that þre shal my sones herte
My soule thirle it shal, and so it dooth
The wounde of deeth ne may nat asterte
Ther may no medicin me make smerte
So sore as this martre smertith me
So sholde he seyn þt myn hurt mighte see

O Ioachim, o deer fadir myn
And seint Anne my modir deer also
To what entente or to what ende or fyn
Broghten yee me foorth þt am greeued so
Anythe is to me become a weway so
Your fadir Dauid þt an harpe was
Conforted folk þt stood in heuy cas

me thynkith yee nat doon to me aright
yt beth his successoure, syn instrument
han yee noon left / Other God me make light
And me conforte in my Wofful torment
Me to doon ese han yee no talent
And knowen myn conforteles distresse
Yee oghten Weepe for myn heuynesse

O blessid sone / on thee Wole I out throwe
My salte teeres / for oonly on thee
My look is set / o thynke how many a throwe
Thow in myn armes lay / and on my knee
Thow sat / & haddist many a kus of me
Eek thee to sowke on my brestes yaf y
Thee norisshynge / fair & tendrely

Now thee fro me With drawith bitter deeth
And makith a Wrougful disseuerance
Thynke nat sone / in me yt any breeth
Endure may / yt feele al this greuance
Thy martirdam me hath at the outrance
I needes steruen moot / syn I thee see
Shamely naked strecchid on a tree

And thus me sleeth þᵗ in the open day
Thyn hertes woūde shewith him so wyde
Þᵗ all folk see and beholde it may
So largeliche opnedis thy syde
O wo is me þⁱⁿ I nat may it hyde
And among othᵉʳ of my smerte greeues
Thoū put art alsso some amonges theeues

Lo thoū keys an euel & wikkid wight
And lest þᵗ some folk þⁱ auenture
Ne knowleche hadde of thy psone aright
Thy name pilat hath put in scripture
Þᵗ knew mightre it euery creature
ffor thy penance sholde nat been hid
O wo is me þᵗ al this see betid

Hoū may myn yen þᵗ beholde al this
Restreyne hem for to shekk by wepynge
Myn hertes greef / most I nat wepe so yis
Sone if thoū haddist a fadir lyuynge
That wolde wepe & make wymentynge
ffor þᵗ he hadde paart of thy persone
That wes a greet abregynge of my mone

But thow in erthe fadr haddist neuer
No cristt for thee Which cause hath for to pleyne
As þ haue I shalt thow fro me asseuer
þ art al hoolly myn my sorwe depe
Han al myn hertes are leid to sleepe
No wight come in thee my sone hath part
hoolly of my blood dere chyld thow are

That doublith al my torment & my greef
In to myn herte it is confusion
Thyn harm to see þ art to me so leef
mighte nat sone the Redempcion
Of man han bee Withoute effusion
Of thy blood this if it had been thy luste
But That thow Wilt be doon suffre me muste

O deeth so thow kithist thy bittirnesse
Ffirst on my sone & aftirward on me
Bittir art thow & ful of Wikkidnesse
That my sone hast slayn thurugh thy cruelte
And nat me sleest certein nat Wole I flee
Come of come off & slee me heer as blyue
Departe from him Wole I nat a shyue

O moone / o sterres / and thow firmament
How may yee fro wepynge yow restreyne
And seen your Creatour in swich torment
Yee oghten troublid been in euery veyne
And his despitous deeth with me compleyne
Weepeth & crieth as looke as yee may
Our Creatour þt deyng is slayn this day

O sonne with thy cleere bemes brighte
þt seest my child nakid this nouce tyde
why souffrest thow him in the open sighte
Of the folk heere vnkeuered abyde
Thow art as moche or more holde th to hyde
Than Sem þt helid his ffadir Noe
Whan he espyde þt nakid was he

If thow his sone be / do hyt thee to
Come of / withdrawe thy bemes brightnesse
Thow art to blame / but if thow so do
ffor shame hyde my sones nakidnesse
Is ther in thee no sparcle of kyndenesse
Remembre he is thy lord and Creatour
Now keuere him / for thy worsship & honour

O erthe / what lust hast thou to susteene
The cros on which he þt thee made and it
Ys hangid / and aourned thee with grene
Which þt thou crist how hast thou thee qwit
Vn to thy lord, o do thee for him yit
A Gate for doel / z cleue thou in two
And al þt blood / restore me vn to

Which thou hast dronke / it myn is z nat thyn
Or elles thus / withouten taryynge
The bodyes dede / whiche in thee þt hyn
Caste out / for they by taast of swich deynge
hem oughte clothe ageyn in hir clothynge
Thou Caluarie / thou art nameely
holden for to do so / to thee speke y

O deþs sone / myn deeth neighlith faste
Syn to an othir / thou hast youen me
Than Syn to thee / z how may my lyf laste
þt me youest any othir than thee
Theugh he / whom thou me youest / maiden be
And theugh by iust balance / thou weye al
The weighte of hym z thee / nat is egal

he a disciple is / & thou art a lord
Thou al a day art gretter than he is
Fer exct your mightes / is ther gret discord
My woful torment / doublid is by this
I nedes mowne moot / & fare amis
It semeth yt thou makist departynge
Twixt thee & me for ay / route endynge

And namely syn thou me woman callist
Ne I to thee straunge bey and unknowe
Thorughout my sone / thou my ioie appallist
bt feele I yt deth his vengeable bowe
hath bent / & me purposith down to throwe
Of swich talke may I nat ynow
Syn fro my name / I don away is now

bot may men clepe and calle me mawa
From hennes forward so may men me call
how sholde I lenger clept be maria
Syn I which is Ihus is fro me fall
This day / al my swetnesse is m to galt
Torned syn yt I which was the beautee
Of my name, this day bynome is me

O John my dere freend thow hast receyued
A wofull modir and an heuy sone
Haue I of thee / deeth hath myn othir reyned
How may we two the deeth eschue or shone
Be euery Rightes two / wher may we gone
Thow art of confort destitut / I see
And so am I / ful woeful been wee

Vn to oure hertes / deeth hath sent his wo(u)nd
And noon of vs may alleggen othres peyne
So manye sorwes in vs two habounde
We han no might fro sorwe vs restreyne
I see noon othir / we moot two compleyne
Now let vs Steuen heere & compaignie
Greeue thow ther / & heere sole I die

O Angels thogh yee mourne and waile & weepe
yee do no wrong / slayn is your Creatour
By tho folk / þat yee deuen were to keepe
And whyl asleepe / they to dethee shour
Han put him / thogh yee han wo & langour
And no wondir is it / who may blame yow
And yit ful theef he had hem þat him slow

O special loue / þt me ioyned haast
In to my sone / strong is thy knyttynge
This day ther in fynde I a bittir taast
ffor nok the taast I feele is the strennynge
Of deeth / by thy deeth feele I deeth me thynge
O poore modir / What shalt thouk nok seye
Poore aywue this Dit is a deye

Mawle I nay / but maweed I thee call
So may I kel / for thouk art kel I boot
Vessel of care & Wo & serkes all
Nok thouk art frosty cold / nok fyry hoot
And right as þt a ship or barge or boot
Among the Kudes dryueth steereles
So doost thouk Wofull Woman confortlees

And of modir haast thouk eek lost the style
No more maist thouk clept be by thy name
O sones of Adam al to long Whyle
Yee tarien hens / hieth hidir for shame
See hok my sone for yo gilt & blame
Hangith heer al bybled vp on the wois
Byheneth him in herte & theeve & bois

HM 111 fol. 7[r]: art. 1

This blody ffrawnes see now & beholde

If yee to hir ham any affeccioun

Now for his & your hertes oghten colde

She kith your loue and your deleccioun

ffor your gilt makith he correccioun

And amendes right by his owne deth

If yee nat veele on hir myn herte it sleeth

A modir þat so sone hir cote tray

Or rente if men neue noon or this

ffor child & such þat shee of hir body bear

To yeue hir tete as my child þat heeris

his cote hath torn for your gilt nat for his

And hath his blood dispent in greet foyssoun

And al it was for your redempcioun

· Cest tout ·

" Ceste compleynte puramont feust trans-
latee au comandement de ma dame de
Hereford que dieu purdoynt

O Oldcastel, how hath the feend thee blent
Where is thy knyghtly herte / art thou his thral
Thou crowest foule cokk in the sacrament
Of the glauter / but how in special
ffor to declare / it needith nat at al
It knowen is in many a regioun
Now syn the feend hath youen thee a fal
Aryse him / let see / ryse up & shuge it doun

Ryse up a manly knyght out of the slow
Of heresie / o linkes as a wrecche
Ther as thou erred hast / correcte it now
By humblesse / thou mayst to mercy strecche
To holy chirche go / & ther fecche
The holsum oyle of absolucion
If thou of soules hurt ne shame recche
Thou leesist honour / & al knyghtly renon

Now cas thou to thy self shame it awettist
Ay to prelatz of holy chirche obeie
If it so be / thy consceit thou mis settist
What man aright can / in his herte deye
The trouthe of that / to Ihu Crist I seye
Principally / is yt obedience
God hath ordeyned preestes to purueie
Salue of penance / for mannes offense

Vn to seint Petyr and his successours
And so foorth doun, god hath his power lent
So to the preest, corvette thyn errour
With herte contryst don to god yf bent
Despute no more of the sacrament
The holy chirche biddith folke it
And hennes forward, as by myn assent
Dispute nat so mochil of this

Dispute vas a plat or a preest
Hym vituously goude in his thinynge
Thow oughtist veeke on it, than thow it seest
And folke hy nat, but aftir his techynge
Thow oughtest do, & for thyn obeyshynge
Thow shalt be sauf, & if he teche amis
Toforn god shal he yeue a rekenynge
And þat a strcit the grett pil is his

Lete holy chirche medle of the doctryne
Of Cryst lawes, & of his byleeue
And lete all other folk, they to enclyne
And of our feith noon argumentes meeue
For if we mighte our feith by reson proeue
We sholde no meryt of our feith haue
But now a dayes, a Bailif or Reeue
Or man of craft, Cole in it dote or vaue

HM 111 fol. 8ᵛ: art. 2

Some women eke thogh hir wit be thynne
Wole argumentes make in holy writ
Lewde calates sittith doun to spynne
And kakele of sumwhat ellis for hir wit
Is al to feeble to despute of it
To clerkes grete apparteneth þt aart
The knowleche of þt god hath for yow shit

Stynte and leue of, for right sklendre is yowr paart

Oure fadres olde & modres lyued wel
And taghte hir children, as hem self taght weys
Of holy chirche, & axed nat a del
Why stant this word heer, & why this word theys
Why spak god thus, and seith thus ellis wheye
Why dide he this wyse, & myghte han do thus
Oure fadres medled no thyng of swich gere
þt oghte been a good mirour to vs

If land to thee be falle of heritage
Which þt thy fadir heeld in reste & pees
With title iust & trewe in al his age
And his fadir before him brutelees
And his and his, & so foorth doutelees
I am ful seur / whoso wolde it thee reue
Thow woldest thee deffende & putte in prees
Thy right thow woldest nat thy thankes leue

er Right so, Osley as our goode fadres olde
Possessid Bey & hadden the seiffue
Peisible of Cristes feith & no man wolde
Inpugne hir right. It sit vs to enclyne
Ther to, let vs no feythep ymagyne
But vs y[t] they dide occupie our right
And in our hertes fully dtermyne
Our title good, & keepe it with our might

Who so hath right, & nat wole it deffende
It is no manhode it is cowardyse
And as in this mo, he shal god offende
So greuously, y[t] he shal nat souffise
The maugree for to keye in no wyse
Ffor Cryst y[t] right first gyued, & if y[t] we
Nat shuln susteene it, we been ful vnwyse
hym self is feith, right, trouthe & al bontee

The cristen Empour Justinian
Ho it is writen, who so list it see
Bynde a lawe deffendyng euery man
Of what condicion or what degree
The wey of, nat sholde hardy be
Ffor to despute of the feith openly
And they wey on, sundry peynes sette he
y[t] pil sholde eschued be ther by

Lege nemo, pre
mo clicus Bee,
militar, Bee nul
libet alteye condi
cioe de fide vana
de
pu. turbis valdu
nitt, & ardentibz
tractatyd couet, i
postea ex hot til
mult, & pfide oc
casioe vaznuens, &
& ibi coyffat, pena
in hin, cap, sequend

Bewar Oldcastel & for Crystes sake
Clymbe no more in holy Writ so hie
Rede the storie of Launcelot de lake
Or Vegece of the art of Chiualrie
The seege of Troie or Thebes thee applie
To thyng þ may to th'ordre of knyght longe
To thy correccion now haaste and hie
For thow haast been out of ioynt al to longe

If thee list thyng rede of auctoritee
To these stories sit it thee to troon
To Iudicum Regum and Iosue
To Iudith & to Paralipomenon
And Machabe & as stir as stoon
If þat thee list in hem baite thyn ye
More autentyk thyng shalt thow fynde noon
Ne more pertinent to Chiualrie

Knyghtes so dide in tymes þat be past
Whan they had tendrenesse of hyse office
In Crystes feith they stooden stidefast
And as þ the preest hir soules norice
Hem goostly fedde & yaf hem the notice
Of Crystes lore. Sith obedience
They took it but now retrieth swich malice
That buxumnesse is put in abstinence

O Constantyn thou Prince of thy nobleye
O cristen Empour, Whos worthynesse
Desdeyned nat to holy chirche obeye
But didest al thy peyne & bisynesse
With wel Assposid spirit of meeknesse
The ministres of god for to honure
Lo thou worightist, hast tho so strong ernesse
That thyne it shal, Whil the world dele endure

Thou took nat on thee thy correction
Ne up on hem thou haf no iugement
Swich was to god thy good affection
Thou seidest, they been goddes to be sent
And that it is nothyng convenient
That a man sholde goddes iuge and deme
Thou Keys a noble & a worthy ætent
Wel was byset on thee thy diademe

Blessid be god, fro Whom descrued is
Al grace & our lige lord, Which that is now
Our feithful cristen Prince and kyng in thes
Folowith thy steppes, &c for shame thou
Wrastel, thou haast longe tyme ynow
Folowed the feend, though thou no lenger do
By my reed, it shal be for thy prow
Flee fro the ffeend, folwe tho Princes two

Rewarde had & consideracioun
vn to the dignitees of tho psones
Thow art of a strong reputacioun
If frowDyd herte, haast thow for the nones
Racche & correcte thee, come of at once
ffoule haast thow lost thy tyme many a day
for thyn vnfeith, men maken many mones

To god retorne, & With his feith dwell ay
Thogh god thee haue souffred regne a Whyle
Be nat to bold, be War of his vengeance
he taryeth, for thow sholdist reconsyle
Thee to hym, & leue thy mesreaunce
holsum to thee, now Ker a variaunce
ffro the feend to ony lord god, & fro vice
Vn to vertu, pt Key his thy plesaunce

And his modir man fyndis mediatrice
Some of thy fadres Keren philKid sette
And mo shuln be, thow shalt it nat asterte
Thow art nat Whys, ageyn god to debate
The flood of pryde, caste out of thyn herte
Grace is a hyne, to god thee conuerte
Thow maist been his, if thee list hi obeie
If thow nat Kilt so, sorwe shalt thow smerte
Than herte of man may thynke or tonge seye

Almighty god, thou lord of al and syre
withouten whom is no goodnesse wroght
This knyght of thin Habundaunt grace enspyre
remembre hou deep, yt thou hast him boght
he is thin handwerk, lord refuse hy noght
Thagh he thee haue agilt outrageously
thou yt for mchy deidest change his thoght
Benigne lord enable hy to mercy

hee yt puted him, yee folk dampnable
yee heretikes yt han him betrayed
That manly was, worthy & honurable
Or yt he hadde of yow venym assayed
y doute it nat, your wages shal be payed
sharply, but yee correcte your trespas
In your fals errour, shul yee been outrayed
And been enhabited with Sathanas

yee with your sly coloured argumentes
which yt contenen nothing but falshode
han in this knyght put so feendly ententee
yt he is ouercharged with the lode
which yee han leid on his good old knyghthode
That now a wrecchid knyght men calle may
The lak of feith, hath qwenchid his manhede
his force ageyn god, myght is at assay

23

Prynce of preestes, our lige lord yee calle
In seem, but it is a style of honour
Auctoritee of preest excedith alle
Eerthely power, thogh it seeme sour
To the taast of your detestable errour
They pt in the feith been constaunt & sad
In seint Petres wordes han good favour
And fayn been to fulfille pt he bad

All eerthely princes and othir men
Bisshops to obeie comandid he
Yee han no grownd to holde ther ayen
Spirituel thynges passe in dignitee
Alle the thynges temporel pt be
As moche as dooth the soule the body
In the scriptures serche & yee shul see
pt it no lees at al is hardyly

Two lightes god made in the firmament
Of heuene, a more made he & a lesse
The gretter light to the day hath he lent
It for to serue in his cleer brightnesse
The smaller to the nyght in soothfastnesse
He lente also, to helpe it with his light
And as dignitees they token in liknesse
Auttoritee papal and thinges myght

Looke how moche & how greet diuersitee
Betwixt the sonne ther is & the moone .
So moche is a popes auctoritee
Aboue a kynges might / good is to doone
þt yee awyse out of yoͬ erroͬ soone
yt they in Walkid han / moon is ful hore
And but yee do so god I byseche a boone
þt in the fyr yee feele may the sore .

yee þt nat sette by preestes power
Crystes Rebels & fool men may yow call
yee Waden in psumpcion to fer
your soules to the feend yee foule thrall
yee seyn a preest in deedly synne fall
If he so go to messe he may nat make
Crystes body / falsly yee euen all
þt holden so / to deepe yee vnseke

As Wel may a preest þt is vicious
þt precious body make day by day
As may a preest þt is ful vertuous
But Eday the preest his soule it hurte may
And shal but he be cleene it is no nay
Bee What he be / the preest is instrument
Of god / thurgh Whos Wordes trustith this ay
The preest makith the blessed sacrament

yee medle of al thyng / yee moot shoo the hooe
hooe knocken yee shalt hit a man is ynne
yonr fals conceites veine aboute loos
If a preest synful be & for god t hyme
Thrugh penitence he may ageyn god hyme
No wight may cleerly knocken it or gesse
þ any preest beynge in deedly shame
ffor awe of god dar to the messe hym dresse

yee seyn also they sholde be no yore
But he the beste preest be & vp on hiue
O wher to graspen yee so fer a groope
After swich thyng / yee mode it neide doyne
To the knowleche / nothyng they of stryne
medle nat ther with / let al swich thyng passe
ffor if þt yee do . shul yee neide theryne
yee been ther in as leewde as is an asse

thomy man outward / seemeth londy goad
And inward is he londy fer they fro
No man be Juge of þt i but he be good
To god lenghth þt knowleche & no mo
Though he be right synful, sooth is also
The hy power þt is to hym committid
As large as petres is / it is right so
Amonges feithful folk, this is admittid

What is the lawe the verse of nature
If yt a Juge lose it nat aright
No thyng god doot, amisse in yt the owe
Ther of hath take, looke he do but right
Daar yt he nat stonde in his owne light
Good is yt he his soule keepe & saue
veyn fals conceites puttith to the flight
vede & Cristes mdy awe & haue

yee yt pretenden folowers for to be
Of Cristes disciples, nat hiue sholde
Aftyr the flesshly lustes as doon yee
yt vetten nat whos byf yee take & holde
Such byf the disciples nat hiue wolde
ffor cursid is the synne of avowtrie
But yee ther in so hardy been & bolde
yt yee no synne it holden ne folie

If yee so holy been as yee witnesse
Of yo{ur} self thanne in Cristes feith abyde
The disciples of Crist had hardynesse
ffor to appeere they nat wolde hem hyde
ffor fere of deeth, but in his cause dyde
They fledden nat to halkes ne to hernes
Ne yee doon, yt holden the feendes syde
Whiche aun of dirknesse the lanternes

Be neid they in forcible manere
With Eynes woot, to slee folk by assault
As yee diden late in this contree heere
Ageyn the kyng stryf to reve by batail
Blessid be god, of your purpos yee fail
And fail shuln, yee shuln nat foorth ther Oth
Yee broken meynee, yee Wrecchid vnsauf
Been al to Weyk, yee han they to no pith

Also yee holden ageyn pilgrimages
Whiche arn ful goode, if yt folk welfe do
And eeke ageyns the makyng of ymages
That, al is nat Woorth yt yee clappe & muse
Haw can yee by reson your self excuse
yt yee nat erren, Whan yee folk excite
To vice, & stir hem vertu to refuse
Whar goddes strook, it peisith nat a lite

For to visite seintes is vertu
If yt it doon be for deuocioun
And elles good is be ther of eschu
Neede Werkith in good entencioun
Be cleene of lijf & be in orisoun
Of synne talke nat in thy viage
Let vertu gyde thee fro toun to toun
And so to man profitith pilgrymage

And to holde ageyn ymages makynge
Be they maad in entaill or in peynture
Is greet errour, for they yeuen stirynge
Of thoghtes goode, & causen men honoure
The seint, aftir whom, maad is that figure
And nat worshipe it, hooure thouȝ it be wroght
ffor this knowith wel euery creature
 yt reson hath, yt a seint is it noght

Right as a spectacle helpith feeble sighte
Whan a man on the book redith or writ
And causith him to see bet than he mighte
In which spectacle his sighte nat abit
But gooth thurgh, & on the book restith it
The same may men of ymages seye
Thogh the ymage nat the seint be yit
The sighte vs mynnyth to the seint to preye

Ageyn possessioun yee holden eek
Of holy chirche, & that is eek errour
your inward yë, is ful of smoke & reek
Whyle heer on eerthe, was our Sauueour
Whom Aungels adon seruice & honour
Possession had he, whi, for his chirche sholde
So haue eek aftir, as seith myn Auctour
yee goon al mis, al is wroong yt yee holde

HM 111 fol. 14ᵛ: art. 2

Justinian Emperour had swich theevtee
To holy chirche / as þᵗ seith the scripture
þᵗ goodes hoȝ large or greet plentee
It hadde / of ȝifte of any creature ~
him thoughte it ȝoue in the beste mesure
þᵗ mighte been / his herte it loued so
hee neuer ȝaf hem good parauenture
What title han ȝee / aght for to take he fro

And if ȝee had aght ȝoue hem or this tyme
Standynge in the feith / as ȝee oghten stonde
Sholden they noȝt / for yo² chauȝe & yo² cryme
Despoillid been of þᵗ they haue in honde ~
Say / þᵗ no skile is / ȝee shul vndirstonde
They myght and day labouren in prayeere
ffor he þᵗ so ȝaf / stryntith and nat fonde
To do so / for frut boȝht Cole it be deere

Presumpcion of herte and ydilnesse
And coueityse of good / tho vices three
Been cause of al your ydel bysynesse
ȝee seyn eek goodes comune oghten be
þᵗ ment is in tyme of necessitee
But nat by violence or by maistrie
thy good to take of me / or J of thee
ffor þᵗ is verray robbur & robberie

If yᵗ a man the soothe telle shal
Hol(d) yᵗ yᵉ kites in this cas been set
ffor to wyfle is yoᵘ entente fmil
yee han be bifiy longe, abolite a net
And fayn wolde han it in the watir set
The fiffh to take, Which yee han purposid
But god and our lord liege hath yoᵘ let
It mᵒ ne shal been, as yee han fuppofid

Then feyn yee purpose haftily appeere
The wem for to fleen in the prefent
Come on whan yoᵘ lift, yee shul reeco it deere
The feend is your cheef, ꝛ our heed is god
Though we had in our handes but a clod
Of erthe, at your heedes to flynge or cafte
Wiþ Kepne ynow, or a fmal tvig, or rod
The feith of Cryft, ftikith in us fo fafte

We dreden nat, we han greet avantage
Whethir we lyue, or elles flayn be we
In Cryftes feith, for vp to heuenes ftage
If we fo die, our foules lift shul be
And on yᵗ othir pt, yee feendes, yee
In the derk halke of helle shul defcende
And yit wiþ vs abit this charitee
Our defir is, yᵗ yee yoᵘ wolde amende

yee holden

Yee holden many an other eyse mo
Than may be writen in a litil space
But lak of leisir me comandith so
Almighty god, byseche I of his grace
Enable yow to seen his blessid face
Which yt is o god, & psones three
Remembre yow, heuene is a mvry place
And helle is ful of sharp aduersitee

Syit Oldcastel, for him yt his blood shadde
Vp on the cros, to his feith torne agayn
fforyete nat the loue, he to vs hadde
Syt blisful lord, yt for all vs, was slayn
ffrom heuene for caud, trouble nat thy brayn
As thow hast doon ageyn the feithful sore
Tryst of thy soule, yshal be wolde & fayn
Retorne knyghtly now, vn to his lore

Repente thee, and with him make accord
Conquiere meryt and honour, let see
Looke how our cristen Prince our lige lord
With many a lord & knyght beyond the see
Labowre in armes, & thow hydest thee
And darst nat come, & shewe thy visage
O fy for shame, how can a knyght be
Out of thonur of this rial viage

Onn tyme was no knyghtly trum no they
Ne no manhode shewid in no wyse
But Oldcastel colde his thankes be they
Ho hath the cursid feend changid thy wyse
Flee froom hym and all his workes despyse
And þt is doon on to our cristen kyng
The hie as faste / as þ thow canst dyuyse
And humble cell thee to him / for any thyng

)Cest tout

Cy ensuyt la male regle de T. Hoccleue

Precious tresor incomparable
O ground & roote of prosperitee
O excellent richesse commendable
Abouen all þt in eerthe be
Who may susteene thyn aduersitee
What wight may tho auante of worldly welthe
But if he fully stande in grace of thee
Eerthely god, piler of lyf, thow helthe

Whil thy pocket and excellent vigoru~
He was plesant vn to thy worthynesse
Regned in me & was my gouernou~
Than was I wel, tho felte I no duresse
Tho farsid was I with hertes gladnesse
And now my body empty is & bare
Of ioie, and ful of seekly hevynesse
Al poore of ese & ryche of euel fare

If þt thy fauour twynne from a wight
Smal is his ese & greet is his greuance
Thy loue is lijf / thyn hate sleeth down right
Who may compleyne thy dissevtance
Bettir than I þt of myn ignorance
Vn to seeknesse am knyt / thy mortel fo
Now can I knowe feeste fro penaunce
And whil I was with thee wiste I nat so

My grief and bisy smert cotidian
So me labouren & tormenten sore
þt what thow art now wel remembre I can
And what frupt is in keepynge of thy lore
Had I thy power knowen or this yore
As now thy fo compellith me to knowe
Nat sholde his hyn han cleued to my gore
ffor al his aart, ne han me broght thus lowe

HM 111 fol. 17ʳ: art. 3

But I haue herd men seye longe ago
Prosperitee is blynd & see ne may
And verifie I can wel it is so
For I my self put haue it in assay
Whan I was wel, koude I considre it nay
But what me longed aftir nonelvore
Tho yeeres yonge yeuen dayes by day
And now my smert accusith my folie

Myn ouer yolithe knewe nat what it worhte
This coot I wel whan fro thee & wenned shee
But of hir ignorance hir self shee soghte
And knewe nat that shee dwellyng was with thee
For to a wight wer it greet nycetee
His lord or freend obeyinge for toffende
Lest that the wighte of his aduersitee
The feel oppresse & make of him an ende

From hennes foorth wole I do reuerence
Vnto thy name & holde of thee in cheef
And wole make a sharp resistence
Ageyn thy fo & myn that cruel theef
That vndir foote me halt in mescheef
So thow me to thy grace reconsile
O now thyn help thy soȝ and releef
And I for ay mis peine wole exile

But thyng excede myn offense
The keene assautes of thyn adusarie
The Gost oppresse with hir violence
& as I canuy / thogh thow be to me contrarie
My lustes blynde han caused thee to varie
Ffro me / thurgh my folie & inprudence
Therfore / I wrecche / curse may & warie
The seed and fruyt of thy foly sapience

Ne for the more paart / yowthe is rebel
Vn to reson / & hatith hir doctryne
Reymynge which þat it may nat stande wel
With yowthe, as fer as wit can ymaginne
O yowthe allas, why wilt thow nat enclyne
And vn to reuled reson bowe thee:
Syn resoun is the verray streihte lyne
þat ledith folk vn to felicitee

Ful seelde is seen, þat yowthe takith heede
Of perils þat been likly for to fall
For haue he take a purpos / þat moot neede
Been execut no conseil wole he calle
His owne wit he deemeth best of all
And foorth ther with he renneth brydillees
As he þat nat betwixt hony and galle
Can iuge, ne the wolf fro the peer

All othir mennes wittes he despisith
They answeren no thyng to his entente
His wil but only to him suffisith
He his presumpcion natt list consente
To doon as yt Salomon woot z mente
yt redde men by conseil for to werke
Wo youthe nek , thow sore shalt repente
Thy lightlees wittes duk of resen derke

iii

My freendes seiden on to me ful ofte
My mis reule me cause wolde a fit
And redden me in esy wise z softe
To hete and hite to withdrawen it
But yt natt mighte stike in to my wit
So was the lust yt rooted in myn herte
And now I am so ripe on to my pit
yt scarsly I may it natt asterte

iiii

Who so cleer yen hath z can natt see
Ful smal of ye availith the office
Right so, myn resen youen is to me
For to discerne a vertu from a vice
If I natt can with resen me cheuice
But wilfully fro resen me withdrawe
Thogh I of him haue no benefice
No bounty, ne no favour in his lawe

iiii

Reson me bad, & redde as for the beste
To ete & drynke in tyme attemprely
But wilful youthe nat obeie leste
Vn to þ reed, ne sette nat ther by
I take hane of hem bothe outrageously
And out of tyme, nat twes ther or thrie
But xx. Wyntir past continuelly
Excesse at borde hath leyd his knyf w me

The custume of my repleet abstinence
my greedy mowth receite of which outrage
And handes two, as woot my necligence
Thus han me guyded, & broght in scharge
Of hir þ dyeth oft age
Seeknesse þ meene motoures whiche
habundauntly, þ paieth me my wage
So þ me neithir daunce llist ne skippe

The outward signe of Bachus & his lure
þ at his dore hangith day by day
Excitith folk, to taaste of his moisture
So often, þ men can nat wel seyn nay
ffor me I seye, I was enclyned ay
With outen daungere thidir for to hye me
But if swich charge vp on my bak lay
That I moot it forbere as for a tyme

Or but I dey nakidly bystad
By force of the penyles maladie
ffer thanne in herte fikle I nat be glad
Ne lust had noon to Bachus hekis to hie
ffy: lak of coin departith companye
And heuy purs with herte liberal
Qwenchith the thristy hete of hertes dire
Wher chinchis herte hath ther of but smal

I dar nat telle how that the fresssh repeir
Of Venus femel lusty children deere
That so goodly so shaply were and feir
And so plesant of port as of maneere
And feede wolden al a world to cheere
And of atyr passynge bel byseye
At poules heed me maden ofte appeere
To talke of murthe and to disporte and pleye

Ther was swete wyn ynow thrugh out the hous
And wafres thikke for this companye
That I spak of been sum what likerous
Wher as they make a dought of wyn espie
Weere and in drokynge hoot for the maistrie
To warme a stomak ther of they dranke
To suffre hem paie had been no courtesie
That charge I took to wynne loue and thanke

Of loues art yit touchid J no deel
J wolde nat [pa]cchek it was no neede
had J a tus J was content ful weel
Bettre than J wolde han be of the deede
Ther on can J but smal it is no dreede
Whan þt men speke of it in my presence
ffor shame J wexe as reed as is the gleede

Now wole J torne ageyn to my sentence

Of hir þt hauntith tauerne of custume
In shorte wordes the profyt is this
In double wyse his bagge it shal consume
And make his tonge speke of folk amis
ffor in the cuppe seelden founden is
þat any wight his neighebourgh comendith
Beholde & see what auantage is his
þat god his freend & eek him self offendith

But oon auantage in this cas J haue
J was so ferd with any man to fighte
Close kepte J me no man durste J depraue
But cowardly J spak no thing on highte
And yit my wil was good if þt J mighte
ffor lettynge of my manly cowardyse
þat ay of strokes impressid the wighte
So þt J durste medlen in no wyse

They was a gretter maister cook than ys
Or bet aqweyntid at Westmynstre yate
Among the tauerneres namely
And cookes, whan I cam eerly or late
I pynched nat at hem in myn acate
But paied hem as þt they axe wolde
Therfore I was the welcomere algate
And for a verray gentil man yholde

And if it happid on the sondes day
þt I thus at the tauerne hadde be
whan I departe sholde, & go my way
hoom to the priuee seel, so mokid me
hete & vnlust and superfluitee
To walke vn to the brigge, & take a boot
þt nat durste I contune he all thre
But dide as þt they stired me, god woot

And in the wyntir, for the way was deep
vn to the brigge I dressid me also
And ther the bootmen took vp on me keep
ffor they my riot kneewen fern ago
To hem I was I truggid to and fro
So wel was him, þt I with wolde fare
ffor riot paieth largely euermo
he styntith neuere, til his purs be bare

Othir than maistir / callid was I neuer
Among this meynee in myn audience
He thoughte / was y maad a man for euer
So tiklid me p[at] myrie reuerence
p[at] it me made lauuyer of despense
Than p[at] I thoughte han been / o flaterie
The thrist of thy trunterous diligence
Ye folk to mescheef haasten / as to hie

Al be it p[at] my yeeres be but yonge
Yit haue I seen in folk of thy degree
How p[at] the venym of faucles tonge
Hath mortified hir prosperitee
And broght hem in so sharp aduersitee
p[at] it hir lijf hath also throwe adown
And yit ther can no man in this contree
Vnnethe eschue this confusioun

Many a fauour / son to his lord seith
p[at] al the world speketh of him honour
Whan the contrarie of p[at] is seeth in feith
And lightly / leeued is this losengeour
His hony wordes / wrappid in errour
Blindly conceyued been / the more harm is
O thow fauele of lessynges nurtour
Causist al day / thy lord to fare amis

The comth Wordes crept been enchauntours
In bookes / as yt I haue or this ved
That is to seye sotil deceyuours
By whom the peple is mvs tryed & led
And with plesaunce so fostred and fed
yt they foryete hem self & can nat feele
The sothe of the condicion in hem bred
No more / than hir wit kep in hir heele

Who so yt lest in the book of nature
Of beestes rede / ther in he may see
If he take heede in to the scripture
Ther it spekth of meermaides in the See
Hoo yt so myh mvre syngith shee
yt the shipman ther with fallith a sleepe
And by hir aftir deuoured is he
From al which song is good men hem to keepe

Right so the feyned Wordes of plesaunce
Moeuen aftir / though they plese a tyme
To hem yt been souerise of gouernaunce
Lordes beeth waar / let nat fauel ȝock hyme
If yt yee been enuolupid in cryme
Yee mowe nat deeme men speke of yow deel
Though fauel peynte hir tale in prose or ryme
Ful hollum is it / truste hir nat a deel

Holcote seith vp on the book also
Of sapience, as it can testifie
Whan that Vlixes saillid to and fro
By meermaide, this was his policie
Alle eres of men of his compaignie
With wex he stoppe leet, for that they nought
Hir song sholde heere, lest the womanye
Hem mighte on to swich deedly sleep han brought

And bond him self, on to the shippes mast
Lo thus hem alle saued his prudence
The wyse man is of ful sore agast
Of flaterie o lurkyng pestilence
If any man dide his cure & diligence
To stoppe his eres fro thy poesie
And nat wolde herkne a word of thy sentence
On to his greef it were a remedie

As nay, al thogh thy tonge were a go
Yit canst thou glose in contenance & cheere
Thou supportist with lookes euereuemo
Thy lordes dedes in eche matere
Al thogh that they a myte be to deere
And thus thy wyse is preuee and appert
With word and look, amonge our lordes heere
Preferred be, thogh they be no dissert

But whan the sobre / treete ꝫ del amys
ꝑ sad visage his lord enformeth pleyn
Hou ꝫ his gouernance is desprisid
Among the peple / ꝫ seith hm as they seyn
He man treete oghte ben to his soueveyn
Conseillinge hym amende his gouernance
The lordes herte swellith for desdeyn
And bit hym voide blyue with meschance

Men setten nat by trouthe nok adayes
Men loue it nat / men hole it nat cherice
And yit is trouthe best at all assayes
Whan fals fauel sustenour of vice
Nat oute shal holk hir to cherice
Ful boldely shal trouthe hir heed vp bere
Lordes lest fauel / nok fro hele twice
No lenger suffre hir nestlen in yor ere

Be as be may / no more of this as nou
But to my mus veule hole I referue
Ther as I was at ese del ynok
Or excesse on to me leef was ꝑ deere
And er I knewk his cruelful manere
My pows of coyn had resonable wone
But nok they in van they but scant apeere
Excesse hath my coysled hem echone

The feend and excesse been convertible
As endith to me my fantasie
This is my skile if it be admittible
Excesse of mete & drynke is glotonye
Glotonye awakith malencolie
Malencolie engendrith ieep & stryff
Stryff causith mortel hurt thurgh hir folie
Thus may excesse reue a soule hir lyff

No force of al this, yo be nok to duche
By myshtirtale, out of al mesure
ffor as in pt frynde kakke I no macche
In al the prince feel with me to endure
And to the cuppe ay took I heede & cure
ffor pt the drynke apall sholde noght
But whan the pot emptid was of moisture
To wake afterward, cam nat in my thoght

But whan the cuppe had thus my neede sped
And sumdel more than necessitee
With repleet spirit wente I to my bed
And bathid they in superfluitee
But on the morn, was wight of no degree
So looth as I, to techine fro my couche
By aght I koot, abyde, let me see
Of two as looth, I am seur kakke I touche

I dar nat seyn Prentys and Arondel

the countrefete z in which Bach ho my me

But often they hir bed louen so Eel

yt of the day it drinketh ny the pryme

Or they vise vp / nat tell I can the tyme

Whan they to bedde goon / it is so late

O helthe lord / thow seest hem in yt rvyne

And yit thee looth is / Whem to debate

And Why / I not / it sit nat vn to me

yt mvong am of riot z excesse

To knacken of a goddes pryuetee

But thus I ymagyne / and thus I gesse

Thow meeued art of tendr gentillesse

Hem to forbere / and Wilt hem nat chastyse

ffor they in mirthe and Vertuous gladnesse

lordes reconforten in sundry Wyse

But to my purpos / syn yt my seeknesse

As Wel of purs as body hath refreyned

me fro Tauerne / z othir Wantonnesse

Among an heep / my name is now disteyned

hir greuous hurt ful litel is compleyned

But they the lakk compleyne of my despense

Allas yt euere kmyt I Was and cheyned

To excesse / or him dide obedience

despenses large

Dspenses llarge enhaunce a mannes loos
Whil they endure / & whan they be forbore
His name is deed / men keepe hir moothe cloos
Ne nat a peny had he spent tofore
Thy thank is queynt / my purs the thrift hath lore
And my Cartous replect with heuynesse
The bias thow leue / I rede thee therfore
And to a mene reule / thow thee dresse

This is passynge mesure deskroith
He y witnessen olde clerkes wise
Him self encombrith often sithe & myrith
And for thy let the mene thee souffyse
If swich a conceit in thyn herte ryse
As thy profyt may hyndre or thy renoun
Yee it weyd ouerit in any wyse
With manly resoun thriste thee it doun

Thy ventes annuel / as thow wel woost
To scarse been greet costes to susteene
And in thy cofre pere is cold roost
And of thy manuel labour as I seene
Thy lucre is swich / yt it sumethe is seene
Ne felt / of yiftes seye I eek the same
And stele / for the guerdon is so keene
Ne darst thow nat / ne begge alis for shame

Than Wolde it seeme þᵗ thoW borwid haast
mochil of þᵗ þᵗ thoW haast thus despent
In outrage & excesse and sewnli Whaast
Awyse thee / for What thyng þᵗ is lent
Of dewray rutht / moot hoom ageyn be sent
ThoW ther in haast no perpetuitee
Thyn dettes paie / lest þᵗ thoW be shent
And or þᵗ thoW ther to compellid be

Sum folk in this cas dreeden more offense
Of man / for Why Wrenchis of the lacke
Than he dooth erthir god or conscience
ffor by hem &W he settith nat hacke
If thyn conceit be sWich / thoW it WithdraWe
I rede / and Woide it clene out of thyn herte
And first of god and syn of man haue aWe
lest þᵗ they bothe / make thee to smerte

loW lat this smert Warnynge to thee be
And if thoW midist heer aftir be releeued
Of bodi and purs / so thoW gye thee
Sir Wit / þᵗ thoW / no more thus be greeued
What vrt is / thoW taastid haast and preeued
The fyr men seyn he dreedith þᵗ is brent
And if thoW so do / thoW art Wel y meeued
Be noW no lenger fool / by myn assent

Ey / What is me, y[t] to my self thus longe
Clappid haue I, I trowed y[t] I raue
A nay my poore purs, and peynes stronge
Han artid me speke as I spoken haue
Who so him shapith mercy for to craue
His lesson moot recorde in sundry wise
And what my breeth may in my body haue
To recorde it, semeth I may suffise

O god o helthe vn to thyn ordenance
Doleful lord, meekly submitte I me
I am contryt, & of ful repentance
y[t] eide I [shimmed] in [sich] mysetee
No ode displesaunt to thy deitee
a now kythe on me thy mercy & thy grace
It sit a god been of his grace free
Forgeue, & neuere Els I eft trespace

My body and purs been at ones seeke
And for he bothe, I to thyn hy noblesse
As humblely as y[t] I can, byseeke
w[t] herte conferued veede on our distresse
Pitee haue of myn harmful heuynesse
Releeue the repentant in disese
Despende on me a drope of thy largesse
Right in this wyse, if it thee liste & plese

my noble lord, þ now is tresorer
ffrom thyn hynesse haue a tokne or tkeye
to pare me þt due is for this yeer
Of my yeeerly · x. li. · in theschequeer
þat but for Michel terme þt was last
dar nat speke a word of ferneyeer
So is my spirit symple and sare agast

I kepte nat to be seen inportune
In my pursuyte, I am ther to ful looth
And yit þt chyse, vyse is and comune
Amonge the peple not withouten ooth
Is the shamelees crauo² þole, it gooth
ffor estaat veal, can nat al day þerne
But poore shamefast man ofte is þeroth
Therfore for to craue most I lerne

The prouerbe is / the doumb man no lond getith
Who so nat spekith, þ sith neede is here
And thurwith worthnesse thus othe self forgetith
þo þondy, thogh an othir hym forgete
Neede hath no lawe, as þt the Clerkes tite
And thus to craue, writh me my neede
And right þole cext þt I me entremete
ffor þt I axe is due, as god me speede

HM 111 fol. 25ᵛ: art. 3

And þt that due is, thy magnificence
Shameth to Geue, as yt I bysleeue
As I seide, recche on myn impotence
þt likly am to sterue yit or eeue
But if thow in this wise me releeue
By coyn I gete may swich medicine
As may myn hurtes all þt me greeue
Exyle cleene (and) voide me of pyne

Ceste balade ensuante feust fuite au tres
noble roy H. le .v.t q dieu pardoint le io[2] q̄ les
hē de son roialme luy firent lo homages a
Kenyngton

The king of kynges regnynge ouer al
Which stablisshid hath in eternitee
Thus hys might, þt nat varie he may ne shal
So constant is his blisful deitee
My liege lord, this grace yow graunte he
That your estaat rial, whess þt this day
haath maad me liege to your souereynitee
In vertu vertuous continue may

sidelt xx jo de
marcij g[o] y
dci primo

God dreede / & ficche in him yo~ trust verray
Be cleene in herte / & loue chastitee
Be sobre / sad / iust / trouthe obserue alway
Good conseil take / & aftir it do yee
Be humble in goost / of your tonge attemptee
Pitous & merciable in special
Prudent / debonair in mesure free
Nat ouer large / ne don to gold thral

Be to your liges also sheeld & wal
keepe and deffende hem from aduersitee
hir wele and wo / in your trace hath al
Gouerneth hem in lawe and equitee
Conquere hir loue / & haue hem in cheertee
Be holy chirches champion eek ay
Susteene hir right / souffre no thyng don be
In preiudice of hir by no way

Strengthe your modir / in chastitos alway
theruo / which sones of iniquitee
han made ageyn the feith / it is no nay
yee they to lordshipe been of ductee
your office is it / nook for your seuretee
Souffreth nat Crystes feith to take a fal
Sin to his people / and youres cheuyrli see
In confirmyng of your estat veal

Syn god hath sent yow wit substancial
And thinges might / vertu putte in assay
And liege lord, though my conceit be smal
And nat my wordes peynte fressh and gay
But clappe and iangle foorth as dooth a iay
God wil to yow shal ther noon faille in me
Biseechyng son to god yt to his pay
yee may goueerne yow in hy dignitee ‡ ‡ Amen

Cestes balades ensuyuantes feurent faictes
au tresnoble Roy H. le quint q dieu par
donit : & au treshonurable compaignie du
Jartier

O yow welle of honur and worthynesse
Our right cristen kyng, heir & successour
Son to Justinians deuout tendreesse
In the feith of Ihu our Redempcioun
And to yow lordes of the gaiter / flour
Of chiualrie, as men yow clepe & calle
The lord of vertu and of grace & auctour
Graunte, the fruyt of your loos nat appalle

O lige lord ỹ him eek the liknesse
Of constantyn thensample and the mirrour
To Prince alle in loue ʒ bininnnesse
To holy chirche, o deuoru susteenour
And piler of our feith and Cheueyour
Ageyn the heuesies bittir galle
Do foorth, do foorth, contiune your socour
holde vp Cryftes Baner, lat it nat falle

This yle or this had been but hethenesse
Nad been of yͦ feith the force ʒ vigour
And yit this day the feendis fikilnesse
Seeneth fully to cacche a tyme ʒ hour
To haue on ʒo your liges a sharp shour
And to his seruitute, ʒo knytte and thralle
But ay ʒe truste in god our protectou
On your constance ʒe a cristen alle

Commaundeth ỹ no wight haue hardynesse
Our worthy kyng and cristen Emperou
Of the feith to despute more or lesse
Openly among peple, Ther errour
Spryngith alday, ʒ engendrith rumour
Makith lewd lacke, ʒ fer aught may befalle
Observe it wel, they to been yee dettour
Dooth so, and ʒee, in glorie shal yͦ falle

Yee lordes eek shynynge in noble fame
To whiche appropred is the maintenance
Of Crystes cause. In honour of his name
Shewe on [and] putte his foes to the outvaunce
God holde yow, so holde eek your liegeance
To this two pukketh yow[?] your duetee
Who so nat kepith this double observance
Of meryt [and] honour naked is he

Your style seith, that yee been foos to shame
Rok kythe of your feith, the providaunce
In which an heep of vs am halt [and] lame
Our Cristen kyng of Engeland and ffrance
And yee my lordes with your alliaunce
And other feithful peple that ther be
Truste I to god shal goodnesse al this misaunce
And this land sette in hys prosperitee

Conqueste of hir proccesse is for to tame
The childe goodnesse of this mescreaunce
Fight to the roote vppe yee that same
Sleepe nat this, but for goddes plesaunce
And his modres [and] in signifiance
That yee been of seint Georges liuee
Dooth him seruice and crystesfich obeissaunce
For Crystes cause is this wel knowen yee

pro fidei nostre
 que
tenet

Self stande in p[...] thee shuln greue & grime

The fo to pees, & norice of distaunce

That noght is conest torne it in to game

Dampnable fro feith, deys variaunce

Lord lige, & lordes haue in remembraunce

Lord of al is the blissid Trinitee

Of whos vertu, the mighty habundaunce

Has herte & strengthe in feithful vnitee Amen

Cest tout

Ad finem septiem

Mydir of lyf, o cause of al our helthe

Finder of grace and of our medecyne

Thei us in appil reste our lyf and helthe

And more be vn to ay lasting pyne

No sones of perdicion & vryne

That matrymoyne, this souernitee

Dissolued & vnlocken hath vndyne

And at our large, maad be walke free

O blessid be thow vessel of clennesse
In whom our soules salue list habyte
O tree of lif swettest of al swetnesse
In thy fruyt yeue us grace to delyte
And though thy sone cause haue us to smyte
For our gilte ryght our medyatrice
As thow hast yd doon / thow in evyrte
Un to mercy for þt is thyn office

Thy soule is stuffid so with stynk of shyme
þt ay it dredith beforn thee appere
lest for the filthe, which þt it is inne
Thow torne away thy mirable cheere
And deyne nat accepte my preyere
And if my trespas keep I nat confesse
How shal I doon, o Crystes modyr deere
Whan god shal iuge us all more & lesse

O why my shynes, why my wikidnesses
Of your benyng my soule slayn hanyee
And put in it so desperat hastynesses
þt ay I may not list beholde me
why appesith yo heiny aduersitee
The hope of myn exaudicioun
And shame in hool maad hath so large entree
þt þee the bois me veue of orisoun

Allas thy shame o thou filthy offense
In the presence of shynynge holynesse
O shenshipe of owtlawe conscience
In the beholdinge of pured clennesse
O cursif soule muddled in dirknesse
What wilt thou do / Where is thy remedie
Who may thy mescheef and thy greef redresse
Syn of thy gilt / thou darst nat mercy crie

To blessid womman among wommen all
Syn my spirit nat dar putte hir his bill
Thy grace ne thy mercy for to call
But in his magrediesse abydith stille
My thirsty soule drinke may hir fill
Of sorwe and bathe in sorwe & hevynesse
Hir reudful shame hir shende dole & spill
For to hir helthe nat shee dar hir dresse

Thy synnes yeoven þat thyn hir pitee
Fully hem knele / for hir amvicion
But they lothen appere beforn thee
For hir cursid abhominacion
O spryng and welle of our saluacion
My dirke soule of thy grace enlumyne
And keepe it fro the distruccion
That it disserued hath in hell pyne

If I confesse myn iniquitee
Lady, þt I deeply have in thy presence
Wilt thow me werne thys benignitee
If þt my gilt is my damnable offense
Of giltes alle have an excellence
Shal thy mercy be lesse, than it oghte.
May nat thys mercy werth my gilt dispense
And þou grete of þt þt it nis wroghte.

The more þt my gilt passith mesure
And stynkith in thy sauce sighte and thyn
The gretter neede hath it of his cure
And of thyn help, Therfore lady myn
Wyn soule fro the net and fro thengyn
Of him þt waytith it to slee, the ther kepe
his soul snare and cacchynge ther in
In my memorie ferryd been ful deepe.

Lady thyn help, nat woll I me despeire
ffor in myn herte fully I conceyue
þt theo to heuene is the laddre astene
By which men clymben blisse to receyue
Despeir heer aftir shal me nat deceyue
Yit I ne shal ay thee byseeche of grace
Thy mȝht I woot wel is my gilt to weyue
And of my trespas, pardoun me purchace

Thow tristee modyr · sholdest nouͤ han be
Ne had our synnes causud it certayn
Ffor why · it had be no necessitee
But for thow wikne shuldest be agayn
yt for any gilt original Eden slayn
Thow art his modyr / Wherfore I thee praye
To saue me / haue thow no desdayn
yt of bountee & mercy art the keye

Euene as the moone / a mene is verraily
Betwyxt vs and the sonne / of whom hir light
Shee takith / & it vniuerselly
yeueth vn to the World Whan it is nyght
In swich a Wyse / god thy sone right
The light of grace betooke vn to thee
ffor to mynystre it vn to eche Wight
yt they of lyf enlumyned to be

Thyn humble goost & maydens chastitee
ffor our behoue han so mochil Wroght
In sundry Wyse / as yt wel knowen be
yt thee to thanke / We souffyse noght
Thow hast vs vn to swich a plyt I broght
The yt lord Ǵue synne tyme of vengeance
yt his blood hath our synful soules boght
And is nowͤ lord of mercy & souffrance

There is a straighter way vn to mankynde
To god thy sone / oure soules for to lede
Than Ther as yt we may thy sone fynde
Beforn his fad' / with his blonde rede
And the before hem / ind' for to grede
Thy sone his body sheweth al byblled
And to thy sone also thy maydenhede
Sheweth the pappes / Ther þt he was fed

O blessid Ihu for thy modres loue
And modr for the thy dileccion
þt thow haft to thy sone in heuene aboue
Haueth me bothe in your proteccion
Plante in myn herte swich correccion
þt I your grace & your inth may haue
And fully stande in your affeccion
Or my body be clothid in his graue

℣ Cest tout

ensuyante
Ceste balade feust faite tost apres
que les osses du Roy Richard feussent
apportez a Westmouster ...

Wher as þ this land wont was for to be
Of sad byleeue & constant vnion
And as þ holy chirche vs taughte & be
With herte buxum lerned our lessoun
now han we changid our condicion
Allas an heep of vs the feith bewreye
We blynd so deep in presumpcion
þt vs nat dyneth vn to god obeye

We rekken nat thogh Cristes lore deye
The feend hath maad vs dronke of the poison
Of heresie / & lad vs a wrong weye
þt torne shal to our confusion
But if þt left be this abusion
And yit sum confort haue I / thynkith me
Our lige lord the kyng is Champion
ffor holy chirche / Cristes knyght is he

ffor Whi o reuerent goostly fadres yee
And ye your sones eek han enchesoun
Right greet / to thanke god in Trinitee
þt of his grace / hath sent this region
So noble an heed / looke vp thou Albion
God thanke / & for thy cristen Prince preye
Syn so is to this Rebellion
he of thy soules helthe is lok and keye

                    That myghten

What myghten folk of good byleeue seye
If lent wer our kynges affeccion
To the wrong part / who sholde hem help preche
A kyng set in þt wrong opinion
myghte of our feith be the subuersion
But eterne god in persones three
Hath reyned dropes of compassion
And sent he our good kyng for our cheertee

See eek hou our kynges benignitee
And lowynge herte / his vertu can bywreye
Our kyng Richard þt was, yee may wel see
Is nat fled from his remembrance aweye
hym eek souffysith nat to peyse and weye
Oth what honour he brought is to this toun
And with his queene at westmynstre in thabbeye
Solempnely in toumbe leid adoun

Now god biseeche I in conclusion
Henri the .5. in ioie as hy noblesse
Regne on þe yeeres many a milion
And oþir as þt men owen of forueye
Walkynge blyndly in the derk aleye
Of heresie / o lord god preye I thee
Enspire hem / þt no lenger theij foleie
To fadres path / hem lede thy pitee ____ Amen

This litil pamfilet and stweight thee dresse
Sōn to the noble wortid gentillesse
Of the myghty prince of famous honour
My gracious lord of york, to whos noblesse
Me recommande with hertes humblesse
As he þᵗ haue his grace & his fauour
To guerdon al day, for which I am dettour
For him to preye, & so shal my symplesse
hertily do, in to my dethes hour

Remembre his worthynesse I charge thee
how ones at london desired he
Of me þᵗ am his seruant & shal ay
To haue of my balades swich plentee
As ther weren remeynynge in to me
And for nat wole I, to his wil seyn nay
But fulfille it, as ferfoorth as I may
He thaw an otheys of my myaetee
Ffor my good lordes lust and game & play

My lord byseche eek in humble maneere
That he nat souffre thee for to appeere
In thonurable sighte or the presence
Of the noble prīncesse & lady dere

My gracious lady, my good lordes feere
The mirour off womanly excellence
Thy cheer is naght, ne haast noon eloquence
To moustre thee before his per cleere
Ffor myn honour / Eye holdsin thyn absence

yit ful fayn wolde I haue a messageer
To recomande me with herte enteer
To hir benigne & humble womanhede
And at this tyme haue I noon othir heer
But thee / & slwal am I for thee the neer
And if thow do it nat / than shal yt dede
Be left / & yt nat kepte I out of drede
My lord nat I shal haue of thee profer
Axe him licence, lep on him cure & grede

Whan yt thow hast thus don / than aftrward
Byseeche thow yt worthy prince Edward
yt he thee leye apart / for what many tyde
left thee beholde my maystir Guward
I knowe thee, yt it shal be ful hard
Ffor thee and me to halte on any syde
But he espie we / yit no force abyde
let him looke on / his herte is to me ward
So freendly / yt our shame wole he hyde

If þ I in my byhynge foleye
The I do ofte I can it nat bithenche
meetynge anne, or speke disitynysly
Or nat by iust peys my sentences þeye
And nat to the ordre of endytynge obeye
And my colours ofte sithe a coy.

With al myn herte kele I byseche
It to amende and to corrette him preye
ffor vndir his correccion stande y.

Thou foul book vn to my lord seye also
þ pryde is in to me so greet also
þ the spectacle forbedith he me
And hath y don of tyme yore ago
And for my sighte blynde hastith me sho
And lakkith þ y sholde his confort be
do vndir though thou haue no beautee
Out þp on pryde causer of my wo
my sighte is hurt thurgh hir aduersitee

do I ende I thus the holy Trinitee
And our lady the blissid mayden fre
My lord z lady haue in gouernaunce
And graunte hem ioie z hir prosperitee

Nat to endure cauly tho yeer or three
But a day. and if any plesance
Happe mighte on my poore souffisance
To his prokesse ⁊ his benignitee
My lyues wie it were and sustenance

Cest tout

Ad beatam Virginem

Modir of god, and virgyne vndeffouled
O blisful queene, of queenes Emperice
Preye for me, yt am in synne mossled
To god thy sone, punysshep of vice
yt of his mercy, though yt I be nyce
And negligent in keepyng of his lawe
his hy mercy my soule, vn to him drawe.

Modir of mercy, Bey of indulgence
yt of al vertu art superlatyf
Cauce of vs by thy benivolence
humble lady, mayde, modir and wyf
Cauce of pees, fyghtep of vs ⁊ stryf
My preyers vn to thy sone presente
Syn for my gilt I fully me repente

Benigne confort of þe Wrecches all
Be at myn endyng whan þt I shul deye
O Welle of pitee, on to thee I call
fful of swetnesse helpe me to deye
Ayein the feend þt with his handes þ dye
And his myght plukke wole at the balance
To deye us doun keepe us froom his nusance

And for tho wart ensample of chastitee
And of clennes worsship and honour
Among all wommen blessid thow be
Now speke and preye to our Saueour
þt he me sende with grace & fauour
þt al the hete of brennyng leccherie
he qwenche in me blessid maiden marie

O blessid lady, the cleer liȝht of day
Temple of our lord and wote of al goodnesse
þt by prayer wypest cleene away
The filthee of our synful wikkidnesse
Thyn hand foorth putte & helpe my distresse
And fro temptacion deliure me
Of wikkid thoȝht thurȝh thy benignitee

So þt the Oil fulfild be of thy sone
And þt of the holy goost be min lumine
Preye for us as ay hath be thy wone
Lady att swiche empryses been thyne
Such an advocatrice who can dyuyne
As thow, vight noon, our greeues to redresse
In thy refuyt is al our sikirnesse

Thow shapen art by goddes ordenance
Mene for us flour of humilitee
Sitthe þt lady in thy remembrance
left our fo the feend thurgh his sotiltee
þt in await lyth for to cacche me
me out doom with his treccherie
On to my soules helthe thow me gye

Thow art the Cay of our Redempcion
For cryst of thee hath deyned for to take
Flessh and eek blood, for this entencion
Vp on a croie to die for our sake
his precious deeth made the feendes y bake
And crysten folk for to vorisen and
From his mercy helpe, þt we nat disseue

Tendrely remembre on the dere peyne
þᵗ thou suffredist in his passion
Whan watir & blood out of thin yȝen tweyne
ffor sorwe of him ran bi thi chekes doun
And syn thou knowest þᵗ the enchesoun
Of his deeth was, for to saue al man kynde
Modir of mercy þᵗ haue in thy mynde

Wel oghten we thee worsshipe & honure
Paleys of Cryst, flour of virginitee
Syn vp on thee was leid the charge & cure
The lord to kepe of heuene & earthe & see
And alle thynges þᵗ ther ynne be
Of heuenes kyng thou art predestinat
To hele oure soules of hir seek estat

Thy maidene wombe in which our lord lay
Thy tetes whiche him ȝaf to souke also
To our sauynge, be they blessid ay
The birthe of Cryst, our thraldom putte be fro
Ioie and honour, be now & eueremo
To him and thee, þᵗ vs to libertee
ffro thraldam han brought, blessed be ȝee

By thee lady is makid is the pees
Betwyxt Angels and men, it is no doute
Blessid be god that suche a modur thee
Thy gracious bounte spredith al aboute
Though that oure hertes steerne been & stoute
Thank to thy sone caust be suche a mene
That all oure giltes he foryeueth clene

Paradijs yates opned been by thee
And broken been the yates eek of helle
By thee the World restored is parde
Of al vertu, thou art the sprying & well
By thee al bounte, shortly for to tell
In heuene & eerthe by thyn ordenance
Parformed is, oure soules sustenance

Lo suche art of suche auctorite
Lady pitous, virgyne remmelees
That oure lord god nat list to werne thee
Of thy requestes But wel, douteless
Than spare nat, foorth thee to putte in prees
To preye for vs Cryst moder deere
Benyngly. Lo he thyn axyng heere

Apostle and freend familier of Cryst
And his y chosen virgyne, seint Jon
Shynynge apostle & euangelyst
And best beloued among hem echon
With our lady preye I thee to been oon
y son to Cryst shal for vs all preye
Do this for vs Crystes derlyng I seye

Marie and Jon heuenely gemmes tweyne
O lightes tho shynynge in the presence
Of our lord god, nowe do your bisy peyne
To wasshe away our cloudeful offense
So y ye mowen make resistence
Ageyn the feend & make him to be ant
y yo[u]r preyers may so moche auail

Yee been tho tweie I knowe deuouly
In which the fadur god vs edifie
By his sone conspigeren specially
To him in hooke, Wherfore I to yow crye
Seeth leches of our synful maladie
Preyeth to god, lord of misericorde
Our olde giltes y he nat recorde

Be þee our help and our proteccion
Syn for merit of your virginitee
The priuilege of his dileccion
In yo(u) confermed god vp on a tree
hangyng / and vn to oon of yo(u) seide he
Right in this wyse / as I reherce can
Beholde heer lo, thy sone Woman

And to þᵗ othir / heer thy modir lo
Than preyse I thee, þᵗ for the swete skilfulnesse
Of the hy' loue, þᵗ god ther yo(u) ther
With his mouth maad / and of his noblesse
Compleyned hath yo(u), thurgh his blissfulnesse
As modir and sone helpe us in our nede
And for our giltes make our hertes blede

In to yo(u)r tweyne, I my soule comende
Marie and John for my saluacion
helpith me þᵗ I may my lyff amende
helpith yo(u), þᵗ the habitacion
Of the holy goost our recreacion
Be in myn herte now and euemore
And of my soule, wasshe away the sore   Amen

Ce feust myse en le liure de monsr Johan iadis
nomez ore Regent de ffrance & Duc de Bedford.

Unto the rial eglee excellence
I humble cleve / with al hertes humblesse
This book presente / & of yo[ur] reuerence
Byseeche I pardon and foryeuenesse
Of myn ignorance & leudenesse
That haue I write it in so rudely wyse
No p[at] me ought en to youre worthynesse
Myn pen hath custumed bisynesse
So dispoed p[at] I may no bet souffyse

I deede lest p[at] my maistir massy
p[at] is of fructuous intelligence
Whan he beholdith how encombrously
my book is metrid, how vade my sentence
how feeble eek been my colours. his prudence
Shal sore encombred been of my folie
But yit truste I p[at] his beneuolence
Compleyne wole myn insipience
Serueeth / & What is mis I rectifie

This book / by licence of my lordes grace
To thee speke I / and this I to thee seye
I charge thee / go shewe thow thy face
Beforn my seid maistir / & to him preye
On my behalue / p[at] he peise and weye
What myn entente is p[at] I speke in thee
ffor vethorrt hath hid fro me the keye

Of his tresor, nat deyneth hir nobleſſe
Dele with noon so ignorant as me

Ceſt tout

Whan in good benigne and verdut
My lord the Chanceller, & al humbleſſe
Your servant at your comandement
Byseche on to your excellent nobleſſe
If my patente bere may witneſſe
That myne arrerages been grauuted me
Right as your staf, your Servant dole expreſſe
Byseche y if yow so my patente be

I truste in yow, for aid or this han yee
Be my good lord, and yow to flynte y geſſe
Applied is nat your benignytee
Specially, syn my poore symplesse
That hath offendid your hy Worthyneſſe
Although, but myn herte is aid bent
To shewe at yow good wil, in soothfastnesse
Ther in am y ful hoot & ful servent

O my lord gracious wise and prudent
To me your Clere bedis of your grace free
let see now catche a lust and a talent
me to haue in your fauour & cheertee
Ther on Ryste I, I Ryste on your bounntee
That to so manye hau the Eld gentillesse
let me be no stepchyld been for I am he
That hope haue in your confort & gladnesse

Cest tout

Cestes balade & chanceon ensuyantz
feurent faites a mon meistre. h. Somer
qnt il estoit Souztresorer

The Sonne With his bemes of brightnesse
To man so kyndly is & norisshynge
Y lakkynge it, day nere but derknesse
To day he yeueth his enlumynynge
And causith al fruyt for to wexe & spryngge
Wrow syn y somme may so moche availl
And most Ath Somer is his seconnynge
That seform bounteuous De Wole assaill

Glad cheerid Somer to your honeｵable
Ad grace, We submitte al our Offrynge
To Whom yee freendly been he may nat faille
But he shal haue his resonable axynge
Aftir your good lust be the seesonynge
Of our foyntes this laste myghelmesse
The tyme of yeer Was of our seed hynynge
The lak of Which is our greet heuynesse

We truste þp on your freendly gentillesse
yee Wole be helpe and been our supportaill
And yeue we cause ageyn this cristemesse
ffor to be glad o lord Whethir our taill
Shal soone make we With our shippes saill
To port salut if yeｵ lust, We may synge
And elles moot we bothe mowne & waill
Til yoｲ faｳ be sende releeuynge

We your seruantｳ Hoccleue & Baillay
Hethe & Offord yeｵ byseeche & preye
Haastith our heruest as soone as yee may
ffor fere of stormes our Wit is aweye
Weyd our seed unsed, Wel we mighten pleye
And we dispoｲte & synge & make game
And yit this woｳdel shul we synge & seye
In tｲuſt of yoｵ, & honoｳ of your name

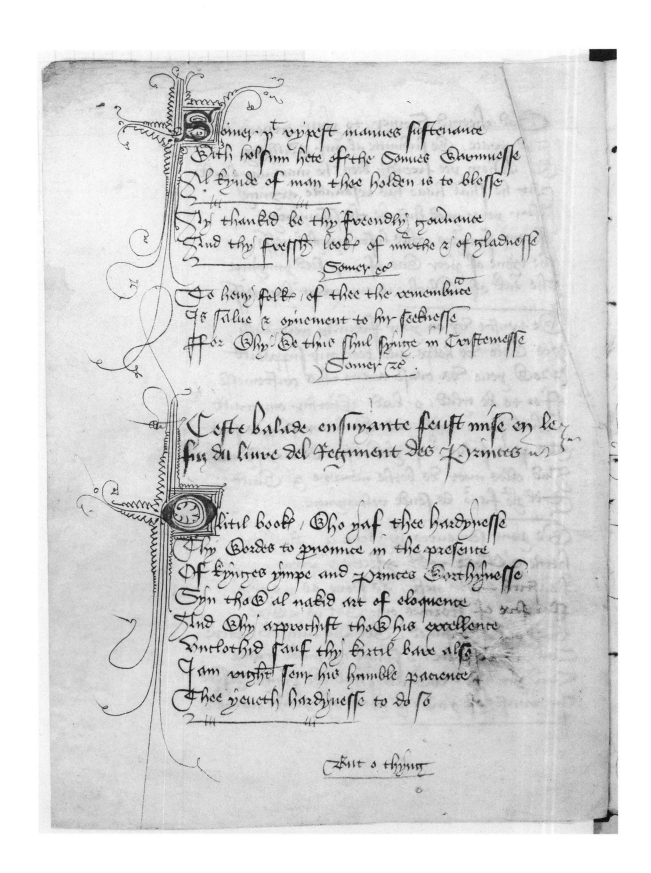

Somer, þ't rypest mannes sustenance
With holsum hete of the sonnes warmnesse
Al kynde of man thee holden is to blesse

Ys thankid be thy freendly gouuance
And thy fressh lookes of murthe ꝫ of gladnesse
Somer &c

To hony folk, of thee the remembrance
Is salue ꝫ oynement to hir seeknesse
For they, be this shul synge in Cristemesse
Somer &c.

Ceste balade ensuyante feist mise en le
fin du liure del testiment des Princes

Olitil book, who gaf thee hardynesse
Thy wordes to pronounce in the presence
Of kynges ympe and Princes worthynesse
Syn thow al naked art of eloquence
And why approchist thow his excellence
Vnclothid sauf thy virtil bare also
I am right seur his humble pacience
Thee yeueth hardynesse to do so

Tell o thyng

HM 111 fol. 39ᵛ: arts 14, 15

But o thyng wot I wel þo oþer þo

I am so nyce vn to thy sentence

Thow haast and art, and wilt been euere

To his hynesse of which benevolence

Thogh thow nat do him due reuerence

In ordrei thys theertee nat is the lesse

And if lust be to his magnificence

Do by thy reed. his welthe it shal witnesse

Byseeche him of his gracious noblesse

Thee holde excused of thyn innocence

Off wrytynge, and with hertes humblesse

If any thyng thee passe of negligence

Byseeche him of mercy and indulgence

And þt for thy good wil, he be nat fo

To thee, þt al feest of loues feruence

þt knowith god, whom nothyng is hid fro

Cest tout

Item au foys þ dieu plaint

Uictorious kyng our lord ful gracious

We humble lige men to your hynesse

Meekly byseechen yow o kyng pitous

Tendre pitee haue on our sharp distresse

ffor but the flood of your ryal largesse

fflowe ley on de   gold hath de in ؟ soch hate
yt of his loue and cheertee the scantnesse
dole arte be there to trotte in to Neofgate

Souereyne lige lord o hauene & yate
Of our confort let your hy wortshynesse
Oure indigences softne & abate
In yow hith al / yee may our greef redresse

The somme yt be in our bille expresse
Is nat excessif ne outrageous
Our lowe prince also berith witnesse
De han for it be ful laborious

O lige lord yt han be plenteuous
In to your liges of yo grace algate
Styntith nat now for to be bonteuous
To do your seruantz of the olde date
God woot de han been ny certh & late
lowynge lige men to your noblesse
lat nat the strook of indigence be mate
O worthy Prince mirour of prowesse

a **Cest tout**

See heer my maist Carpenter / y^s I preye
How many chalenges ageyn me be
And I may nat delivre hem by no weye
So me bereveth coynes scarsetee
That my Cousin is to necessitee
ffor why I am to yow seeke / for refut
Which y^t of confort am my destitut

Tho men whos names I aboue expresse
ffayn wolden y^t they and I euene were
And so wolde I god take I to witnesse
I woot wel I moot heepe or elles were
Tekne of my dettes / & of hem answere
Myn herte for the dreede of god & we
ffayn wolde it quyte / & for constreynt of lacke

But by my treuthe / nat wole it betyde
And therfore as fayn as I can & may
With aspen herte I preye hem abyde
And me respyte / to sum lenger day
Some of hem graunte / and some of hem sey nay
And I so sore my dreede an afty clap
That it me reueth many a sleep & nap

A de B & C de D &c
C este balade senst
tendrement consideree
& bonement exentre

If þt it lykid ... to your goodnesse
To be betrayt and me þouȝ a mene
Als þt I myghte kept be fro duresse
Wyth heuy thoughtes voide it voide clene
Als your good plesance is / this thyng demene
Þoȝ wel þt yee doon / z þoȝ soone also
I suffre mych in ... thynge of my ...

Cest tout

Ceste balade ensuyhante feust par
la Court de loue compaignone enuoiee
a lomme sire Henri Somer Chaun
celler de leschequier z ... de la dee Cot

Worshipful sir and our freend spec[ial]
... felaw in this vale. We cast yow
your lettre sent ... to be / cleerly. al
We haue red / z vndirstanden þoȝ
It is no ... to your conceit as noȝ
... the rule foorth as we been Inne
But al an othir rule to begynne

Rehersynge how in the place of honour

The Temple, for solace & for gladnesse

Ther as nat oghte hid been errour

Of ouer mochil crafft or of excesse

Ffirst been we foundid to vse largesse

In our despenses, but for to exceede

Reson, we han espyed yee nat heede

yee alleyne eek, how a rule hath be kept

Or this, which was good, as yee haue herd seyn

But it now late, cessid hath & slept

which good yow thynkith, shuld vp take ageyn

And but if it so be, our Court certeyn

Nat likly any while is to endure

He hath in mochil many a creature

yee holden y⁺ in conservacioun

Of our honoᵘ, & eek for our proffit

y⁺ thentente of our old fundacioun

Observed mighte been, & to p⁺ phit

Be broght as it was first, & passe al qtht

Out of the daungier of outrageous crafft

lest with scorn & repreef feede be swich craft

On to p'sende · iij · shippes mete
To yeue vs han yee grauntid & behight
To bye agayn our dyner flour or whete
And besside it / as reson wole & right
Pave your layth / as dooth an othir wight
yt by mesure vnlith hym and gyeth
And nat as he / whom outrage maistreth

In yo' lre / conteined is also
yt if vs list to chaunge in no maneere
Our neede wyse ne wynne ther fro
The firste day of may yee wole appere
yt day yee sette be with vs in feere
And to keepe it / yee wole be redy
This is theffect of your lre soothly

O the which in this wyse we answere
Excesse for to do · be yee nat bolnde
ne noon of vs / but do as we may bere
Sey on swith vnto we nat vs ne grounde
yee been distreet / though yee in good habounde
Dooth as yow thynkith for your honestee
yee and we all arn at our libertee

At our laste dyner / well knowen yee
By our stywardes limitacioun
The custume of our Court worth to be
And ay at our congregacioun
Observed / lest al contristacioun
Garned yee been / for the dyner worthe
Ageyn thorsday next & nat it delaye

Be yow nat holde avysed in such wyse
As for to make us destitut þat day
Of our dyner / take on yow þat empryse
If your luste be doynieth excesse a day
Of wyse men mochil folk lerne may
Discrecion mesureth euery thyng
Despende after your plesance & lykyng

Ensaumpleth de lot seen / & do anoone
As þat it semeth good to your prudence
Reule þat day for the thank shal be youre
Dooth as yow list be drawe in consequence
Be trusten in your owne experience
But kepeth wel your terme hou so befall
On thorsday next / on which we awayte all

Est tout

Ceste balade ensuyante feust trans-
latee au commandement de mon meistre
Robert Chichele

As I Walkid in the monthe of May
I keshede a grove in an herbe musynge
Flourês dyuerse I sih right fressh and gay
And briddes herde I eek lustyly synge
Yt to myn herte yaf a confortynge
But euir o thoght me straung̃ vn to the herte
Yt dye I sholde & hadde no knowlechinge
Whanne ne Whidir I sholde hennes sterte

Thynkynge thus bifore me I say
A cors depeynted With a fair ymage
I thoghte I was but asshes and foul clay
Lif passith as a shadwe in euil age
And my body yeueth no better Charge
Than slyme / Which the soule annoyeth sore
I preyde god mercy of myn outrage
And shoop me thi for toffende no more

On god to thynke it yeueth a delyt
Wel for to doon & fro synne Withdrawe
But for to putte a good dede in respyt

...meth it which delay is nat worth an hale
Wolde god by my speche & by my face
I myghte him and his mody to plesance
And to my meryt folk goddis lake
And of mercy housbonde a purueance

Mody of Ihu verray god and man
Þt by his deeth victorie of the feend gat
Haue it in mynde / thow blessid woman
For the go which þu to thyn herte sat
In thy sones torment forgete it nat
Graunte me grace / to vertu me take
Synne despyse & for to hate al that
That may thy sone & thee displesid make

Mercyful lord Ihu / me heep I preye
Freisht vnkynde & fals am I to thee
I am right which I may it nat with seye
With salte teeres craue I thy pitee
And herte contryt / mercy haue on me
I am thy recreant caytyf traitour
By my dissertes oghte I dampned be
But ay thy mercy heetith me socour

Lady benigne / our soueryn refuyt
Soul trust haue I to han by thy prayere
Of strengthe / & confort so vertuous fruyt

That I shal saue be cryste mighty feere
my soules ship gouerne thow & steere
let me nat slippe out of thy remembraunce
lest than yf I am vyce sin to my beere
the feend me assaill & haue at the outrance

To thanke thee lord whily holde I am
ffor my gilt / nat for thyn yt woldest die
tho suffrod ewe Ihus a martirdam
nat thy deeth nat of the feend the maistrie
And yt al kynde of man may testifie
O blessid be thy loue charitable
yf list so deyd our sinful soules bie
To make vs sauf / Other be euen dampnable

Mak thy socour o heuenes Emperice
ffro me Vecche torne thow nat thy face
ther as I deepe Vrapped am in vice
Gretter neede haue I thyn help to purchace
vn to the Iudam leche proye of grace
yt he my wolndes vouchesauf to ryue
So yt the feend my soule nat embrace
Al thogh I haue agilt ouer mesure

Ey orghten be thee thanke gracious lord
yt thee haast humbles for to been alued
to be autour of pees and of concord

On the cross that thy skyn in to blood died
Allas why haue I me to synne applied
Why is my soule encombrid so with synne
lord in al that I haue me mis tryed
fforyeue & of my trespas bote I blynne

lady Gardein of peple fro ruyne
that sauedest theofle and many mo
Of thy grace myn herte enlumyne
ffor as I trowe be & beot it bes also
Thy might is me to awisshe of my bo
Of thy benigne sone mey craue
Of that forseyed haue I & mo &c
she bot is thyn my soule keepe & saue

lord Jhesu Cryst I axe of thee pardoun
Ynkle me to thee lord soueryn
thy wilt confesse I lord make mynoun
Bet twixt thee & my soule for in leyn
thy tyme haue I despendid in ceerteyn
Some of the dropes of thy precious blood
that the cross madeas beot as is the veyn
despende on me lord merciable & good

lady that clept art modir of mercy
Noble saphir to me that am ful lame

Of vertu and am they to enemy
Thy Welle of pitee in thy sones name
lete on me floede to qwenche my blame
left in to despeir p' I shupe a fall
ffor my suurtee to keepe me fro blame
Of pitee now I on to thee call

Shme p' is to eny vertu fo
Set Cryst god a me maad hath swich debat
p' my soule is dampned for euermo
But if p' mcy Cryst hath maad thacat
Of mannes soule p' was violat
By likerous lust a disobedience
ffor which our lord Ihu Crist incarnat
He helpe make the feend resistence

Lady p' art of grace spryng a sours
port in peril, slak in heuynesse
Of thy bountee keepe alway the cours
Lat nat the feend at my deeth me oppresse
Torne thu euere to me noble princesse
Which on to eny foor is the triacle
thorgh my desert be naght of thy goodnesse
Ageyn the feendes vengeance make obstacle

lord on thy grace pitee myn herte ay
I sterith to purchace thy mercy

Allas I caytif / tel I mourne may
Syn the feend serued often sythe haue y
It recketh me / do to me graciously
ffor I purpose to stynte of my synnes
That agayn thee / mis take hath my body
my soule keepe fro the feendes gynnes

Blessid virgyne ensample of al vertu
& peere hast noon / of womanhode flour
ffor the loue of thy sone our lord Ihu
Strengthe vs to doon thy seruice & honour
lady be mene Sone to our Sauueour
þt our soules þt the feend chastith ay
to hente / & wolde of hem be possessour
ne sese hem nat in the Iuggeable day

The flessh / the world / & eek the feend my fo
my soule alle han at hir reuerence
They to my soule doon annoy & wo
ffor why lord drede I me of thy vengeance
With mercy my soule in to blisse enhaunce
worthy marchant saue thy marchandise
Which þt the baptist With dethes penance
lat nat the feend haue of se the maistrie

Excellent lady in thy thought impresse

hou þt thy thy child souffrid his tormente

Preye him to haue on us which tendrenesse

þt in the feendes net we be nat hent

At the day of his sterne iugement

Lat nat him leese þt he by deth boughte

I woot wel they to hurt he no talent

usure in them on / for thee so to don oughte

Whan in a man synne groweth & ripeth

The fruyt of it is ful of bittrnesse

But penitence cleene away it wypeth

And to the soule yeueth swete swetnesse

O sterne iuge / with thy rightwisnesse

medle thy mercy and sheeld us from felonye

Us to our soules mand to thy liknesse

Graunte pardon of our synnyng coueyne

O glorious quēene to the repentaunt

þt art refut socour and medecine

lat nat the foule feend make his auaunt

þt he hath thee byreft any of thyne

thurgh thy prayere thow thy sone enclyne

his merciable mercy on us to shyne

Be tende of þis, o thrise blessid drouȝtyne

Ffor if thee list we shuln to blisse atteyne

Cest tout

HM 111 rear cover

HUNTINGTON LIBRARY
MS HM 744 folios 25^r–68^v

Invocacio ad patrem

To thee we make oure inuocacioun
Thou god the fadir, which in to heuene
Art euermo for our saluacion
Redy to kepe vs whan we to thee call
In any cause þt may happe & fall
As fer as souneth in to rightwisnesse
which excede nat may thy blisfulnesse

For thou fadir art trouthe and veritee
Thyn owne sone þt same is also
And syn it so is what may better be
If þt a man shal to the trouthe go
Than preye thee withouten wordes mo
Fadir of heuene in thy sones name
Forȝeue our giltes and relesse our blame

Fadir and sone ȝee been knyt for euere
So sadly þt no thyng þt man may thynke
Or speke no wey mays vnbynde or disseuere
Than fadir lat our preyere in thee synke
And of thy pitous mercy ȝeue vs drynke
In tokne þt ther is no variance
ȝet cryst þou & he þt been but o substance

O fadir god kyng of eche glorie
With herte repentaunt. Be thee byseche
That tho haue of thy sone swich memorie
That thy pitee be no thyng for to seche
Our sorwes for to augmente or + to eche
But y' by hym / thyn we assured be
By cause y' thyn owne sone is he

ffor often by the intercession
Of sones · is the fadres wratthe apesid
And they y' for hir gilt leyd in prison
In yren bondes grevoussly disesid
Delyvered been / and of hir bondes esid
y' sholde han rome in to dethes sentence
Hadde nat be the sones reuerence

And nat only yit grauntid was hir lif
But ouer y' han had encrees of grace
Tho sones eek Geuen so ententyf
y' of hir fadres token they purchace
So greet loue Wythynne a litil space
In to the gilty folk of which I spak
y' of good lordshipe hadde they no lak

Thus his ffauntz wordith malencolie
Of lordes / at his sones good instaunce
Almyghty fadir of the hevenes hye
Be thee byseche / þt of our grevaunce
Thow vouche sauf to graunte vs allegeaunce
At instaunce of thy blessid sone and dere
And in thy love / make vs shyne clere

The way of grace / grante vs for to take
þt we may maken our confessioun
Vn to thy name / and of our bondes blake
Vnbownden be thy myght our contricioun
And after be of swich condicioun
Be þt may lyke vn to thy deitee
And othir nat / we preyen moot it be

And vs / whom þt our dissertes manace
The mortel sentence / to hyf restore
By preyer of thy sone / and sende vs grace
Thy ladee keepe / & wirke aftir thy lore
And our offenses þt stike in vs sore
With the careful beqwest and keepe
Er our caveyne in to the ceothe creepe

Whom shul we preye / our mene for to be
But thy sone / on the cros þᵗ starf and dyde
ffor our trespas and our iniquitee
þᵗ sit preyyng for vs / on thy right syde
he is the lamb / þᵗ with his blode vs dyde
Before his tormentoures held his pees
ffor al his grief / al þere he sittelees

ffor whan his body scourgid was & bete
And al byspet was his blessid visage
ffor aght they cowde rebuke hi or threte
he kepte him coy he vttrid no langage
They mighte no thyng chaungen his corage
But his torment he took in pacience
And dyde for our trespas and offense

ffadir beholde of thy benignitee
And of iustice we requeren thus
þᵗ him thy sone / by the will of thee
dyde to dethe / þᵗ was thyn and his
ffor to redresse yᵗ yᵗ was amis
Considere it / and recche on vs tendrely
Syn thou art callid fadir of mercy

He is þt meek and spotlece Innocent
þt for our gilt to dye nothyng dradde
Which to his deeth was made obedient
And in his torment ful greet delyt hadde
Remembrynge how þe synful folkes badde
Redempt sholde be thurgh his passioun
Out of the daunger of the feend adoun

Thy godhede him made our nature take
And were a man of flessh and blood & boon
And on the croos he dyde for our sake
þt tendre lovyng lord to be echoon
Which a lovyd were they neide noon
fforgete our giltee & remembre hem nought
merciful lord putte al out of thy thought

Þat thy loue ay to þe endure & laste
The gracious þon of thy maiestee
We thee byseche on thy sone thee caste
Shewe thy mercy and thyn thy pitee
Which þt may thought spoken ne wryten be
And on thy sone preene hit heep in deede
Beholde his syde and see how they bleede

his giltlees handes hoold they stremen see
With blody stremes, and yᵗ he hath booȝht
Streyn thy O, fadir, we preyen thee
fforyeue it vs, and reuolue in thy thouȝht
hoow dere yᵗ thy sone hath be bouȝht
At gretter prys ne mighte be no man bye
Than for our giltes and our synnes dye

his feet and handes wᵗ nailes been perced
see whilke annoyes hath our redempcioun
Alle his tormentes may nat be rehersed
By noon endytour ne by translacioun
Ne no wight elles, for so many a stoun
And so greuous souffrid he for our synne
yᵗ to telle al mannes wit is te thynne

With sharpe thornes, fadir, vpon the croos
Coroned was thy sone, & sore pyned
And wendid to the herte and yald the goost
An harder deth may nat been ymagyned
his fressh colour yᵗ whilom was beshyned
With swich beautee yᵗ it wolde al thing glade
Wax wan and dirk and pale and gan te fade

Beholde thy sones humanitee
And mercy haue on our seek feeblenesse
Beholde his toren membres ferdir free
And lat our substance in thyn herte impresse
Thynke on thy sones peyne and heuynesse
As I before spoken haue & seid
And vnbynde vs þⁱ been in synnes teid

ffadir and lord of mercy on vs reech
þᵗ for our synnes / synken in thy sighte
Thow graunte vs grace vices to escheeche
And of our synful birden thow vs lighte
Ageyn the feend encorage vs to fighte
And stifly graunte vs in thy cause stonde
And flitte nat / Charge we take it on honde

Ad filium

onor et Gloria

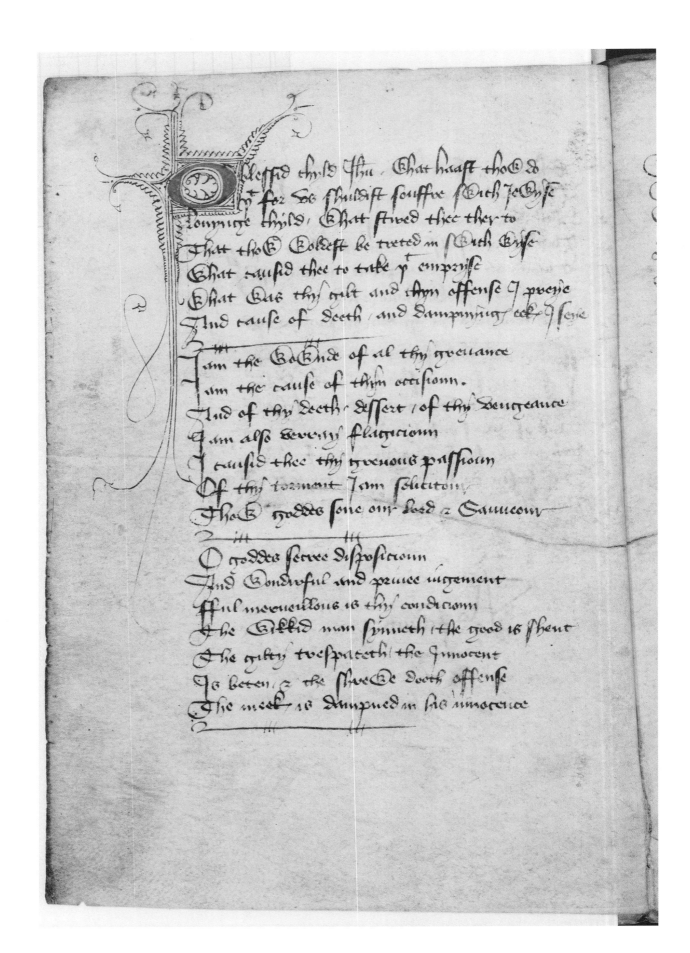

Blessid thyse Jhu . that hast tho[u] do
Right for he shuldist souffre Rich Jesu Cryse
Sourying thise, that stired thee ther to
That tho[u] boldist be treted in Rich Cryse
That caused thee to take y[t] emprise
That was thy gilt and thyn offense I preve
And cause of deeth, and dampnyng eek I seve

I am the sikknes of al thy grevance
I am the cause of thyn occisioun.
And of thy deeth desert / of thy vengeance
I am also verely flagicioun
I caused thee thy grevous passioun
Of thys torment I am solicitour
Tho[u] goddes sone our lord & saueour

O goddes secree disposicioun
And wonderful and preue iugement
Ful merveilous is thys condicioun
The wikkid man synneth / the good is shent
The gilty trespaseth / the innocent
Is beten / & the shrewe doeth offense
The meek is dampned in his innocence

The peyne p^t the Giltles man disserueth
The giltlees receiueth paciently
The lord his seruaunt in his gilt preserueth
Ffro punysshmentis / & bieth it dearly
him self / & y^t the man doth Gilteidly
God keepith him fro punisshyngis & teene
And al y^t charge he list for hi sixteene

Ffro Ihesu blessid sone of god / fro Ihesu
Descendid is this sweet humilitee
Ihens comith the loue / we feele in thee brenne
Ffro Ihesus eek is proceedid this pitee
And fro Ihesus growith this benignitee
Ihesus stretchith thy loue and affeccioun
Ffro Ihesus is sprongen thy compassioun

I am he y^t wroght haue synfully
And thogh giltlees took vp on thee the peyne
Of dide armes I synned greuously
Ffor which thow greeued were in euery veyne
Thy louyng charitee not list disdeyne
To bye our gilt / thogh thow were innocent
But on the crois souffredist thi torment

I Were am proud, thow keepist thy meeknesse
my flessh is holwed, thyn is woven thynne
my herte is clappid in vnbuxumnesse
And thow buxum, our soules for to wynne
Benethest deep our corrupt & roten synne
my lust obeied but to glotonye
But thee list nat / thee to thy lust applie

I was vanysshid by concupiscence
ffor to eten of the dilecfful tree
And for my lust and inobedience
Thy feruent loue / & parfyt charitee
O blissful chylд / to the croys ladden thee
Wheyd as thou took the desselad thyng
Thow deidest for me Ihu heuene kyng

In mete & drynke, I delyte me
And on the gibet took thow greet diuesse
Betwixt thou & tho is greet dyuersitee
Taastid haue I the four apples swetnesse
Of gralle thow tastist the bittirnesse
Eue me gladith, Euh a lak thyng ye
And keepynge top on thee · reclith synne

O kyng of glorie thow beholde as see
That peynes thow suffredist fer our sake
And syn yt we so deere costed thee
Thow keepe us fro the might of feendes blake
Lat nat thys charitable loue asslake
And graunte us grace thee to loue as dook
And yeue us heuene than yt we be deed

As pūy smittū..

Holy troost of the hy deitee
loue and holy communicacioun
Of fadir and sone, blessid thow be
O thow benigne consolacioun
Of heuy folk, o our saluacioun
O tendre hertid, cause of al quиete
Our bittirnesse torne al m to sweete

And by thy mighty vertu we thee preye
yt our hertes filthy pruetee
Thow vouche sauf to clense and wasshe aweye
Thurgh thy mercy they make thyn entree
O holy troost they enlabyte thee
And the dirk halkes of our soules lighte
And glade vsli thy fury leuues bryghte

And our hertes: Cheeche by loue vertuousse
Welkid been, / 7 forgoon han thir vigour
By enchesoun of excessif drynesse
Deede habundauntly, With thyn holsum shour
Our soules lurkynyg soree and langour
With thy brennyng dart and thy loues broond
Visite and helpe / our helthe is in thyn hoond

Kyndle eek and qwikne With thy lyfly lemes
Our slouthy hertes / of vertu bareyne
Our soules perce With thy shynyng bemes
To thy godhede / theR vs knytte and cheyne
The ryuer of thy lust lat on vs reyne
Of worldly sweet benyn souffre vs nat taaste
Ne our tyme in this World vus spende and Waaste

O god We thee byseeche thoW vs deeme
And our cause fro Wikkid folk discerne
ThoW graunte vs grace thee to plese 7 qweeme
And to thy Wil and plesaunce vs gouerne
Our seekly freeltee beholde and concerne
And reewe on our brotil condicioun
And for our gilt sende vs contricioun

Ther thow makist thin habitacioun
He knoken eel and fully leeuen he
Thow for ferdir and sone a mansioun
makist in whom thee list herber be thee
fful happy and ful blissid man is he
ffor his spirit may reste sikirly
vnabassht of the feend our enemy

Come on confort of our soules seeknesse
And ay redy in our necessitee
Of Goddes herte helpere in distresse
O come now feerth strengthe of our freeltee
Clensere of our gilt and iniquitee
Releeuere of hem þt donn slippe and slide
Ground of meeknesse & destroyour of pryde

Of Israeles children offadirsfoce
Of Goddes oþ Iuge & hope & trust
Of poore folk and in aduersitee
Refuyt & help, helpe be for so thow must
Of our soules rubbe a þis the rust
Thy grace to receyue make be able
And kiitle in be þt thow art merciable

O loodesterre, of shipwreche seur port
O oonly helthe of our mortalitee
O holy goost, cause of al our confort
Singuler honur of all þt be
Telle vs, to whom recurs haue may we
But vn to thee þt with thin holsum breth
Maist saue vs all fro theternel deeth

O holy goost, lyke it to thy goodnesse
To our axynge meekly condescende
mercy haue on our synne & wikkidnesse
And fro the feendes malice vs deffende
To fadir, sone, and to thee we comende
Our soules, hem to haue in gouernance
O Trinitee haue vs in remembrce

.. Ad ipsam virginem ..

Worsshipful maiden to the world, marie
Modir moost lowynge vn to al man kynde
lady to whom al synful peple crie
In hir distresse, haue vs in thy mynde
Thurgh thy benygne pitee vs vnbynde
Of our giltes, þt in thy sones birthe
To al the world broughtest the ioie & mirthe

To whom shal I truste so fithfully
To whom help in my necessitee
But vn to thee, thou modir of mercy
ffor to the world mercy cam in by thee
Thou baar the lord of mercy, lady free
Who may so lightly mercy purchace
Of god thy sone, as thou modir of grace

Lady right as it is an impossible
That thou sholdest nat haue in remembraunce
Why thou baar god. so it is incredible
To any wight of catholyk creaunce
Thee nat to recke on our sinful greuaunce
ffor thy lady benigne and merciable
Vn to thy sone make vs acceptable

O god that maid art sone vn to woman
ffor mercy / & thou woman which also
By grace art maid modir to god & man
Vouchsaf recke on vs wrecches ful of wo
Thou sparing and thou preynuge, doth so
Or elles wisse vs, whidir for to flee
To hem that been mercyfuller than yee

If it so be / as þat I woot it is
That so grevous is myn iniquitee
And þt I haue wrought so moche annoy
So smal my feith, so slow my charitee
And lord so vnkunnynge is myn to thee
And thy modir, my lewede orisoun
So imparfit my satisfaccioun

Yit nerthir of my giltee indulgence
Ne grace of helthe in no maner wyse
Disseruid haue I for my greet offense.
Lo þt meene I, þt is my coueityse
That mercy as my dissert may nat souffyse
The grace & mercy of yow bothe tweye
Ne faill nat, þt is it, þt I preye

Merciful lord, haue vp on me mercy
And lady thy sone vn to mercy meeue
With herte contryt preye I thee meekly
Lady thy pitee on me wrecche preeue
Bisyly preye, for I fully leeue
For whom thow preyest, god nat list denye
Thyn axynge, blessid maiden marie

Þyn thow modir

Item de sancta virgine

Syn thou modir of grace haust eld in mynde
All tho þt lyp on thee han memorie
Thy remembrance ay orghte ourʒ hertes hynde
Thee for to honic blisful qwkene of glorie
To all cristen folk it is notorie
þt thou art shee in whom þ al man kynde
may truste fully grace and help to fynde

What wight is þt that weyng wissh and wo
Tormented is if he preye vn to thee
Him to delure and to putte him ther-fro
þt thou ne dredest his adversitee
Thurgh preyers of thy blissid charitee
And thogh þt preye may his tonge noght
Thu helpe is he thurgh ey of hertes thoght

The oile of thy mercy floweth euermore
They in noon ebbe hath domination
That licour our wowndes greuous & sore
Serchith and is our ful curacion
That is the way of our saluacion
And syn þt ther of is so grett plentee
And thou so liberall glad may we ben þ wit

As þᵗ the heuene of the eerthe takith
And þᵗ the eerthe by heuenes moistnesse
Doun shed foorth bryngith thy vertu makith
To act tho fil of vertuous richesse
Sterre of the See thou shynynge brightnesse
The derke soule of man makith to shyne
And him preserueth hoolly fro ruyne

Thou cause of al our ioie of lyf the tree
þᵗ fount of helthe baar perpetuel
God in the wombe of our mortalitee
In thy body him lappid euerydel
And his hynesse enclyned boot I tel
In to the valeye of our lownesse
Our firste gilt with his blood to redresse

The Cristes flees of thy wombe virginal
Of which the trone of perpetuel pees
Was maad withouten mannes werk at al
honur and thank be to it endeles
ffor thy sone in his passion dirteles
It in to armure hath for mankynde died
ffor þᵗ him list with vs to been allied

Thou worthy art son to the sonnes light
Be likned / and preferred for to be
The cleernesse of the moone shynyng bright
ffor as an heuenely marken thy bountee
Eternel day hath note the lady free
That dirknesse of our soule away hath chaced
And out of thraldam fredam he purchaced

Thou art shee whiche y[t] strengthest hertes chaaste
With a sad and constaunt perseueraunce
That y[t] be iustly preye is sped in haaste
Which is thy grace & helply purueance
To keepe the fro the feendes destourbance
Thou mennes hertes fryuest with the hete
Of feith and charitee / as clerkes trete

And sooth it is o heuenes Emperice
y[t] thou for be beforn the virgit oisnesse
Of god thy sone / as our mediatrice
Preyest of custmable bisynesse
Lesse thou nat / shyn for our wrecchidnesse
Our Redemptour / thee hath in y[t] office
Ordeyned / for to pourtee the of our loue

Right as among the membres of a man
Oonly his ye is perceptible of light.
In which maneere o thou blessid woman
Among creatures alle haast the mirght
Oonly to shitte in thee as it is right
Theternel glorie of goddes magestee
ffor thy clennesse and thyn humilitee

If þt the feend byhynd of temptacion
Putte in our hertes, or sleetes of prynde
Or othir vicious excitacion
Our soules fro thy sone to dyvyde
Which aduocateice art thou for our syde
That our tempestes may no whyle laste
At thy preyere, al sturmd is as faste

And to weder of grace is torned al
To goddis acceptable is thy preyere
The feendes malice shewe he may but smal
Syn thou with vs art cryistes modir deere
Wel may the feend, abasshit been in his cheere
Thy seruantz þt so often hithe assaillith
And thurgh thyn help, his labour naught availlith

By thee· thy sone grauntith foryeuenesse
To synful men / to laborers reste
To hem pt been in pensifnesse
To sek men· helthe right as hem leste
Of creatures alt· o thou the beste
ffaith among freendes grauntid is by thee
And betwix foos pees and tranquillitee

To hem pt in disese and aduersitee be
Grauntid is also consolacioun
In thynges pt been dotous / certaintee
Solace and ioie in tribulacioun
In exyl reconsiliacioun
In passhynge / siker hauene & port
Thus artow euery wihgtes al our confort

Syn which power to thee comittid is
pt sule of man is / as thee list it haue
Amende at our axynge / that is mis
Of duetee we ochle it axe and craue
In thee next god is al pt us may saue
Thou as thee list / his herte mayst enclyne
And he consentith wel pt thou it myne

Thy sone hath boght our soules at swich pryse
yt deyyer mighte no thyng han be boght
And he a chapman is nat so enquis
Thogh yt we synful been in deede & thoght
Our soules lightly leese he thoghte it noght
he mercy herneth neuere at thyn instance
For Chist be thee preyse of contunuance

Our Redempto by thee madir of grace
Grauntith honour ioie and eternitee
Let see the mercy of thy sone embrace
Preeue thee swich as thou art wont to be
And thanne of grace sent ynow been we
For eue or this hath been thy bisynesse
To purchace of our gilt foryeuenesse

And now to styute of yt helply custume
yt ern to man kynde is so profitable
No wight on him can taken or presume
Thy kynde is nat for to be chaungeable
But in vertu to be constant and stable
And so thou art lady withouten faille
Be doute it naught no do foorth thy trauaille

Lady, in whom al vertu hath his reste
Modir of mercy, modir of pitee
Of al bountee, thou sovereyn refut & cheste
Deffende us fro the feendes sotiltee
That us nat greeue his greet iniquitee
Thy tendre loue, ley on vs wrecches mercie
That been the sones exyled of Eue

In to thy blissid sone, vs reconsyle
ffor to thy ende, and son to thy entente
He thus bel boost, in to this wrecchid yle
ffor our behoue, his lady him doun sente
In mannes loue, hou feruently he brente
his passion, witnesse bere may
Remembre on thy, and preye for vs ay

Ite de ... virgie

Who so desyrith to gete and conqueue
The blisse of heuene, needful is a guyde
In to conduc, & for to brynge him there
And so good knowe I noon for mannes syde
As the roote of humblesse, also to gyde
That lady, of whos tetes virginal
Sook our Redempcioun, the maker of al

Ce feust fce a
lnstance de t
marleburgh

Bytwixt god and man / is shee mediatrice
For our offenses mercy to purchace
Shee is our seur sheeld ageyn the malice
Of the feend / þᵗ our soules wolde embrace
And carie hem doun to þᵗ horrible place
Ther as eternel peyne is and torment
More than may be spoke of / thought or ment

Lo þis / þis þᵗ lady noble and glorious
To al man kynde hath so greet cheertee
That in this slipyr lyf and pillous
Staf of confort and help to man is shee
Conuenient is / þᵗ to þᵗ lady free
We do seruice honour ⁊ plesance
And to þᵗ ende shee is a remembrance

Explicit prologue ⁊ incipit fabula

Ther was whilom, as þt seith the scripture
In stature, a riche man and a worthy
That god and holy chirche to honure
And plese, enforced he hym bisily
And on to Cryst(es) modir specially
þe noble lady, þe blissid virgyne
ffor to worsshipe, he did his myght and pyne

It shoop so, þt this man had a yong sone
vn to which he yaf informacion
Euery day to haue in custume and wone
ffor to seye at his excitacion
The angeliske salutacion
I grethee in worsship and honour
Of goddes modir, of vertu the flour

By his fadres will, a monk afterward
In thabbeye of seint Gyle, maad was he
Wher as he in penance, sharp & hard
Observed wel his ordres ductee
Lyuynge in vertuous religioustee
And on a tyme, hym to pleye and solace
His fadir, made hym come hoom to his place

Now was ther at our ladies reuerence
A chapel in it maad and edified
In to which the monk whan conuenience
Of tyme he had acupied & espied
his fadres lore to fulfill hi shed
And .L. sythes with deuout corage
Seide Aue marie as was his vsage

And whan þᵗ he had endid his preyeere
Our lady clothid in a garnement
Sleueleere byfore him he sy appeere
Other of the monkis took good auisament
Meruaillynge him what þᵗ this mighte han ment
And seide o good lady by your leeue
What garnement is this and hath no sleeue

And she answerde & seide this clothynge
Thow hast me youen for thow euery day
.L. sithe Aue maria seyynge
Honured hast me hens foorth I the pray
Vse to treble þᵗ by any way
And to eche .L. Aue ioyne also
A pater noster & thow euenest so

The firste .Pᵉ. Wole I yt seid be
In the memorie of the ioie and honour
That I had, Whan the Aungel grette me
Which was ruȝt a Wondirful comfortour
To me, Whan he seide the Redempcioun
Of al man kynde I receyue sholde
Sweet was my ioie, Whan he so me tolde

Thow shalt eek seyn the seconde .Pᵉ.
In honour and in mynde of the gladnesse
That I had Whan I baar of my body
God and man, Withouten Wo or distresse
The .iij. Pᵉ. in thyn herte impresse
And seye it eek With good devocioun
In the memorie of myn Assumpcioun

Whan yt I Was coroned queene of heuene
In Which my sone regneth and shal ay
Al this Was don, yt I speke of and meene
As the book seith, vp on an halyday
And than seide our lady the glorious amy
The nexte halyday, Wole I resorte
To this place thee to glade and conforte

And ther ꝙ al ffo thens departed shee
The monk in his denocion walkinge
And every day fyue mariasse
Seide after his doctryne & enformynge
And the nexte haliday after suynge
Our lady frosshly arraied and del
To the monk cam beynge in ꝑt thapel

And in to him seide beholde noꝛ
Hoꝛ good clothynes and hoꝛ fressh apparaill
That this Childe to me youen hast thoꝛ
Sleeues to my clothynge noꝛ nat faill .
Thee thanke I and ful wel for thy trauaill
Shalt thoꝛ be qⁱt heer in this lyf present
And in ꝑt othir whan thoꝛ hens art went

Walke noꝛ and go hoom in to thabbeye
Whan thoꝛ comst Abbot shalt thoꝛ chosen be
And the Conent teche thoꝛ for to seye
myⁱ psalter as biforn taught haue I thee
The peple alss thoꝛ shalt in generaltee
The same lessom to myn honur teche
And in hys hurtes wol I been hys leche

Vij. yeer hine, shalt thou, for to do
This chartre, & whan tho yeeres been agoon
Thou passe shalt hene, & me come son to
And of this doute haue thou right noon
By my psalter shal ther be many oon
Saued, and had vp to eternel blisse
Þat if þat neuer sholden ther of misse

Whan shee had seid, that hir lyked hir to seye
Shee vp to heuene ascendid vp and fly
And soone after Abbot of þat Abbeye
He maad was, as þat tolde him our lady
The Couent and the peple deuoutly
This monk enformed, and taughte hir psalteer
Ffor to be seid after þis vij. yeer

Tho yeeres past & his soule was betaught
To god, he heuene had won to his meede
Who serueth our lady & leesith right naught
Shee souffissauth, quyteth euery deede
And now heer after, the better to speede
And in hir grace, cheerly for to stonde
Hir psalteer for to seye, let vs fonde

·· Explicit ··

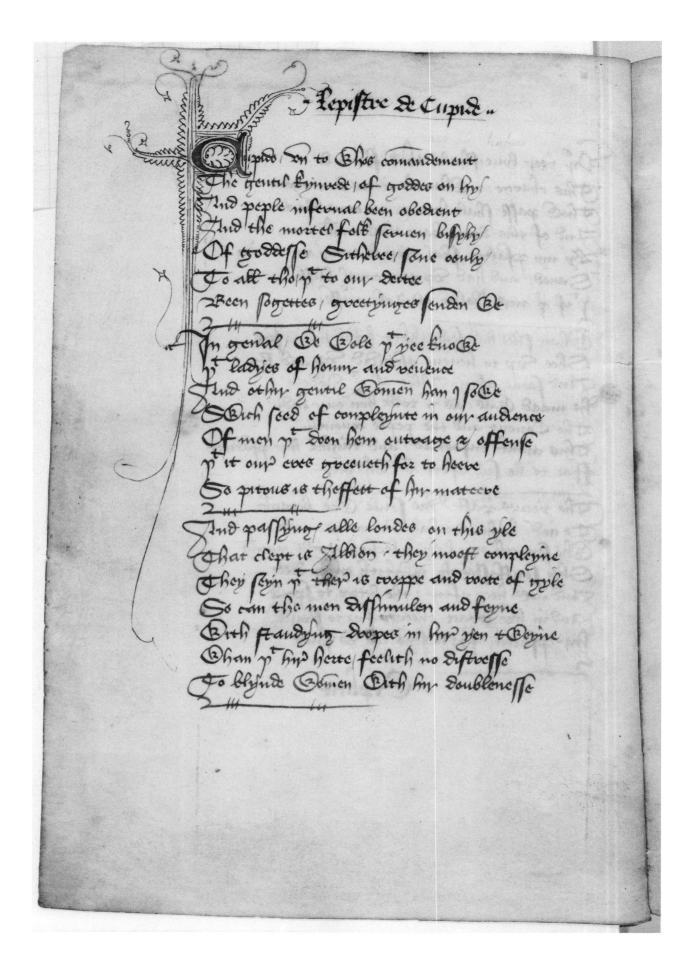

Lepistre de Cupid

Cupido, vn to Whos comandement
The gentil kynrede, of goddes on hys
And peple infernal been obedient
And the mortel folk seruen bifyly
Of goddesse Cithelee, sene oonly
To all tho yⁱ to our deitee
Been soyettes, greetynges senden We

In gendal We Wole yⁱ yee knowe
Yⁱ ladyes of honur and reuerence
And othyr gentil Women han I soWe
With seed of compleynte in our audience
Of men yⁱ doon hem outrage & offense
Yⁱ it our eres greeueth for to heere
So pitous is theffect of hir mateere

And passhyng alle londes on this yle
That clept is Albion · they moost compleyne
They seyn yⁱ they is wrappe and roote of gyle
So can tho men dissimulen and feyne
With standyng droppes in hir yen +Weyne
Whan yⁱ hir herte, feelith no distresse
So blynde Women With hir doublenesse

HM 744 fol. 39ᵛ: art. 7

hir wordes spoken been so sykynygly
And with so pitous cheere and contenance
That every wight þᵗ meeneth trewely
Deemeth þᵗ they in herte han such grevance
They seyn so importable is hir penance
þᵗ but hir lady list to shewe hem grace·
They right anoon moot sterven in the place

A lady myn they seyn I yow ensure
Shewe me grace & I shal cure be
Whiles my lyf may lasten & endure
To yow as humble in euy degree
As possible is and keepe al thyng secree
As þᵗ your seluen lyketh þᵗ I do
And elles moot myn herte breste on two

Ful hard is it to knowe a mannes herte
For outward may no man the trouthe deeme
Whan word out of his mooth may ther neon sterte
But it sholde any wight by reson qweme
So is it seid of herte it wolde seeme
O feithful womman ful of innocence
Thow art betrayed by fals apparence

By processe, women meened of pryce
Deemyng al thyng wey, as of tho men seye
Graunten hem grace of thir benignitee
ffor they nat sholden for hir sake deye
And with good herte sette hem in the weye
Of blissful loue, keepe it if they konne
Thus othir whyle been the women wonne

And whan the man, the pot hath by the stele
And fully of hir hath possessioun
With y't woman he keepith nat to dele
After, if he may fynden in the toun
Any woman, his kkynd affeccion
On to bestowe/ foule moot he preeue
A man for al his oath, is hard to leeue

And for y't euy'y fals man hath a make
He sen to euery wight, is light to knokke
Whan this trartour the womman hath forsake
He faste him speedith. on to his felowe
Til he be ther/ his herte is on a lokke
His fals decett ne may him nat souffyse
But of his treson, tellith al the wyse

Je this a fayr

Is this a fair avaunt is this honour
To man him self to accuse & diffame
So is it good confesse him a traitour
And brynge a woman to a sclaundrous name
And telle hath hei hir body hath doon shame
No worsship may he thus to him conquere
But ful greet repreef vn to him and here

To hire nay yit was it no repreef
For al for pitee was it yt shee wroughte
But he yt wrecched hath al this mescheef
yt spak to fair & falsly in wikd thoughte
his be the shame as it by reson oghte
And vn to hire thank perpetuel
yt in a neede helpe can so wel

Al thogh yt men by sleighte & sotiltee
A cely symple and ignorant woman
Betraye is no wondr syn the Citee
Of Troie as yt the storie telle can
Betrayed was thurgh the deceit of man
And set a fyr & al down ouerthrowe
And finally destroyed as men knowe

Betwen men nat femmes grete and lyttes
That blyth is ye can shape a remedie
Ageynes false z hid purposed thynges
Who can the craft tho castes to espye
But men / thos bel ay redy is tapplie
To thyng yt sowneth in to hir falshede
Wommen be war of mennes sleighte y rede

And ferthermore han the men in vsage
yt they as they nat likly been to spede
Swiche as they been / with a double visage
They pursuwen for to pursue hir nede
He preyeth hym / in his cause procede
And lawrely / hym qwyteth his travaile
Smal often tymes wommen hou men he assaile

To his felawe an othir wrecche seith
Thou fulshift fand / shee yt hath thee fynd
To fals / and inconstant z hath no feith
Shee for the rode of folk is so desyrd
And as an hors / fro day to day is hyred
That whan thou z thynesse from hir compaigne
An othir comth / and blessid is thin ye

Now pryke on faste / vnto thy iowrneye
Whyl thow art ther / shee behynde thy bak
So libalis / shee can no Wyght Wythseye
But yaketh of an othir tyke a shak
For ys the Commen fowen al the pak
Who so hem trustith hangyd moot he be
Thy they desyren chaunge & noueltee

Wher of procedith this / but of enuye
For he him self / heye ne Clymbe may
Repreef of heye he spekith and villenye
Ne mannes labbyng tonge is Wout alway
Thus sundry men ful often make assay
For to destourbe folk in sundry Wyse
For they may nat accheuen hir empryse

Ful many a man eek Welde for no good
yt hath in loue / spent his tyme & Osid
when Ofte / his lady / he wynneth Wthstood
And yt he Weys of his lady refusid
Or Wraft & feyn Weys / al yt he had musid
Wherfore / he can no bettyr remede
But on his lady / shapith him to lie

Euery womman he seith is light to gete
Can noon seyn nay if shee be wel y sought
This so may leiser han with hir to trete
Of his purpos ne shal he faille nought
But on madnesse be so depe brought
That he shende al with open hoorlynesse
That louen wommen nat as that I gesse

To sclaundre wommen thus what may profyte
To gentils namly that hem armen sholde
And in deffense of wommen hem delyte
Lo that the ordre of gentillesse wolde
If that a man list gentil to be holde
Al moot he flee that is to it contrarie
A sclaundryng tonge is thei to aduersarie

A foul vice is of tonge to be light
For who so moche clappith gabbith ofte
The tonge of man so swift is and so wight
That whan it is areisd vp on lofte
Resoun it sueth so slowly and softe
That it him neuere ouertake may
Lord so the men been trusty at assay

Al be it þt men fynde o womman nyce

Inconstant rechelees, or variable

Deynous, or proud fulfillid of malice

Withoute feith or loue, & deceyuable

Sly, queynte & fals, in al vnthrift coupable

Wikkid and feers, & ful of crueltee

It folewith nat, swiche alle wommen be

Whan þt the hye god, angels formed hadde

Among hem alle, wheþir they were noon

þt founden were malicious & badde

Yis, men wel knowen, they were many oon

þt for hir pryde fil from heuene anoon

Shal man therfore alle angels proude name

Nay, he þt that susteneth is to blame

Of xij apostles oon a traitour was

The remanant yit goode were and trewe

Thanne if it happe men fynden par cas

O womman fals, swich is good for teschewe

And deeme nat þt they been alle vntrewe

I see wel mennes oþne falsenesse

hem causith wommen for to truste lesse

Eueⁱy man oughte han þᵗe tendre
on to woman / z deeme hyr honurable
whethir his shap be eithir thikke or sclendre
Or he be badde or good, this is no fable
Euy man woot, þᵗ wit hath resonable
þᵗ of a woman he descendid is
than is it shame speke of hyr amis

A wikkid tree, good fruyt may noon foorth brynge
ffor which the fruyt is, as þᵗ is the tree
take heede of whom thou took thy begynnynge
lat thy modir be muwoun on to thee
honure hyr, if thou wilt honured be
despyse thou nat hyr, in no manere
lest þᵗ ther thurgh thy wikkidnesse appeere

An old prouerbe seidis in englissh
men seyn þᵗ brid or foul is desshoneft
what so it be / and holden ful cherlissh
þᵗ woot is to deffoule his owne nest
men to seye of wommen wel, it is best
And nat for to despise hem ne depraue
If þᵗ hem lift hyr honur keepe and saue

Ladyes ek conpleynen hem on Clerkis
þt they han maad bookes of hir deffame
In whiche they lakken wommenes werkis
And speken of hem / greet repreef and shame
And causelees hem yeue a wikkid name
Thus they despysed been on euy syde
And sclaundred, and belowen on ful wyde

Tho wikkid bookes maken mencioun
Hou they betrayeden in special
Adam, Dauid, Sampson & Salomon
And many oon mo. who may rehercen al
The tresoun / þt they haue doon & shal
Who may hyr his malice comprehende.
Nat the world, clerkes seyn it hath noon ende

Ouyde in his booke called Remedie
Of loue, greet repreef of wommen wrytith
Wheryn I trowe he dide greet folie
And euy wight þt in swich cas delitith
If clerkes custume is whan he endytith
Of wommen be it prose, ryme or verse
Seyn they be wikke, al knowe he the reuers

And þt book scoleris leeue in hir childhiede
ffor they of Women be Gaui sholde in age
And for to loue hem cede been in dede
Syn to deceyue is set al hir corage
    a liue
They seyn, þil to castelis auauntage
Namely riche, as men han in be truppid
ffor many a man, by Women han me happid

⸿ To charge | That is þt the clerkes seyn
Of al hir Wronng bryttyng do We no cure
Al hir labour and trauaille is in Ueyn
ffor bertht do a my lady nature
Shal nat be souffred Whyl the World may dure
Clerkes by hir outrageous tirannye
Thus ley on Women lyfthen hir maistrye

Whilom ful many of þe Weym in our cheyne
Tyd and lo now Whit for unweeldy age
And for unlust may nat to loue atteyne
And seyn þt loue is but Verray dotage
Thus for þt they hem self Sakken corage
They folk everten by hir Wikked Sawes
ffor to rebelle ageyn þe and our lawes

But maugree hem þͭ blamen Wommen most
Which is the force of onys impressioun
þat sodaynly we felle on hir loost
And al hir Grong ymagynacioun
It shal nat been in hyd ellectioun
The foulest slutte, in al a toGh refuse
If þͭ vs list / for al þͭ they can muse

But hir in herte as brennyngly desyre
As though shee Wer a duchesse or a qweene
So tendre mennes hertes sette on fyre
And as vs list / hem sende woe & teene
They that to Wommen been J Whet so keene
Onr sharpe strokes hoG sore they smyte
And feele and knoGe, & hoG they kerue & byte

Pardee thus greet clerk this sotil Ouyde
And many an othir han determyned be
Of Wommen / as it knoGen is ful Gyde
That no men more / & þͭ is greet deyntee
So excellent a clerk / as þͭ Gas he
And othir mo / þͭ koGde so Wel prese
BetraGed Gem / for aught they koGde teche

And trustith well þt it is no mervaylle
ffor wommen knewen pleynly hyr entente
They wiste hou sotilly / they wolde assaille
hem / and what falshode in herte they mente
And tho clerkes / they in hir damage hente
With o venym an other was destroyed
And thus the clerkes often weys anoyed

This ladyes ne gentils natheles
Wenen nat they þt doughten in this wyse
But swiche filthes þt been vertulees
They getten this / thise olde clerkes wyse
To clerkes for thy / lesse may suffyse
Than to depraue wommen generally
ffor honur synke they gete noon therby

If þt tho men þt louen hem ptende
To wommen wenen feithful / goode as trewe
And dredden hem to deceyue and offende
Wommen to loue hem wolde nat eschewe
But euery day hath man an herte newe
It vp on oon abyde can no whyle
What force is it / swich oon for to begyle

a Men deuen eek the Commen vp on honde
þt lightly and withouten any peyne
They donne been, they can no deynst offonde
þt hic disese list to hem compleyne
They been so freel, they mowe hem nat restreyne
But who so lyketh, may hem lightly haue
So been hyr hertes esy, in to graue

To chastise John de meun, as I suppose
Than it was a lewed occupacioun
In makynge of the Romance of the Rose
So many a sly ymagynacioun
And pile, for to rollen vp and down
So long proces, so many a sly cautele
ffor to deceyue a sely Damoisele

That can be seen ne in ourt wit comphende
þt art and peyne and sotiltee may faille
ffor to conqueve and soone make an onde
Whan man a feeble place shal assaute
And soone also to venquisshe a bataille
Of which no wight day make resistence
Ne herte hath noon, to stonden at deffense

Than moot us folken of necessitee
Syn art askith so greet engyn & peyne
A Woman to deceyne / What shee be
Of constance they been nat so barayne
As yt some of tho sotil clerkes feyne
But they been as yt Women oughten be
Sad constaunt / and fulfilled of pitee

Ho so frecndly Was medea to Jason
In the conqueryng of the flees of gold
Ho so falsly quitte he hir affeccion
By whom victorie he gat / as he hath told
Ho so may this man for shame be so bold
To falsen hir / yt from deeth & shame
him kepte / and gat him so greet prys & name

Of Troie also the traitour Eneas
The feithlees man / ho so hath he him forswore
To Dido / yt Queene of Cartage Was
yt him releeued of his greuous sore
What gentillesse mighte shee do more
Than shee Wth herte vnfeyned to hir bidde
And What mescheef to hir of it betidde

In eny legende of martirs may men fynde
Who so þt lykith they in for to rede
That ooth noon ne byheeste may men bynde
Of repreef ne of shame han they no drede
In herte of man conceites þicke arn dede
The soile is naght / they may no truuthe twike
To Comman is hy grie nat vnknowe

Clerkes seyn also they is no malice
Vn to Comaunes gabbid wikkidnesse
O Coman hede shalt thow thy self cheuyce
Syn men of thee so mochil harm witnesse
Yee strahdo foorth / take noon heuynesse
Keepe thyn oone / that men clappe or raake
And some of hem shuln sueure / vndrtake

Malice of Commen that is it to drede
They slee no men / destroien no Citees
They nat oppressen folk / ne ouerlede
Betraye Empyres / Remes ne Duchees
Ne men byreue hir landes ne hy mees
Folk enpoysone / or helkfee sette on fyre
And fals contractee maken for noon hyre

Trust parfyt loue, and enteer charitee
Ffervent Wil, and entalentid corage
To the Wees goode, as it sit Wel to be
han Women ay, of custume & usage
And Wel they can a mannes ire asswage
With softe Wordes discreet & benigne
That they been inward, shec With outward signe

Womannes herte, to no creweltee
Enclyned is, but they been charitable
Pitous, deuout, ful of humilitee
Shamefast, debonays and amiable
Dreedful, and of hir Wordes mesurable
What Woman thise hath nat, p auenture
ffolWyth nothing the Way of hir nature

hen seyn, our firste modir nathelees
hade al man kynde leese his libertee
And nakid it of ioie, douteleees
ffor goddes heeste, disobeied shee
Whan shee presumed, to ete of the tree
Which god forbad, yt shee nat ete of sholde
And nad the feend been no moze she Wolde

Thenkyng ﬆellyng þt the feend enyſo
Had bn to man in herte / for hir helthe
Sente a ſerpent / and made hys to go
To deceyue Eue / and thus was mannes helthe
Tyraﬆ hym by the feend / right in a ﬆelthe
The womman nat knowyng / of the deceit
God woot / ful fer was it from hir conceit

Wherfor we ſeyn / this good womman Eue
Our fadir Adam ne deceyued noght
Ther may no man for a deceit it preeue
Propurly / but if þt thee in hir thoght
Had it compaſſid fuﬆ / or it was wroght
And for Which was nat / hir impreſſion
Then calle it may no deceit by reſon

No wight deceyueth / but he it purpoſe
The feend this deceit caﬆe & nothing ſhee
Than is it wrong for to deme or ſuppoſe
þt ſhee ſholde of þt gilt / the cauſe be
Bytrth the feend / and hir be the maugree
And for excuſid haue hir Innocence
Sauf oonly þt ſhee brak obedience

Touchynge Which · ful feeble men they been
Vnnethes any day it saufly seye
ffro day to day as men moche del seen
But þt the heeste of god they disobeye
And haue in mynde shee we wolde preye
If þt vice be discreet and resonable
Hee wole hir holde the more excusable

And oþer men seyn in mannys stedfastnesse
And womannys of hir corage constable
Who may of Adam bere Swich witnesse
Tellith on this · Was he nat chaungeable
They bothe weuen in a cas semblable
Sauf Althughh the feend deceyued Eue
So dide shee nat Adam · by your leeue

Hit Was þt shrewe happy · to mankynde
The feend deceyued Eue · for al his sleighte
ffor aght he kowde tho in his sleightes Whide
God to descharge man kynde of the Weighte
Of his trespas · cam doun from heuenes heighte
And flessh · and blood he took of a virgyne
And souffred deeth · man to deliure of pyne

And god hy them

And god fro Whom ther may no thyng hid be
If he in womman knowWe had pWich malice
As men of he recorde in generaltee
Of our lady of lyf repavatence
Wolde han be born, but for þt þee of vice
Was voide, and of al vertu Wel he Wiste
Endowed, of hir be born him liste

And kepid vertu hath pWich excellence
þt al to Wryts is mannes facultee
To declare it, þt therfore in suspense
hir due laude put moot needes be
But this Wel Write trewaly, þt shee
Next god the best freend is, þt to man longith
The keye of mercy, by hir girdal hongith

And of mercy hath eny Wight pWich need
þt cesshng it farWel the ioie of man
Of hir pocket, it is to taken heede
Shee mercy may Wole & purchace can
Displese hir nat honureth þt Wommen
And othir Wommen all for hir sake
And but yee do, ham forWe shal abake

Thou precious gemme martyr Margarete
Of thy blood dreddist noon effusion
Thy martirdom ne may thee nat forgete
O constant woman in thy passion
Overcam the feendes temptacion
And many a Cristen conuerted thy doctryne
In to the feith of god holy virgyne

But vndirstandith we comende hir noght
By enchesoun of hir virginitee
Trusith right wel it cam nat in our thoght
For ay the sovereie ageyn chastitee
And eke shal but this leeueth wel yee
Hir louyng herte and constant to hir lay
Dryue out of — remembrance we nat may

In any book also ther can yee fynd
That of the dukes or the deth or hif
Of this speketh or makith any mynde
That comen him forsook for wo or stryf
Ther was ther any right so ententyf
Abouten th as women her noon
Thapostles him forsoken euerichoon

HM 744 fol. 49ᵛ: art. 7

Wommen forsook hym noght, for al the feith
Of holy churche, in Wommen lefte oonly
This is no lees, for thus holy Writ seith
Looke, and yee shuln so fynde it hardely
And therfore it may preeued be ther by
That in Woman regneth al the constannce
And in man is al chaunge & variannce

Loo holdith this for ferme & for no lye
yt this treetis & lust commendicion
Of Wommen is nat told, for flaterie
Ne to cause hem pryde or elacion
But oonly lo, for this entencion
To yeue hem corage of asseurance
In vertu, & hir honur to enhaunce

The more vertu the lesse is the pryde
Vertu so noble is, and worthy in deede
yt vice & shee may nat in feere abyde
Shee puttith vice cleene out of mynde
Shee fleeth from hym, shee leueth hit behynde
O Wommen, yt of vertu art hostesse
Greet is thyn honur & thy worthynesse

Than thus we Oolen conclude and deffyne
We yow comaunde our amystres echoon
yt redy been to our heestes enclyne
yt of tho men contreede our rebel foon
hem do punisshement, and yt anoon
voide hem our court, & banisshe hem for eue
So yt ther yfine, they ne come neue

Fulfilled be it, cessynth al delay
loke ther be noon excusacion
Writen in theix the lusty monthe of may
In our paleys, Other many a mylion
Of louere treede han habitacion
The yeer of grace ioiesul & secounde
m ... and secounde

·· Explicit epta ⁊·
Cupidinis —

·· Ceste balade ensuante feust faite p[ur]
la bin venue du tresnoble roy · H · le · V[t]
H dieu p[ar]donit hors du roialme de
ffrance, cestassauoir sa darrene venue ·

Victorious gentil Prince / our lord Soudeyn
Our lige lord ful dred and douted be
your humble and buxum liges treweþe seyn
Right thus / En to your rial dignitee
Henri the .v. Welcome be yee
Welcome be your famous excellence
Flour of knyghthode & flour of sapience

yee been Welcome heer and ferrent of ffraunce
Our gracious kyng / the ensaumple of honour
Right feithfully / & hertee obeissaunce
Welcome be yee Worthy Conquerour
Which no peril eschuyng ne labour
In armes knyghtly / han yow put in prees
And þoroȝ þko Prince / kyng han vp the pees

your Worthynesse / excedith & surmountith
The prowesse of kynges / & Prynces all
ffame so seith / thus al the World acomitith
That may be seyn / or What may be yow call
Be can for noon dart þt may happe or fall
your Worthy deedes / as be oghte preise
They been so manye / and so mesul peyse

Ignorance is don to be sleich alſo
If we dilate sholde, and drawe a long
Your pryis and thank, we koʊden nat do ſo
To litil ſeyn we sholde, & do youre wrong
That on our billes but wittes along
And syn that they to our intelligence
Souffiſith nat, we keepe moot ſilence

2 //// ////

But souein lord lige, as we ſeide aboue
Welcome be your excellent hyineſſe
With al our ſprites and hertes loue
More welcome than we can expreſſe
Your hyi pſence is tyeſtet & richeſſe
To be ful greet, for why, to be eſhone
Welcome be your peeſeleſ pſone

2 //// ////

Ceſt toɪt

Cy enſuent trois chanuicons, lune con-
pleynante a la daine moitoie, z lautre
la reſponſe dele a celliy qui se compleynt
z la tierce, ſu comendation de ma dame

Wel may I pleyne on yow lady moneye
+ þ in the prison of your sharp scantnesse
Souffren me bathe in Co and heuynesse
And deynen nat of socour me purueye

Whan þ I baar of your prison the keye
Kepte I yow streite.~ nay god to Witnesse
I leet yow out / o noW of your~ noblesse
Beeth bu to me / in your deffaute I deye

Yee faillen al to fer / retorne I preye
Conforteth me ageyn this Cristemesse
Elles I moot in right a feynt gladnesse
Synge of yoW thus / & yoW accuse & seye

Wel may I &c.

Wel may I &c.

Wel may I &c.

La response

Hoccleue, I Wole it to thee knoWen be
I lady moneye / of the World goddesse
þ haue al thyng londr my buxomnesse
Nat sette by thy pleynte vrsshe thee

Whan thy might haddest theW in no cheertee
Whyle I Was in thy Shyp~ sikonesse

Hoccleue &c.

At instance of thyn excessif largesse
Beraw I of my body delauce   ][coverlane

And thyn yt lordes grete oben me
Sholde I me dreede of thy poore symplesse
My golden heed akith for thy ledynesse   ][coverle
So poore wreeche who settith auht by thee

) Cest tout

   o Of my lady wel me reioise I may
hyr golden forheed is ful narw & smal
hyr browes been lyk to dym reed coral
And as the Ieet hyr yhen glistren ay

hyr bolony cheekes been as softe as clay][Of my
With large Iowes and substanciall   ][lady &c

hyr nose a pentice is yt it ne shal
reyne in hyr mowth thorgh shee by vertu lyf

hyr mowth is nothyng staut & lyppes gray
hyr chin vnnethe may be seen at al
hyr comly body shape as a foot bal   ][Of
And shee syngith ful lyk a papeiay

) Cest tout

o Salomon   a After oure song oure myrthe & oure gladnesse]
Extrema   Heer folwith a lessoun of heuynesse]
gaudij luct9
occupat &c

              o Syn alle &c

Hic incipit ars utilissima sciendi mori / Cu dei hoies &c

Syn alle men naturelly desire
To konne so eterne sapience
O vniversel / prince lord and syre
Auctour of nature in thoe excellence
Been hid alle the tresore of science
Maker of al, and þ al seest and knoost
This geve I thee thou lord of myghtes moost

Thy tresor of wisdam, and the konnynge
Of sentees · opne thou to me I preye
That I therof may have a knowlechynge
Enforme eek me, & sey to me by weye
Syn thou of al science kepst the keye
Sotile materes profounde & quiete
Of which I fervently desye trete

O sone myn savoure nat to hie   Sapia
But drede hevene · & I shal teche thee
Thynge þ shal to thy soule fructifie
A chosen yifte shalt thou have of me
My lore · eternel lyf shal to thee be
The dreed of god, which the begynnyng is
Of wisdam, shalt thou leere · & it is this asncm sapie &c.

Now lerne a doctrine substancial
ffirst hou lerne die / telle wole y
The second hou þt a man lyue shal
The .iij. hou a man sacramentally
Receyue me shal wel and worthily
The .iiij. hou þt an herte clene and pure
That a man loue me shal & honure

Discipulus

Tho thynges .iij. good lord haue I euere
Desired for to knowe / & hem to leere
In to myn herte / ther is nothyng leuere
A bettre thyng can I nat wisshen heere
But tellith me this / this fyrm wolde I heere
What may profite the lore of dyynge
Syn deeth noon happynes is / but a peynynge

Sapia

ffor thee man reueth of lyf the sketnesse
Sone / the art to lerne for to die
Is to the soule an excellent sketnesse
To which I rede / thou thyn herte applie
Ther is noon aart þt man can specifie
So profitable / ne worthy to be
Preferred abouee all / as þt is thee

To bite and knokke þᵗ man is mortel
It is comune don to folkes all
þᵗ man shul nat lyue ay heer / but he shal
No trust at al / man in his herte falle
That he eschape or flee may dethes galle
But seke þᵗ can die / shalt thow seen
It is the yifte of god best þᵗ may been

To lerne for to die / is to haue ay
Bothe herte and soule / redy hene to go
þᵗ whan deeth cometh for to cacche his pray
man rype be / the lyf to whynne fro
And hym to take and receyue also
As he þᵗ the comyng of his felawe
Desyreth / and therof is glad & fawe

But more harm is ful many oon shalt thow fynde
þᵗ agayn deth maken no puruceance
Hem lothen / deth for to haue in hys mynde
That thoght / they holden thoght of encombraunce
Worldly swetnesse / sleeth swich remembraunce
And syn to die / nat lerned han they
ffro the world whynne they wold in no wey

They mochel of hir tyme han despendid
In synne / and for thy / whan vengeable deeth
Up on hem fallith / and they nat amendid
And shal foorn hem byreue mynd & breeth
Ffor thee enweedy fynt hem / whan shee sleeth
To helle goon the soules miserable
Ther to dwell in peyne perdurable

Deeth wolde han ofte a brydil put on thee
And thee with him led away she wolde
Nad the hand of goddes mercy be
Thow art right mochel on to thy lord holde
That for thow wrapped weer in synnes olde
He spared thee / thy synnes nowgh forsake
And on to my doctryne thow thee take

More to thee proffyte shal my lore
Than chosen gold or the bookes echone
Of philosophres / & for that the more
Feruently sholde strive thy persone
Vndir sensible ensample thee to one
To god / & thee the bettre for to theke
The mystery of my lore / I shal thee sheke

I loote on euery syde bisyly

But help is noon / help ne confort been dede

A vois horrible of deeth so thynge heere y

þ seith me thus / which entreth my swede

Thou die shalt / yefm noon ne thynked

ffrendshipe / gold / ne noon othir richesse

may thee deliure out of dethes distresse

Thyn eende is come / comen is thyn eende

It is decreed / ther is no resistence

Lord god shal I noow die / as mennes keende

Whethir nat chaunged may be this sentence

O lord / may it nat be put in suspense

Shal I out of the world so soone go

Allas / wole it noon othir be than so

O deeth / o deeth / swete is thy cruueltee

Thyn office al to sodeinly doost thou

Is ther no grace / lakkist thou pitee

Spare my youthe / of age vise me now

To die am I nat rype / spare me now

how cruel þt thou art / on me nat thinke

Take me nat / out of the world so swythe

w   Whan the disciple this compleynte had herd
he thoghte al yt he spak nas but folie
And in this wyse hath son to him answerd
Thy wordes freend / withouten any lie
yt thow hast but smal lerned testifie
Euene to all is dethes iugement
Thrugh out the world / strecchith hir pauement

Deeth fauorable is to maner wight
To alle hir self shee delith equally
Shee dreedith hem nat yt been of greeth might
Ne of the olde and yonge hath no mercy
The riche and poore folk eek certeynly
Shee sesith / shee sparith right noon estaat
Al yt lyf berith / with hir chek is maat

Ful many a wight in youthe takith shee
And many oon als in middel age
And some nat til they right olde be
Wendist thow han been / at swich avantage
yt shee nat durste han paied thee thy wage
But conly han thee spared & forborn
And the prophetes deid han heer beforn.

Beholde in mynd the liknesse and figure
Of a man dyinge, and talkyng to thee
The disciple of yᵗ speche took good cure
And in his conceit bisyly soghte he
And ther with al, considere he gan & see
In him self put the figure and liknesse
Of a yong man of excellent fayrnesse

Whom deeth so my vansakid hadde & soght
That he withynne a whyle sholde die
And for his soules helthe hid he right nought
Disposid, al sodeynly hens to flie
Was he / & therfore he bygan to crie
With lamentable wois in this maneere
That sorwe and pitee juste / was it to heere

Envyrond han me dethes dolymentynges
Sorwes of hell han compased me
Allas eterne god, o kyng of kynges
Why to was I born, in this werld to be
O allas why in my natiuitee
Nad I passid, o the bygynnynge
Of my lyf was wo sorwe and wepynge

Circumdederunt
me gemitus mortis

And now myn ende cometh, hens moot I go
ffor be Dauntynge is greet heuynesse
O deeth, thy mynde is ful of bittyr ko
On to an herte, done vn to gladnesse
And norysshid in delicat swetenesse
Horrible is thy presence & ful greuable
To him that yong is strong & pssable

Litil Gende I so soone to him deid
O cruel deeth, thy comynge is sodeyn
fful vnwaar. Gas I of thy theeffy breid
Thow haast as in acaust sey on me leyn
Thyn hony. Gas vn to me ful vncerteyn
Thow haast sey on me stolen and me bo schide
Eschape I may nat now my mortel ko schide

Thow me that thee travest in yven cheynes
As a man dampned thow is to be travde
To his torment, outragcous been my peynes
O now for sorwe and fere of thee quake
With handes vplift I crie that wolde fayn
Vnte the place whidir for to flee
But sith oon frende can I noon ne see

HM 744 fol. 56V: art. 11

Or as an arwe shot out of a bowe
& rymeth the eyr which foorth it glydith
Agayn is closed / þt man may nat knowe
Wher þt it paste / no wight the wey sy
Right so / syn þt I born was / seyve haue y
Noon vertues / disposid for to be
And tokne of vertu / she did noon in me

I am consumed in myn feeblenesse
Myn hope is as it were a belle loke
With the wynd blowe away for his lightnesse
Or smal foom þt disparpled is and broke
With tempest / or as with wynd wastith smoke
Or as mynde of an hoost / þt but a day
Abit / and aftir / passith foorth his way

ffor why myn speeche is nok in bittirnesse
And my wordes been ful of sorwe and wo
Myn herte is plonged deep in hevynesse
Myn yen been al dymme / & dirke also
Tho may me trauaile / þt I may be so
As I was / whan I beautee hadde & strengthe
And had beforn me / many a yeeres lengthe

In which / the harm mighte han seen beforn
yt now is on me falle, I haf no charge
Of the good precious tyme / I haue it lorn
But as the Worldly Wynd bleew in my barge
fforth droof I ther with and leet goon at large
Al loose / the bridl of concupiscence
And ageyn vertu made I resistence

My dayes I despente in vanitee
Noon heede I took of hem / but leet hem passe
Nothyng considerynge hir preioustee
But heeld myself free born / as a Wylde asse
Of the afterclap / insighte had no man lasse
I euer thynd was / I nat shne dredde
With what Go deeth wolde haaste me to bedde

And now as fisshes been wt hookes cachte
And as yt briddes been take in a snare
Deeth hath me hent / escchape may I naghte
This woncklay woful hour me makith bare
Of my customed ioie and my Welfare
The tyme is past / the tyme is goon for ay
No man revoke / or calle ageyn it may

Than spak thymage answerynge in this wyse
Soothly thow art an heny confortour
Thow vndirstandist me nat as the wyse
They pt contened hym in hys errour
Lynynge in synne / on to hir dethes hour
Worthy be dampned for pt they han wrought
And how my deeth is / they ne dreede nought .

Tho men ful blynde been & bestial
Of pt shal folk aftir this hyf present
ffor sighte / whiche folk han noon at al
Nat be dritt dethes iugement
But this is al the cause of my torment
The harm of vndisposid deeth / I weepe
I am nat redy / in the ground to creepe

I weepe nat pt I shal hennes twynne
But of my dayes I the harm bewille
ffruytlees past / saue of bittir fruyt of synne
I wroghte in hem nothyng pt mighte auaille
To soules helthe / I dide no trauaille
To lyue wel / but leued to the staf
Of worldly luftes / to hem I me gaf

The kay of trouthe I lefte / & drogh to wrong
On me nat shoon the light of rightwisnesse
The sonne of intellect nat in me sprong
Certys am I of my wrought wikkidnesse
I walkid haue weyes of hardnesse
And of perdicion nat looth I knokke
The way of god wikkid seed haue I sokke

Allas what hath pryde profyted me
Or what am I bet for richesse hepynge
Alle they as a shadowe passid be
And as a messanger faste rennynge
And also as a ship þat is saylynge
In the wawes and floodes of the See
Whos keuf nat foande is whan passid is shee

Or as a brid which in the air þat fleeth
To whos foande is / of the cours of his flight
No man espie can it ne it seeth
Sauf with his wynges, the wynd softe & light
He betith / and kuttith ther with the myght
Of which stirynge / & foorth he fleeth his way
And token / aftir þt / no man see ther may

So short was nat þͭ tyme þͭ is goon

But I of goostly lucres and wynnynges

Myghte haue in it purchaced many oon

Excedyng in value / all eerthely thynges

Incomparablely / but to his wynges

The tyme hath take him / and no purueance

Ther in made I / my soule to auance

Allas I wrytif for angwissh and for we

My teeres trikelen by my cheekes doun

So salt watir me nedith beggre or borwe

vpon yen flowen nok in greet fosshun

Allas this is a sharp conclusioun

Thogh I the tyme past compleyne & mowrne

ffor al my care / woole it nat retowrne

O my lord god / how lasch and neglizent

haue I been / why haue I put in delay

And taryynge myn amendement

Ofter to haue I dissimuled / weleaway

Allas so many a fair and gracious day

haue I lost / and be fro me woon & ronne

That myghte in hem my soules helthe han wonne

myn hertes careful lamentacione
Who can hem telle, or who can hem expresse
Now fallen on me accusacione
Considryng thikke of my wroght wikkidnesse
In fleisshly lust and ydil bisynesse
I leet my dayes dryue foorth and slippe
And nat was consigned to penaunces chirpe

Why sette I so myn herte in vanitee
O why ne had I lerned for to die
Why was I nat ferd of goddes maugree
What eiled me to bathe in swich folie
Why nadde reson goten the maistrie
Of me Why for my spirit was rebel
And list nat vndirstande to do wel

O all yee that heep been present
yee that floure in youthes lusty grennesse
And seen how deeth his bowe hath for me bent
And tyme couenable him to redresse
yt your vnwily youthes wantonnesse
Offendid hath & considreth my miserie
The stormy sesoun folkith dayes merie

Let me be your ensaumple and your mirour
Left yee slippe in to my plyht miserable
With god despende of your dayes the flour
If yee me folwe I in to ful semblable
yee entre shuln to god yee yow enable
In holy werkes your tyme occupie
And whil tyme is your vices mortifie

Allas o youthe how art thow fro me slipt
O god eterne I son to thee compleyne
The wrecchidnesse in which þt I am clipt
loft is my youthe I smerte in euys peyne
The gilt that wroght hath my sinful careyne
O youthe thy fresshnesse and iolitee
hauith thy sothes to be told to thee

No luft had I to don as I was taght
Thereof had I ful greet dedeyn and holy
whan men conseillid weel I herde it naght
Natt so moche as by an old boote or roky
Sette I therby in to myn hertes loky
Entre mighte noon hoolsum disciplyne
No will had I to good conseil enclyne

HM 744 fol. 60ʳ: art. 11

Lord god now in a deep dych am I fall
In to the shave of deeth entred am y[t]
Yet had it been, than it had thus befall
I nadde ben born of my modres body
But there in han pisshed vttwh
ffor I dispente in pryde and in bobance
The tyme lent to me to do penance

To which answerde the disciple tho
To we die all, and as Erthe be shyde
In to the eerthe, which yt neuemo
Retorne shal, but on a siker shyde
We stonden all, for god nat wole hyde
his mercy fro man, who so lift it craue
Be repentaunt and mercys grace haue

God haastith nat the gilt of man to wreke
But curteisly abydith repentaunce
Leeve me now, that I shal seye and speke
ffor if thou haast offendid do penaunce

Torne in to god, with hertes obeyfaunce
Axe him mercy which is al meritable
And saued shalt thou been this is no fable

Ymage of deeth

Thymage of deeth answerde anon to that
Tho & spekist thow man shal I me repente
Shal I me torne / o man ne seest thow nat
Ne takist thow noon heede ne entente
Of dethes aungwisshes / that me tormente
And oppressen so greuously and sharpe
That I not what to do / or thynke / or carpe

As a partrich / that what the hauk is hent
And streyned with his clees / so is agast
That his lyf ny / from him is goon and went

Right so my wit is cleene fro me past
And in my mynde is ther no thought ne cast
Othir than serche a way / how deeth eschape
But I in veyn / ther aftir looke and gape

What bote it be / for deeth me doun oppressith
The thynkynge of my lyf ful bittir is
that hurtith me greuously and distressith
Ful holsum had it been to me or this
Penance han doon / for that I wroghte amis
Whyles my tyme was in his ripnesse
ffor that had been the way of sikirnesse

But he p[a]t late to penance him takith
Whethir he verraily or feynyngly
Repente he not Quondam it him makith
So is me p[a]t my lyf so synfully
I ledde and to corecte it lacchid y
Wherin my soules helthe haue I Reueried
That for it haue no better purueied

Allas to longe hath been the taryynge
And the delay of my correccion
A good purpos Withoute begynnynge
Good Wil withouten operacion
Good promesse / and non execucion
fforth doyne amendes / fro morwe to morwe
And neide doon · p[a]t causith now my sorwe

O morwe / morwe / thow hast me bygilt
O Whethir this miserie not excede
All Erthly Wrecchidnesse · allas my gilt
Wel Worthy is it p[a]t myn herte bleede
And Cristi aungellis and Wo him foster & feede
See how my dayes / my awn slipt me fro
· xxx · yeer of myn age away been go

ffal Ouerthidly god woot, haue I hem lost
And al myn owne self is it to wyte
So good a piler, was I neue or post
Vn to my soule, as o day me delyte
In vertu / or aght wel to god me q wyte
No yt I myghte haue doon or oghte
By aght I woot / I neue aftir yt soghte

lord god how shamefully stande I shal
At the doom / beforn thee and sentes all
Ohey I shal arted be / to rekne of al
yt I doon haue and left / whom shal I call
To helpe me / o how shal it befalle
My torment and my wo me haaste & hie
hens for to twynne / as thine shal I die

O now this day more ioie and gladnesse
I wolde haue of a litil orisoun
By me seid / with hertes deuout sadnesse
He the angelyk salutacioun.
Thanne I wolde haue of many a million
Of gold and siluer / foule haue I me born
And folyly / yt sy nat thus beforn

Whan I mighte haue it seen, & than wolde I noght
Ho? manye houres haue I lost, þt nowe
Retorne shuln, he? mochel haue I wroght
Ageyn my self / my lust was to prceue
In vicious lyffe / & from it nat disseue
I lefte þt good that & necessarie
on to my soule / and dide the contrarie

There than was neede or expedient
on to the help of many an othir wyght
Entended I / I was ful impudent
I took noon heede to my self aright
My soule affyr? sette I nat but light
Whan tyme was / fynde colde I no tyme
me to corette of myn offense & cryme

But now feele I / þt on to the grettnesse
Of merites celestial / had been bet
my wittes han kept & soules clennesse
Than I þt lefte: O herte corrupt? see?
And ageyn deedes vertuous I thet
Helpe me mighte any mannes prayeere
Thogh xxxti yeer he preyd had for me heere

O herkneth now / herkneth now all yee
yt heere been / and seen my wrecchidnesse
The tyme is yt yee seen / now faillith me
My freendes preide I yt they sum almesse
Of thabundance of hir goostly richesse
And erþes goode / woldeñ to me dele
In my greet neede for my soules hele

And eek in releef and amendement
Of my giltes / but this answer was nay
They seiden, ther to yeuen oure assent
Wole we nat in no manere of wys
Lest it be and yow nat sauffyse may
On euy part / thus am I destitut
Fynde can I no socour ne refut

O god benigne, o fadyr merciable
Beholde and reewe þy on thy pacient
To me thyn hand werk be thow secourable
That I greetly haue cured / & mis went
The weel remembrith this tyme present
Allas / why stood I in myn owne light
So foule, o lord, now me helpe of thy might

The k grete richessee spirituel
And heuenely tresore / had I been wys:
hugse I him gadrid, and nat dide a del
O good lord god / o lord of paradis
Ful leef to me nere ther / z of greet prys
Of satisffaccion / the leefte deed
Right deuoute thie / ther it in this neede

O nok the leefte crômes pt ther falle
ffro the lordes bordes z tables doun
Refresshe Wolden me right ther z al
But noon frinde I of such condicioun
pt yeue me Wole any porcioun
I haue espyd the freend shipe is ful streit
Of this World / it is myð of deceit

Bethe eek on me yee all / p pitee haue
And Whiles your force and vigo may laste
And han eek trine / or yee be my yo graue
In to bernes of heuene gadereth faste
Tresor celestial / pt atte lifte
yee may receyue Whan pt yee shuln Clynne
ffrom hens the blisse / pt shal neuer blynne

And beeth nat voide of vertu ne empty
Than þᵗ the deeth an othir day to fak
Approche shal / ac yee may see þᵗ yi
An voide of deedes vertuous right nak
Ascendyd the disciple I see wel ynak
Thy torment and thy grevous passion
Of which myn herte hath greet compassion

Dyscyple

And by almighty god I thee coniure
Þᵗ thow me yeue reed, howk me to gye
lest þᵗ I heer-after par auenture
In to thik peril haaste may c' hie
Of vndispossd sodein deeth / and dye
The wo / which I considere þᵗ thee deryth
Thurstmyth, myn herte sore agryysed wexth

Than spak thymmage the best puceance
And wit is ham verray contricioun
In streunthe z hele of the mis voidance
Of thys hrf / and pleyer confessioun
Make of thy gilt / and satiffaccioun
And assceth do / and att wices leue
That heuenes blysse mighter thee byreue

thymmage

And so with al thyn herte / is it the beste
kepe thee foorth / as þt thoů this day vittist
Or to morwe / or this wike / at the fertheste
Tho best departe fro this worldes light
And ther withal / enforce thoů thy might
As I shal seyn / in thyn herte to thynke
And thoů shalt it nat recche ne forthynke

Caste in thyn herte / as now thy soule were
In purgatorie / and hadde pyned be
·V· yeer in a sommers brennynge there
And this oonly yeer god graunted thee
For thyn help / so beholde often and see
Thyi soule in the flaumbes of fir brennynge
With a worchid vois / thus to thee cryynge

O amor omj
dulcissime filj
&c

Of all freendes / thoů the derworthiste
Do to thy worchid soule help and socour
Þis al desolat / purchace it reste
See hoů I brenne / o recche on my langour
Be for me so freendly / a purueiour
That in this hoot prison / of no lengere
Tormentid be / lat it nat thus me dere

HM 744 fol. 64ᵛ: art. 11

The worldes favour cleene is fro me went
fforsake am I frendsshipe I can noon fynde
Ther is no wight up to the mangent
puttith his helpy hand / slipt out of mynde
I am in peynes sharpe I galld and chynde
And of my wo, ther is no wight p recchith
What knowe I frendshipe / or to whom it strecchith

Men seeken thynges / pt to hem self longe
And leuen me in the flumbes dengeable
O good freend, lat me nat thus pyne longe
To which the disciple / pt cheep stable   — disciple
Gyde / thy lore ney profitable
Who so it hadde by experience
Fle thow haast / ther to yeue I my credence

But though thy wordes sharpe & strught seeme
To many a man / auaile they but lyte
They leeke a puaut / and list take no yeeme
Vn to the ende which myghte hem profyte
yen they haam / ys seen nat worth a myte
Eres alß / and may nat with hem heere
They weene longe for to liuen heere

And for they vndisposid deeth nat dreede

Ffor: firste at asshan — tho wrecches vight noon
Of the harm þ ther of moot folwe neede
They deemen stande as siker as a stoon
But wel I se by thees so moot I gon
They shul han cause it for to dreede and doute
Or þt hir lyues light be fully oute

Than dethes message comth sharp seeknesse
Aweende and felawes hem haaste & hie
The seek man to conforte in his feeblesse
And al thyng þt need is they apparaile
They seyn, thogh thee seek in thy bed no lie
Be nat agast, no dethes euel haast thee
Ffor this thee shalt eschape wel ynow

This bodyes freendes been maad enemyes
To the soule for whil seeknesse greeueth
The man continuelly, yit so liketh
Is he, þt his enformour he wel leeueth
He hopith to been hool and he mescheueth
Ther as he wende han recoured be
Vndisposid to die, sterueth he

HM 744 fol. 65ᵛ: art. 11

Right so thin herknere and thin Audience
Tho þt greet trust haan in mannes prudence
That list his peynes pitte or his labour
To execute thin holsum sentence
Thou mughtest as weel keepe thy silence
They by thy wordes yeuen nat a leek
To which thymage thus answerde & speek   xviijo

ffor thy whan they in deſtice net been hent
whan ſodeyn wrecchidneſſe hem ſhal aſſaile
whan deeth as tempeſt ſharp & violent
With woful trouble hem ſhal were & trauaile
They ſhuln crie aftir help and they of faile
ffor they in hate ſapience hadde
And deſpiſed my reed and heeld it badde

And right as now they been but feble founde
þt of my wordes compunct wole hir lyf
Correcte ne amende in no ſtounde
That may to hem auaille my mouþ
But they hir ſynnes ſen ay foorth ryf
And haan no luſt fro ſynnes he with drawe
No more than they neuer had herd my ſawe.

Right so for the malice of tyme and lak
Of goostly loue and for thiniquitee
Of the worlde / vertu is so dynne a bak
yt feble to the deeth disposid be
So weel / yt list this worldes vanitee
leue / and for desir of lif yt shal euere
Endure / coueiten hens to dissende

But whan deeth on hem stelith wt his darte
They dreedy / wolwed in conscience
That oonly moon hens, whan they hens departe
But they wt a maner of violence
Been hent away / so yt ful greet prudence
They wolde han holde it / han deid as a man
And not as a beest / yt no reson can

If of this comun peril / thenchesoun
Thee list to knowe / I wole it not expresse
The desir of honours out of reson
The body bathynge in worldly sekernesse
Erthely loue / and to greet gredynesse
In mukk heppinge blynden many an herte
And causen folk in to this pile sterte

If thou desire the pyle to flee
Of vndispposid deeth / my consail heere
The heuy plyt in which thou seeft now me
Auyse ofte in thy mynde / and by me leere
ffor to be wary / if thou in this maneere
Wilt do / it shal be thy greet auauntage
Thus ese thee at thy laste passage

It shal don to thee profyte in that hour
That only die shal it not the gaste
But deeth eek as ende of worldly labour
And begynnynge of blisse ay that shal laste
Abyde thou shalt / and desire faste
With al thyn herte / it to take & receyue
And al worldly lust / leye a part & weyue

Euery day haue of me deep remembrice
In to thyn herte let my wordes synke
The sorwe and angwissh / and greuous penance
Which thou hast seen in me / considere & thynke
That of pil / thou art ful ny the brynke
Remembre on my doom / for swich shal thyn be
Thyn yisterday / and this day don to thee

Loke þou on me and thynke on þis nyght ay
Whiles þiow lyuest oþer good & blessed
Art þiou doomes whiche þt alday
This alle how haddist in thyn herte impressid
That man as in sely but is witnessed
Which whan god cometh & knokkith atte yate
Bakward him þat he blessed is algate

Blessed is he þt thanne forbiden is
Redy to passe for he blisfully
Departe shall and truste right þeel this
Though deeth assault and sere greuously
The good hirer or flee him sodeinly
And so he die he geeth in to þt place
Wher is comfort is refresshinge and grace

He shall be purged cleene & purified
And disposid the glorie of god to see
Aungels shuln keepe him & he shall be cryed
And led bi citeins of the hy contree
And of the court of heuene so taken be
And of his spirit shall been the isshinge
In to eternel blisse the entringe

But allas whyþ shal my wrecchid goost
This myghte become / whider shal it go
What herberwgh shal it haue / or in What coost
Shal it arryue / who shall resceyue it tho
O what freendshipe shal it haue tho
O sule abiect / desolat and forsake
Greet cause haast thow for fere þ Þo to quake

Wherfore I hauyng of my self pitee
Amonges heuy Wordes I out shede
Teeres in greet habundance & plentee
But nat auaillith me it is no drede
hens foorth Weepe and compleyne & crie & grede
For in no Wise / chaunged it be may
Al man kynde so stoppid hath my Way

In fidles in tWayt as a leoun
he hath leyn / and my soule led hath he
In to the pit of deeth al deepe adoun
O my lord god / this sharp aduersitee
To streite of speeche now compellith me
I may no more hens foorth speke & beWail
my tonge and eek my Wit so now me fail

Ther is noon othir / I see eek ynow
The tyme is come / as thynne I shall be deed
See how my face wexith pale now
And dym my look and as heuy as leed
myn yen stynke eek depe in to myn heed
And torne vp so doun / and myn hendes two
Bejen al stif / and stirk þ myn not do

···hir me mise
vn punitive
mort amar.
me ewaildit ie

Prikkynges of deeth me wreeche conpace
Statemeel wexith my woo & elles naught
Mortel pressures sharply me manace
my breeth begynneth faill / and eek the draught
Of it fro fer is set and depe kaught
& no lenger I now see this worldes light
myn yen lost han hir office & might

But now I see þt myn yen mortal
The stat al of an othir world rthan this
I am my goon / as faste passe I shal
O my lord god / a gastful sighte it is
Now of confort / haue I greet lakk & mis
Horrible freendes and inuincible
RCrysten on my soule inpassible

14 Hinzad ·····

The blake faced

DURHAM UNIVERSITY LIBRARY
MS COSIN V. III. 9
front pastedown; folios 1^r, 2^r, 3^r–95^v

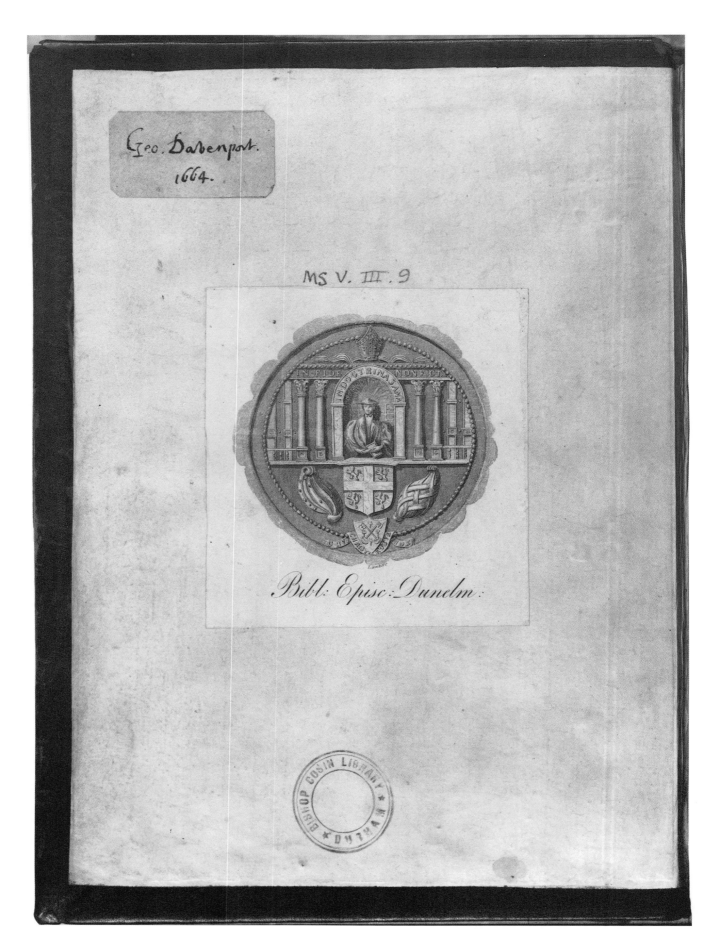

Durham pastedown

Liber Bibliothecæ Episcopalis Dunelm
III .9

The Works of Thomas Hoccleve.

Thomas Ocaleffus vel Ocleuus vel Hocleffus claruit in Angliâ
parentibus natus, Galfredi Chauceri aliquando discipulus, & in studijs
imitator non indiligens. Poësim impensè coluit, & in elegantia ser=
monis Anglicani perpolienda non exiguam adhibuit diligentiam,
nec parum contulit ornatus. Versu multa lepidè salseq̃ scripsit.
oratione solutâ partim Anglice, partim Latinè, non pauca tersè, ni=
tidè, elimate exaravit. Thomas Walsinghamus in suâ Chro=
nocii eum non obscurè hæresis taxat. Justène an injustè nescio.
Aliorum sit judicium. Quia mihi nihil tale constat, hanc illi notam,
propter unius dunum testimonium, non impingam, nec eum suâ
debitâ laude privando, ex orthodoxorum albo expungam. Nam
propter opera quæ edidit memoriam apud posteros meretur.
Scripsit ergo majore parte Anglice

De Cælesti Jerusalem l. 1.	Tres alias libri partes nunc.
Planctum proprium l. 1.	After that harvest.
De quodam Jonathâ l. 1.	This book is have ended.
De Regimine Principis l. 1.	
Dialogum ad Amicum l. 1.	Finiens luctum hoc modo.
De quâdam Imperatrice l. 1.	In Gestis Romanorum scribitur.
De arte moriendi l. 1.	Quoniam omnes naturâ desiderant.

Et alia multa. Claruit anno partus virginei 1410. Dum habenas
Anglicani Regni tractaret Henricus quartus.

Thomas hoccleue's Complaint

A

fter that heruest ynned had his sheues
and that the browne season of mychelmesse
was come, and gan the trees rootes of ther leues
and them in to coloure, of yelownesse
had dyen and donne throwne vndar foote
that chaunge sanck, into myne herte roote.

W Browne

for fresshely brought, to my remembraunce
that stablenes in this worlde is there none
ther is no thinge, but chaunge and variaunce
how welthye a man be, or well be gone
endure it shall not, he shall it for gone
deathe vndar fote, shall him thristadowne
that is every wicte's conclusion.

·5·
a·

whiche ... to greyne, is in no man's myght
how riche he be, stronge lusty fresshe and gay
and in the ende, of nouembar vpon a nyght
seghenge soro, as I in my bed lay
for this and othar thoroghts, whiche many a day
before I tode, slepe cam none in myne eye.
so vexyd me the thoughtfull maladye.

I see well sithen I with sicknes' last
was scourged, clowdy hath bene the fauoure
that shone me full bright in tymes past
the sonne abated and the darke shoure
hilded downe right on me and in langoure
he made me swyme, so that my wite
to lyue, no lust held ne delyte.

The greffe aboute my harte so swall
and bolned euar, to and so so sore
that nedes oute I must there with all
I thought I wolde it hepe close no more
ne lett it in me, for to olde and hore
and for to preue I stand of a woman
I thrist oute on the morowe, and thus began.

here endethe my prologe and folowethe my complaynt.

A ll myghty god, as kepethe his goodnes
  vppethe folke alday, as men may se
  with losse of good, and bodily sikkenesse
and amonge othar, he forgate not me
witnes vppon the wyld infirmytie
which that I had, as many a man well knewe
and whiche me out of my selfe, cast and threw.

It was so knowen to the people, and Oonkthe
that Counsell was it none, ne none be myght
how it with me stode, was in every mans mouthe
and that full sore, my frendes affright
they for myne helthe, pilgrimages hight
and sought them, some on hors and some on fote
god yelde it them, to get me bote.

but althowghe the substannce, of my memory
went to pley, as for a certayne space
yet the lorde of vertew, the kynge of glory
of his highe myght, and benynge grace
made it to retrne, into the place
whens it cam, whiche was at all hallwemesse
was five yeere, neyther more ne lesse.

And every sython, thanked be god our lord
of his good and gratious reconsiliacion
my wyt and I, have bene of suche accorde
as we were, or the alteracion
of it was, but by my salvacion
that tyme have I be, sore sett on fire
and lyved in great torment, and martire

for thoughte that my wit, were home come agayne
men wolde it no so, vnderstond or take
with me to deale, hadden they dysdayne
a ryotous persown I was, and forsake
myn olde frindshipe, was all overshake
no wyse withe me, lyst made daliance
the worlde me made, a straunge continance.

Durham fol. 3^V: art. 1

whiche that myne herte / sore gan to torment
for ofte whan I, in westmynster hall
and eke in london / amonge the prese went
I se the chere / abaten and apalle
of them that weren wonte me for to calle
to companye / her heed they caste a wey
whan I them mette, as they not me sye.

As seide is in the sauter / might I sey
they that me see / fledden a wey fro me
forgeten I was / all owte of mynde a wey
as he that dede was / from hertes thenke
to a loste vessell / likkened myght I be
for many a wyght / abowte me dwellynge
herd I me blame / and putte in dispreisinge.

Thus spake many one / and seyde by me
all thoughe from hym / his sikenesse savage
with drawe and passed / as for a tyme be
resorte it wole / namely in suche age
as he is of / and thanne my visage
bygan to glowe / for the wo and fere
tho wordis them vnwar / cam to myn ere.

whan passinge hete is / quod they tenssoth this
assaile wole hym agayne that maladie
and yet parde / they token them amis
none effecte at all / toke there prophecie
manis purueid been past / sithen remedie
thanked be god / it shewe nought as they side
of that god of his grace / me purueide.

what fall shall / what men so deme or gesse
to hym that woll / euery mans herte
reserued is / it is a lewdnesse
men wysser them pretende / than they be
and no wight knoweth / be it he or she
whom how ne whan / god wole hym visite
it happethe ofte / whan men wene it lite.

some tyme I wend / as lite as any man
for to have fall / in to that wildenesse
but god whan him list / may wole and can
helthe with drawe / and send a wyght sikenesse
Thowghe man be well this day / no sekenesse
to hym bihight is / that it shall endure
god hurte now can / and now hele and cure.

He suffrith longe / at the laste he smyt
whane that a man is / in prosperite
To drede a fall comynge / it is a wit
who so that taketh hede / oft may se
This worldis change / and mutabilite
In sondry wyse / howe nedeth not expresse
To my mater / streit wole I me dresse.

ageyn stooden I looked / as a wilde steer
and sp my look about I gan to throwe
myne heed to hie / a nother side I beer
foll unneth is his brayne / well may I trowe
and pryde the thirde / and apt is in the rowe
to sitte of them / that a resemlesse reed
Can geve / no sadnesse is in his heed.

Chaungid had I my pas / some seiden eke
for here and there / forth I as a doo
none abode / none arrest but all brain seke
A nother spake / and of me seide also
my feete wezen aye / wandrynge to and fro
wharie that I stonde shulde / and wythe men talke
and thas myne eyne / soughten every halke.

I seide an ere aye to / as I be wente
and herde all / and this in myne herte I caste
of longe abydynge here / I may repent
leste of hastinesse / I at the last
answere amyss / best is hens hye faste
for yf I in this prease / amysse me gye
to harme will it me turne / and to folly.

and thus I demyd

And this I demyd well, and knew well ellis
what so was I shuld answere of hyr
they wold not have holde it worthe a lese
for why, as I had lost my tonges key
kepte I me close, and kissed me my wey
drowpynge and hevy, and all woo bystad
small cause had I, me thorght to be glade.

My spirites, labored besely
to peinte continaunce, chere and loke
for that men spake of me, so wonderingly
and for the very shame and fere I quoke
thorght myne herte had be dipped in a broke
yt wete and moyste I now was of my swet
whiche was nevre frostye colde, nore fyry hoot.

And in my chamber at home when I was
my selfe alone, I in this wyse wroght
I sterte vnto my myrrour, and my glas
to loke how that me, of my chere thoght
yf any were it, than it ought
for fayne wolde I, yf it had not be right
amendyd it, to my connynge and myght.

Many a saute made I to this myrroure
thinkynge yf that I loke in this manere
amonge folke, as I now do none errour
of suspecte loke, may in my face appere
this contynaunce I am sure and this chere
If I forthe vse, is no thinge repreuable
to them that have, consyttes resonable.

And there with all, I thorght this anon
men in theyr owne case, bene blynd alday
as I have hard say, many a day agon
and in that plyght, I stonde may
how shall I doo, whiche is the best way
my troubled spirit, for to brynge at rest
yf I wist how, fayne wolde I do the best.

Sythen y zoderyd was, y have y full ofte
Cawse had of angre, and ympacience
where y borne have is, esely and softe
Sufferynge wronge be done to me and offence
and nought answeryd agayn, but kept sylence
lest that men of me, deme wolde and seyne
yf how this man, is fallen in agayne.

Als that y aros, fro restmyrstas and
veryd full grevonsly, with thoughtfull hete
this thought y, a great fole y am
this pavyment, a dayes tyme to bete
and in and out, labour fast and swete
wonderynge, and hedynes to purchace
sythen y stand out, of all favour and grace.

And then thought y, out that other syde
yf that y not be sene, amonge the prees
men deme wele, that y myne heade hyde
and am woxe thar, y and yt is no lees
O lorde yf my spirite, was restless
y sought reste, and y not it found
but aye was trouble, redy at myn hond.

y may not lett a man, to ymagine
ferre above the mone, yf that hym lyst
there by the sonthe, he may not determyn
but by the prefe, these thinge thorowe a wist
many a dome, is wrapped in the myst
man by his dedes, and not by his lokes
shall thorowe be, as it is writen in bokes.

By tast of fruite, men may well wote and knowe
what that it is, other prefe is there none
every man wott well that, as that y trowe
right so they, that demen my will is gone
as yet this day, there demyth many a one
y am not well, may as y by them goo
tast and assay, yf it be so or noo.

Upon a boke so hard

Vpon a looke / is harde men them to grownde
what a man is / there by the sothe is hid
whither his wittes / febe bene or sownde
by covntenaunce / it is not wist ne bid
thorghe a man harde / have ones bene kidde
god shilde it shuld / on hym only me alway
by comynnge / is the best assay

I mene to comon of thinges mene
for I am but lewde / dowtles
and ignoraunce / my connynge is full lene
yet homly reason / I nevirtheles
not hope I forniden be / so reynles
as men demen / mane christ forbede
I can no more / preve may the dede

If a man ones / fall in dronkenesse
shall he contynewe / there in evar mo
nay thorghe a man dos / in drinkynge excesse
so ferforthe / that not speake he ne can ne goo
and his wittes / welny ben refte hym fro
and buryed in the cuppe / he aftarward
comythe to hym selfe agayne / ellis were it hard

Right so / thorghe my riot / were a pilgrime
and went fer fro home / he cam agayne
god me voydyd / of this grevous venyme
that had enfectyd / and wildyd my brayne
so how the ontast lothe moste soverayne
vnto the sprete / godythe medisyne
in nede / and hem releythe of his peyne

Now let this passe / god wott many a man
semythe full wyse / by covntenaunce and chere
which and he tastyd were what he can
men myghten licken hym / to a fooles pere
and some man lokythe / in foltyshe maner
as to the ontward dome / and Iudgement
that at the prese / descrete is and prudent

Durham fol. 6r: art. 1

But algates howe so be / my countenaunce
Debate is now none / betwyxt me and my wit
all thorowghe there were / a dysseueraunce
as for a tyme / betwyxt me and it
the greatar harme is myne that neuar yet
was I well lettered / prudent and discrete
there neuar stode yet / wyse man on my fete

The sothe is this / suche conceit as I had
and vndarstondynge / all were it but small
byfore that my ... / wexxen vnstid
thanked be our lorde Ihū christ of all
suche haue I now / but blowe is my dedes all
the iddest / where thorowghe is the mornynge
whiche causethe me / thus syghe in complaynynge

Sythen my good fortune / hathe changed his chere
hye tyme is me / to crepe in to my graue
to lyke soylles / what do I here
I in myne herte / can no gladnes haue
I may but small joy / but yf men deme I raue
Sythen othar thinge the woo / may I none grype
vnto my sepulture / anoe I more rype

Wele wele adwe / farwell my good fortune
out of your tables / me planned haue ye
Sythen wele my erry ryght / for to connne
with me lothe is / farwell prosperitie
I am no lengar / of your cheere
ye haue me pit / out of your remembraunce
adewe my good aduenture / and good chaunce

And as swithe after / this be thoroght I me
yf that I in this wyse / me despeyre
It is purchase / of more aduarsytie
what nedethe it / my feble wit appeyre
Syth god hathe made / myne helthe home repayre
blessed be he / and what men deme or speke
suffre it thinke I / and me not on me wreke

But somedell had

but somedele had I, reioysinge amonge
and gladnesse also / in my spirite
that thoughe the people / toke them mis p wronge
me demynge / of my shrewdnesse not quite
yet for they / compleyned / the hedy plite
that they had done me in / with tendernesse
of hertes cherte / my grefe was the lesse.

In them put I no defaulte but one
that I was gole / they not ne deme wolde
and day by day / they se me by them gon
in heate and colde / and neythar still nor lorde
there they me do suppose / a derke clowde
theyr syght obscured / to in and with out
and for all that / were they in suche a doute.

Wold have they / full ofte prye and fremed
of my follaws / of the pride scale
and prayed them to tell them / to hert unfeyned
how it stode with me / whither yll or well
and they the prye / told them every dell
but they holden / ther wordes not but lost
they myghten as well / have holden ther pes.

This worldly lyfe / gaths all to g longe endured
not have I wyst / how in my sorrow to tune
but now my selfe / to my selfe have answered
for no suche wonderynge / after this to morne
as longe as my lyfe / shall in me sorne
of suche ymagynynge / I not ne reche
lat them dren as them lest, and speche p dreche.

This other day / a lamentacion
of a wofull man / in a boke I sye
to whome wordes / of reason consolation

Reason reason gave / spekynge effectnally
and well eased / myn herte was ther by
for when I had a while / in the boke red
with the speche of reason / was I well fed.

Thomas   The holy man, woful and angusshious
compleyned in this wyse, and thus seyd he
my lyfe is unto me, full encombrous
for whithar, or un to what place I flye
my wrecchednesses, evar follow me
as men may se, the shadow a body sue
and in no manere, I may them eschue

Vexation of spirite, and torment
have I right none, I have of them plente
wondarly byttar, is my taat and stent
wo be the tyme, of my natyvyte
unhappy man, that evar shuld it be
O dethe thy strooke, a salve is of swetnes
to them that lyven, in suche wrecchednes

Thetas plesannce, were it bes to dye
by many folde, than for to lyve so
sorows so many, in me multiplye
that my lyfe is, to me a vary foo
comforted, may I not be of my wo
of my distres, se none ende I can
no force how sone, I stinte to be a man

Reason   Than spake Reason, what menythe all this fare
thorughe welthe be not frindly to the yet
out of thyn harte, voyde wo and care
Thomas   by what skyll, how, and by what rede and wit
seyd this woful man, myght I done it
Reason.   resyste quode Reason, agayne hevynesse
of the worlde, troubles suffring and distres

beholde how many a man, suffrethe dessab
as great as thow, and all a way greatar
and thorughe it them pinche, sharply and sore
yet paciently, they it suffar and bere
thynke here on, and the last it shall the dere
suche suffrannce is, of mannes gylt clensynge
and them inablethe, to joye evarlastinge

woo Hevynes a

Woo heuynes and tribulation
comon are to men all / p[ro]fitable
thorughe grace ours be / manns temptation
It sleythe man not / to them that ben suffrable
and to whom gods stroke / is acceptable
purposed sore it / for god woundythe tho
that he ordeyned hathe / to blysse to goo /

Gold purged is / thow seyst in the furneis
for the fynes and clennes / it shall be
of thy disease / the wought and the poise
bere lyghtly / for god to prove the
sorgyd the hathe / with sharpe adversitie
not grucche and sey / will susteyn I this
for yf thow do / thow the takyst amis:

but thus thow sculdest / thinke in thyn herte
and sey to the lorde god / I have a gylte
so sore I moot / for myn offenses smerte
al I am worthy / O lorde I am spilt
but thow to me / thy mercy grant wilt
have full sure / thow maist it not denye
lord I me repent / and I the mercy crye,

lenger I thorght / sed have in this boke
but so it shope / that I no myght norght
he that it owght / agayne to hym toke
me of his haste unware / yet have I cawght
sume of the doctryne / he reason taught
to the man / as a bode have I sayde
where of I hold me / full well apayde

for doar fygher / yet have I the lasse
by the peoples / ymagination
talkynge this and that / of my swetnesse
whiche came of gods visytacion
myght I have be formd / in probation
not gentylnyst / but have take it in suffrannce
holsome and roght / had be my gobernannce.

farewell my so[...]

farwell my forow, I caste it to the cok
with pacience, I hens forthe, thinke empire
of suche thoughtfull dissease and woo, the los
and let them out, that have me made to sithe
here after our lorde god, may of hym take
make all myne olde affection resorte
and in hope of that, well I me comforte.

Throughe goddis wisdome, and his iudgement
and for my best, now I take and deme
gave that good lorde, me my punishement
in welthe I toke of hym, none hede or yeme
hym for to please, and hym honoure and queme
and he me gave, aboue, one for to shaw
me to correcte, and of hym to have awe.

he gave me wit, and he toke it awap
when that he se, that I it myss dyspent
and gave agayne, when it was to his pay
he grauntyd me, my giltes to repent
and hens forwarde, to set myne entent
vnto his deitie, to do plesaunce
and to amend, my synfull gouernaunce.

laude and honore, and thanke vnto the be
lorde god, that salve art, to all heuynes
thanke of my welthe, and myne adversyte
thanke of myne elde, and of my sekenesse
and thanke be, to thyne infinite goodnesse
for thy giftes and benefices all
and vnto thy mercye and grace I call.

9

Thomas Hoccleve

Dialogus cum Amico.

A   nd ended my complaynt / in this manere
           one knocked / at my chambre dore sore
           and sayed alowde / howe Hoccleve arte thou here
open thy dore / me thinke the full yore
sythen I the se / what man for godds oye
come out / for this mastery / is not the sye
by oright I wot / and out to hym cam I .

This man was my good frende / of hym a gon
that I spake of / and thus he to me sayde
Thomas / as thou me lovest tell anon
what dydist thou / when I knocked and layde
so fast vpon thy dore / did I obeyde
vnto his will / come in quod I and se
and so he did / he streyght went in with me .

To my good frend / not thoroght I to make it queinte
no my laboro / from hym to hyde or layne
and right anon / I redd hym my complaynt
and that done / thus he sayde sen we twayne
bene here / and no mo folke / for godds payne
Thomas softar me spake / and be not wrothe
for the to offend / were me full lothe .

That I shull sayne / shall be of good entent
hast thou made this complaynte / forthe to goo
amonge the people / ey frend so I ment
what ells / Nay Thomas ware do not soo
if thou be wyse / of that mattar goo
rehersse thow it not / ne it a wake
Bewo all that oloos / for thyn honours sake .

how it stode with the / longe is all a slepe
men have forget it / it is out of mynd
that thou wroche there of / I not ne kepe
let be that rede I / for I can not finde
O man to speake of it / in as good a kynde
as thou hast stonde / amonge men on this day
stondyst thou nowe / or nay quod I nay nay .

Thowghe, I be lewde, I not so fere forthe dote
But what men have spyde, and seyne of me
that wolde have I not, as yet forgote
but greate marvayle have I, of yow that ye
no bet of my complexynte, avysed be
sythen maters, I not sedd it vnto yow
so longe a gone, for it was but right now.

If ye toke hede, it maketthe mention
that men of me spake, in myne audience
full hevely, of yowr entencion
I thanke yow, for of benevolence
wott I full well, procedith yowr sentence
but certis good frinde, that thinge that I here
can I witnesse, and vnto it refere.

And where as that ye, me counsaile and rede
that for myne honore, showlde I be no wey
any thinge mynge, or towche of my wildehede
I vnto that, answere thus and saye
A gods stroke, how so it peyse or way
owght no man to thinke, repreve or shame
his chastisynge, hurtithe no mans name.

An other thinge, ther mevithe me also
sythen my seeknesse, sprad was so wyde
that men knewe well, how it stode with me tho
so wolde I now, vpon that other syde
wist were, how our lord Ihu which is gyde
to all reles, and may all hertes cure
releved hathe me, synfull creature.

Had I be for an homycyde yknowe
or an extorcioner, or a robbour,
or for a comon chydder, as rede I blowe
as was my seeknesse, or a werriour,
agayne the feythe, or a false mayntaynour
of causes, thoughe I had amendyd me
them to have myngyd, have bene nycete.

and why, for tho

10

And why, for the proceden of frailtie
of man hym selfe, he therwyth all tho
for when god to man, gyuen hathe libertie
whiche chese may, for to do well or no
yf he mysse chese, he is his owne foo
and to reherse his gilt, whiche hym amysethe
honor saythe nay, there he silence eponsithe

but this shall a nothar case stechethe
this was the stroke of god, he gave me this
and sythe he hathe, withedrawe it on twisthe
am I not golden it owe, O yes
but yf god had the thanke, it was amys
In feythe frinde, made an open spryste
and hyd not, what I had of his gryste

yf that a leche, onyd had me so
as they lachen all, that stiance and myght
a name he shulde, have had for evar mo
what one he had done, to so skele a wight
and yet my pris, he wolde have made full lyght
but onteyn hym, of his grace pacient
axith not, but of gilte amendement

The benefice of god, not hyd be stnyd
when of mene hele, he gave me tmacle
It to confesse, and thanke hym as I shold
for he in me hathe shewyd his myracle
his vysytacion is a spectacle
in whiche that I, beholde may and se
bet then I dyd, how great a lorde is he

but fynd amonge the vices that right now
rehersyd I one of them dare I saye
hathe hurt me sore, and I wot well ynow
so hathe it mo, whiche is fals moneye
many a man this day, but they gold wey
of men, not wole it take no retoure
and yf it lacke his pois, they woll it weive

Durham fol. 10r: art. 2

How may it holde his peise, when it is washe
So that it lackethe, somewhat in thicknesse
The false people, no thinge them abashe
To clip it eke, in brede and in roundnesse
Is that it sholde be, alwayes the lesse
The pore man, amonge all other is
full sore anoyed, and greved in this.

If it be golde and hole, that men them proffe
for his laboure, or his chaffar lent
Take it yf them lest, and put it in his coffre
for wasshinge or clippynge, holde them content
or lese, he get none other payment
is somethebut small, other is there
trouthe is absent, but falshed is not for.

How shall the pore do, yf he in his holde
no more money, he ne have at all
passas, but a noble, or halfpeny of golde
and it so thin is, and so narowe and smale
that men the eschange estheron was all
not will it goo, but moche he there one lese
he mote do so, he may none other chese.

I my selfe in this case, bene have of this
wherefore I trow it, a grete doll the lest
he that in falsynge of coyne, gilty is
hathe great wronge, that he nere on a gabet
It is pitie, that he there from is let
rather he there to hathe, so great title and right
reigne iustice, and preve on them thy myght.

When I this wrote, many med did amyse
they weyed ... gold, unhad authoritie
no statute was then iab nor is
but sythen golde to wey, chargid now ben we
reason axith, that it obeyed be
now tyme it is, unto weightb is drawe
sythen that the parliament, hathe made it a lawe.

et cetera sequitur

yet other theeves / done a worse gynn
and tho bene they / that the coyne counterfete
and they that with gold / copper cloth and tyn
to make all seme gold / they sprinces and swete
In hell for to purchase / them a sete
If they that lede them / theyr falce clothe
that purchas made was / in a foltoshe wyse

what availethe trowe ye / all this mischance
what comforte gyven as / to this untrothe
In forthe men seyne / it is the mayntenance
of great folke / whiche is great harme & rothe
god grannt here after / that they be no slorothe
of this tresson / punisshement to do
ryght suche as that is / partinent ther to

They that consenten / to do that falshode
as well as the werkars / withe payne egall
punisshed ought to be / as that I rede
nor maynteynors / be ware now of a fall
I spoke of no persson / in especiall
In contries there as / is there many one
of yow / and hathe bene / many a day a gon

Alas / that so our thyngs preiudice
and harme to all / his lieges people here
Contynue shall / this forlse and cursed vice
of falsenge of coyne / not begone of newe
whiche / and it forthe goo / many one shall it rewe
god and our kynge / remedye all this grefe
for to the people / it is a foule mischefe

To comon harme / is not small to set
that venom / that rydde and rad spredethe
grete merit were it / suche thinge stope and let
as that the comon / in to mischefe ledethe
the voyce of the people / vengaunce or yow greditthe
As wykyd men / ye false moneyours
and on yow w ontestis / and your maynteynours

Otho. fitz div

Of this þ drede alwaye, this holdithe me
many a stowte, that punisshe ment
none fall shall, on this wissed messyse
how trewe so be, ther entende ment
owr hyge loide, shall be so Innocent
that vnto hym, shall bad be ordinerie
vn wasshen gold, shall banysshe a wey that vice

Enformed, shalbe, þis his excellence
by mens, whom that the lady moneye
hath zonned with, and shewed ebidence
Hr plate, that yll wronge is that men seye
of that false folble, my þvole dayes þ laye
the mens þenllen hade, no desecolyde plate
heze zerente shall be, good and þene algate.

Nowe in good þaythe, þ drede there shall be
þvche multitude, of that falce secte
with in this too yere, or ellis thre
but yf this sondynas errors, be corrected
that þo myche of this land, shall be infecte
þeze with that heretike shall a downe be þzon
and that wissed falshed, is ovezgzon.

lo þrinde, nowe hade þ myne entent vnzche
of my longe tale, displese yow nowght.
nay Thomas nay, but late me to the spede
when thy compleynt, was to the end y browght
and it owght in thy purpos, and the þorowght
owght ello ther with, to have made than that.
ye certayne þrind, O nowe good Thomas what

ffinde that I shall now tell yat blyde & web
in laten have I sene, a small tretis
whilche lerne for to dye, & callyd is
a bettar sapyence, Snow I none hodire
for whan that deathe, shall men from hence tice
but he that lesson, lerned have or than
was that, and deathe cometh not then no nyght whan.

And that have I purposed to translate
If god his grace, lyst ther to me lene
fathen he of holthe, hathe opened me the yate
for where my sowle is, of vertue all lene
and thrughe my bodyes gilt, p force p vnclene
to clene it, some what by translation
of it shall be, myne occupation

for I not only, but as that I hope
many an othar wyght, eke there by shall
his conscyence, tenderly grope
and withe hym selfe accompte p reken of all
that he hathe in his lyfe, wroyght great p small
while he tyme hathe, p fresshe wit and vigour
and not abyde, vnto his dethes houre

man may in this tretis, here afterward
of that hem lyke, rede and beholde
consyder and se well, that it is full hard
delay, attempts, tyll lyfe begyne to oolde
short tyme is then, of his offens olde
to make a inst, and here is therynge
sharpnes of peyns, is there to great hindinge.

note

Not hathe sore fixed, my devocion
to do this labour, ye shullar vndarstond
but at the excitenge, and monicion
of a devont man, take I haue on hond
this labour, and as I cam wole I fond
his rede throughe gods grace · to parforme
throughe I be bare, of intellecte and forme ·

And mean that ended is, I neuar thinke
moze in englyshe after, so occupied
I may not labour, as I did and shrinke
my lust is not there to, I · so well applied
as it hathe done, it is now mortyfied
wherefore I ceffe thinke, be this done
the night approochethe, it is far past none

If age and I fifty winter and thre
vipenesse of dothe, I fast vpon me hastethe
my tymes puissell, now vnwoldy be
all my strenght appetice, taste and wastithe
... my enders, a dese why not tastethe
... it hathe done, in ...
now all a nother is my sentement ·

More an þ heuy noke vp on a day
Than I frim tyme was in dayes fyue
Thynge þt or this me thoghte game & play
Is ernest now / the hony fro the hyue
Of my spirit withdrawith sondir blyue
Whan alle down / al this worldes swetnesse
At end torneth in to bittirnesse

                  tornithe in to bittyrnesse

The fool thinketh loue of this lyf present
Sekernesse is / but the wys man woot weel
How ful this world of sorwe is and torment
Wherfore in it he trustith nat a deel
Though a man this day sitte hye on the wheel
Tomorwe he may be tyrned from his sete
This hath be seen often / amonge the grete

Hough fair thyng / or how precious it be
þt in the world is / it is lyk a flour
To whom nature yeuen hath beautee
Of fressh heewe / and of ful plesant colour
With soote smellynge also and odour
But as soone as it is bicomen drye
Farwel colour / and the smel it ginneth dye

Durham fol. 13ʳ: art. 2

Fair might and eerthely mageſtee
Welthe of the worldd / and longe z fayr dayies
Paſſen as dooth the shadowe of a tree
Whan deeth is come / they be no delayies
The worldes truſt is brotil at aſſayies
The wyſe men / wel knowen this is ſooth
They knowen / what deceit to to man it dooth

Lond / rente / catel / gold honour / richeſſe
ꝑ for a tyme lent been to been ourys
fforgo we ſhole / ſoner than we geſſe
Paloſes / maners / caſtele grete z tourys
Shal be biraft be / by deeth ꝓ ful ſour is
Whee is the wich beſom / which ſhal be alle
Sweepe out of this world / whan god liſt it falle

And ſyn ꝓ shee ſhal of us make an ende
holſum is hir haue in remembrance
                    ofte
Or shee hir meſſager ſeekneſſe us ſende
Now my freend ſo good yeue ȝow good chaunce
Is it nat good to make a purueance
Ageyn the comynge of ꝑ meſſageer
That we may ſtande in conſcience cleer

Durham fol. 13ᵛ: art. 2

NEWTOWNE.

¶ Syr Thomas yis / thoꙣ hast a good entente
But thy werk hard is to parforme I drede
Thy brayn par cas / ther to nat wole assente
And wel thoꙣ woost / it moot assente nede
Or thoꙣ aboute kyntte soꝛch a dede
& now in good feith / I rede as for the beste
ꝑ purpos caste out of thy myndes cheste

Thy besy studie aboute soꝛch mateere
hath caused thee / to sterte in to the phy̾
That thoꙣ seyd in / as fer as I can heere
And thogh thoꙣ deeme / thoꙣ be therof ꝑ gy̾
Abyde / and thy purpos putte in respyt
Til y right wel stablisshid be thy brayn
And ther to thanne I wole assente fayn

Thogh a strong fyr / y was in an herth late
withdrawen be / and swept away ful cleene
yit afterward / bothe the herth and plate
Been of the fyr warm / thogh no fyr be seene
Theere as y it was / and right so I meene
Al thogh past be the greete of thy seeknesse
yit lurke in thee may som of hir warmnesse

Thomas ci̾oꝛ

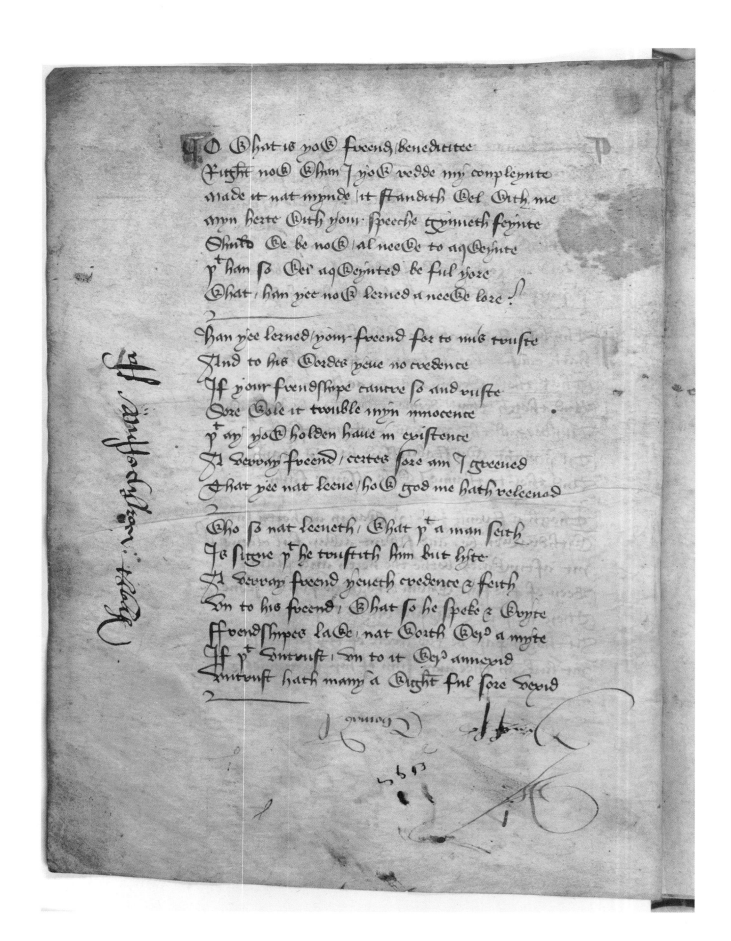

¶ O what is yowr freend benedicitee
Right now wham I yowr redde my compleynte
made it nat mynde it standith wel with me
myn herte with your speeche gynneth feynte
whnto we be nowr al neewe to aqweynte
yt han so wel aqweynted be ful yore
what han yee now lerned a neewe lore

han yee lerned your freend for to mis truste
And to his wordes yeue no credence
If your frendshipe cautre so and ruste
Ore wele it trouble myn innocence
yt my yowr holden haue in existence
A verray freend certes sore am I greeued
that yee nat leeue howr god me hath releeued

who so nat leeueth what yt a man seith
Is signe yt he trustith him but lyte
A verray freend yeueth credence & feith
vn to his freend what so he speke & wryte
ffrendshipe lacke nat worth weyd a myte
If yt untrust vn to it weyd annexid
untrust hath many a wight ful sore vexid

¶ Sith my seluen made forewarde
Whan Sith the knotte of frendshipe / me knytte
In to yow p{t} I neuere aftirward
ffro p{t} hir bond departe wolde or flitte
Which keepe I wole in / o your wordes sette
Ny to myn herte / and thogh yee me nat loue
my loue fro yow shal ther no wight shoue

¶ Tullius seith / p{t} frendshipe verray
Endurith evde / how so men it assaile
ffrendshipe is noon / to loue wel this day
Or yeeres outhir / and aftirward faile
A freend to freend / his peyne & his trauaile
Dooth in frendshipe to keepe & conserue
Til dethes strook / p{t} bond a sondir kerue

¶ To this matir accordith Salomon
yee knowe it bet than I by many fold
Ones freend / and holde evde they dep on
In your frendshipe weys a shipir hold
If it abate wolde and were cold
p{t} in to yow hath been bothe hoot & warm
To yow weys it repreef / and to me harm

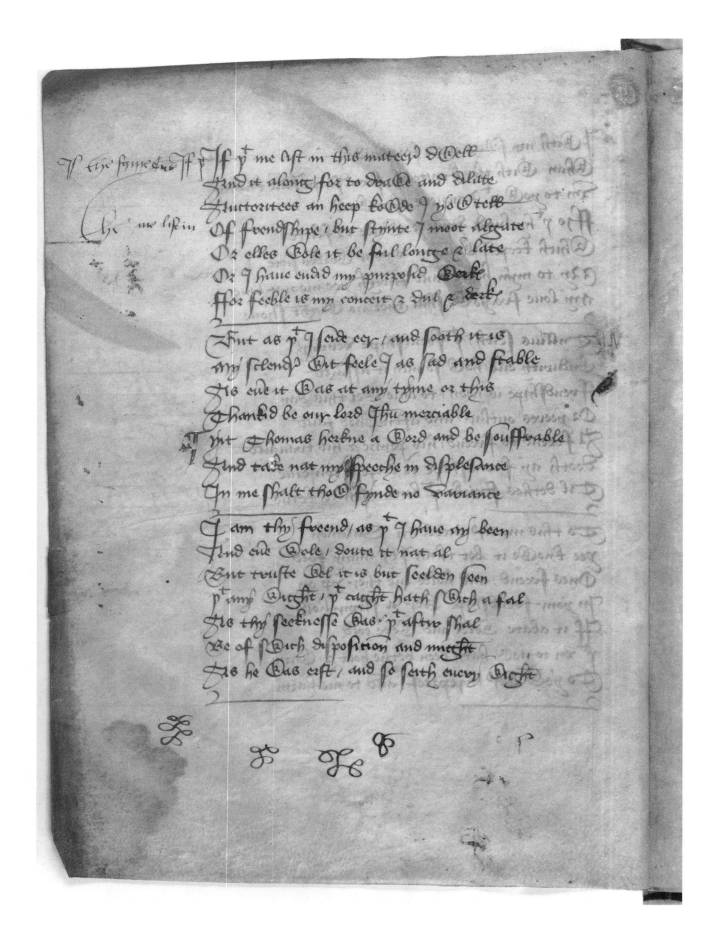

If that me list in this mateer to duelle
And it alonge for to drawe and dilate
Auctoritees an heep kouthe I ys telle
Of frendshipe; but stynte I moot algate
Or elles wole it be ful longe and late
Or I haue endid my purpose derke
For feeble is my conceit and dul my werk

But as þat I seide eer; and sooth it is
My frendes that feele I as sad and stable
As euere it was at any tyme or this
Thankid be our lord Ihu merciable
þat Thomas herkne a word and be souffrable
And take nat my speeche in displesance
In me shalt thow fynde no variance

I am thy freend; as þat I haue ay been
And euere wole; doute it nat al
But truste wel it is but seelden seen
þat any wight; þat aught hath such a fal
As thy seeknesse was; þat aftir shal
Be of swich disposicion and mescht
As he was erst; and so seith euery wight

Durham fol. 15ᵛ: art. 2

Of studie was engendred thy seeknesse
And p[at] was hard / woldest no[w] agayn
Entre in to p[at] laborious busynesse
Syn it thy mynde and eek thy wit had slayn
Thy conceit is nat worth a payndemayn
Let be, let be, busie thee so no more
Lest thee repente, and reeke it eftsore

This reed procedith nat of froward will
But it is said of verray freendlyhede
ffor if so causid seeknesse on me fil
He dide on thee / right euene as I thee rede
So wolde I do my self / it is no drede
And Salomon bit / aftir conseil do
And good is it / conforme thee ther to

He p[at] hath ones in swich plyt y fall
But he wel rule him may in slippen eft
This rede I thee / for aught p[at] may befall
Syn p[at] seeknesse god hath thee byreft
The cause eschue / for it is good left
Namely thynge of thoghtful studie kaght
Perilous is / as p[at] hath me been taght

Right as a theef yᵗ hath eschapid ones
The wop / no dreede hath eft his art to vse
Til yᵗ the trees him keye vp bodij and bones
So leothẽ him his feerj craft refuse
Sa farest tho(x) iole haste(x) for to muse
vp on thij book / and theyᵈ in stare ȝ pine
Til yᵗ it thij wit / consume and deuoure

I can no more / the lattes exrow
Were is vede I / than yᵗ yᵗ was beforn
The smert of studie / oȝhte be mrow
To thee / let yit thij studie be forlorn
haue of my woedes / no desdeyn or scorn
ffor yᵗ I seye of freendlij tendvenesse
I seye it al / as wislij god me blesse

If thee nat list vp on thij self to weeke
Thomas who shal weede(x) vp on thee I preye
wce(x) to foorth / let see / and thyn harm ȝeneeke
And henȝeyᵈ shal it perse and keye
Than it dide eer / ther to my lyf I leye
which thee welde ouer mocliul harme ȝ tweeue
If ffreend as to yᵗ answere I shal byf leeue

William

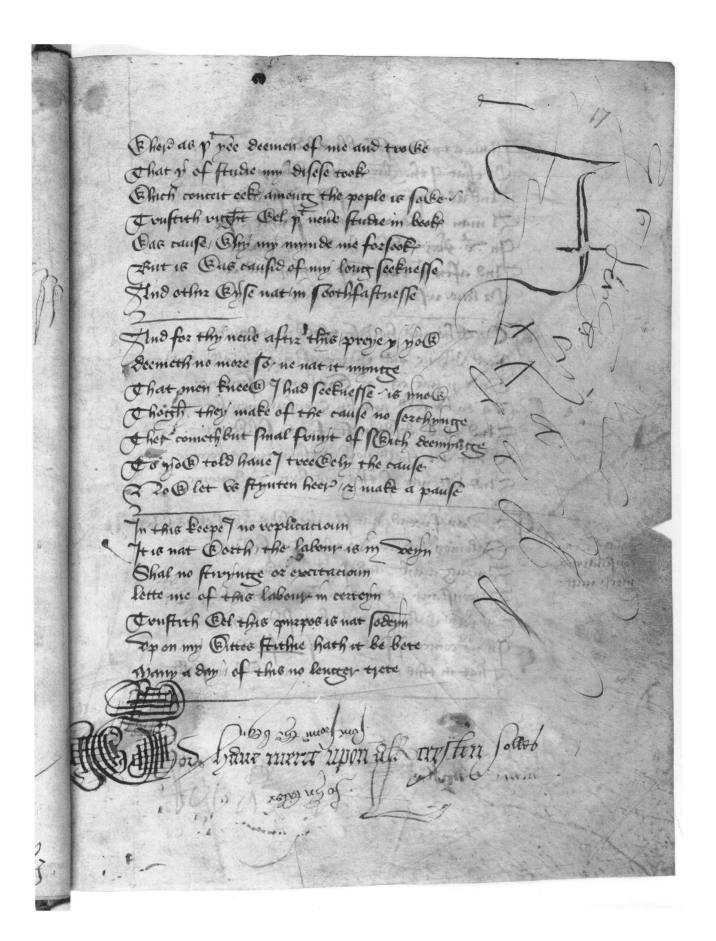

Thenk as yee deemen of me and tooke
That y of stude my disese took
Which conceit eek amonge the peple is solde
Trustith vtterly eel yt neue stude in book
Was cause why my mynde me forsook
But is was caused of my long seeknesse
And othir welse nat in soothfastnesse

And for thy neue aftir this preye y yow
Deemeth no more so ne nat it mynge
That men knewe I had seeknesse is ynow
Though they make of the cause no serchynge
Ther cometh but smal fruyt of which deemynge
To yow told haue I trewe eelyr the cause
Now let be stynten heer z make a pause

In this keepe I no replicacioun
It is nat wooth the labour is in veyn
Shal no strynynge or excitacioun
Lette me of this labour in certeyn
Trustith eel this purpos is nat sodeyn
Vp on my Bittee stithe hath it be bete
Many a day of this no lenger trete

God haue mercy upon al crysten soules

Durham fol. 17ʳ: art. 2

I haue a tyme resonable abide
Or that I thoghte in this laboure me
And al to preeue my self I so dide
A man in his conceit may serchee & see
In so sleer / that he do may pardee
And aftir y[t] take vp on him and do
Or leue / reson accordith heer-to

O Thomas holdst thow it a prudence
Feed Reyue and Ryue aftir thyn owne wit
Seide y nat ech[e] y[t] Salomons sentence
To do by reed, and bys conseil men lit
And thow desdeynest for to follow it
What art thow now presumptuous become
And list nat of thy mis been vndernome

Nay freend, nat so, yee knot wel elles where
Salomon bit con be thy conseillour
Amonge a thousand and if y[t] yee were
Ha constant as yee han been er this houre
Thy word wolde I be red, but swich errour
In yor conceit I feele now[e] sanz faille
That in this cas yee can nat wel consaille

In the begynnyng god be my spede myghe grace & ...

Durham fol. 17[v]: art. 2

ffor god wot / a blynid Conseillour is he
which þ conseill shal in a mateere
If of a sothe! him list nat lerned be
And euene / with oon fruik / nolt not heere
I pleynly / told yow haue the maneere
how þ it with me standen hath and stant
But of your twist to me ward, be yee scant

Han yee aught herd of me in comunynge
wherthurgh yee often deeme of me amis
haue I nat seid reson to your thynkinge
If for soothe Thomas / to my conceit ytis
But euere I am agast & dreede this
Thy wit is nat so meghty to susteene
That labour, as thow thy self woldest weene

ffreend as to þ he thriueth nat þ can
knowe / how it standith with an other wight
So wel as him self / al thouch many a man
Take on him more / than lyth in his myght
To knowe / þ man is nat juged right
y so presumeth in his juggement
Beforn the doom good Sey auisament

¶ Now Thomas, by the feith I to god owe
had I nat taastid thee, as yt I now
doon haue, it had been hard maad me to holde
The good phyt which I feele wel yt thow
Art in, I woot wel thow art wel ynow
what so men of thee ymagyne or clappe
Now haue I god me thynkith by the lappe

But al so heerthj as I can or may
Syn yt thow wilt to yt labour thee dresse
I preye thee in al manneere thyng
Thy wittes to conserue in hir fresshnesse
whan thow ther to trooft take of hem the lesse
to muse longe in an hard mateere
The wit of man abieth it ful deere

Freend I nat medle of matires grete
ther to nat streeche may myn intellect
I neede yit was brent with studies hete
let no man holde me ther in suspect
If I sughth nat cacche may theffect
Of thyng in which laboure I me purpose
A dieu my studie anoon my book I close

Thy strokes / whan p[at] a fresshh lust me takith

Ools I me bysye gret and not ~ n hyte

But whan p[at] myn lust dullith and asslakith

I stynte Ools and no lenger Wryte

And pardee freend p[at] may nat hynde a myte

As p[at] it seemeth to my symple auyse

Jugeth your self yee been prudent and Wyse

Siker Thomas if tho[w] do m swch Wyse

As p[at] tho[w] seist ~ I am ful Wel content

p[at] tho[w] vp on thee take p[at] empryse

Which p[at] tho[w] hast purposed and y ment

Vn to p[at] ende / heue y myn assent

Do now ther to in Jhu Crystes name

And as tho[w] haast me seid I do tho[w] p[at] same

I am seyn p[at] thy disposicioun

Is swch p[at] tho[w] must more tale on hoonde

Than I first Wende in myn oppinioun

By many fold / thankid be goddes soonde

Do foorth in goddes name / I nat ne Woonde

To make and Wryte / What thyng p[at] thee lyst

p[at] I nat cry thee no[w] is to me Wyst

And of o thyng now wel I me remembre
Why thow purposist in this book travaile
I tooke it in the monthe of September
Now last or nat fer from it is no faute
No force of the tyme it shal nat availe
To my matere, ne it hyndre or lette
Thow seidist of a book thow wel in dette

Vn to my lord þⁱ now is lieutenant
my lord of Gloucestr is it nat so
Yis soothly freend, and as by couenant
he sholde han had it many a day ago
But seeknesse and buluf, and other mo
han be the causes of impediment

Thomas, than this book haast thow to hi ment

Yee sikir freend ful weelde is your deemynge
for him it is, þ I this book shal make
As blyue as þ I herde of his comynge
To ffice, þ penne and ynke gan to take
And my spirit I made to awake
þt longe lurkid hath in ydilnesse
for any such labour or bisynesse

(marginal note) To. de secð redttu suo de ffrancia.

Durham fol. 19ᵛ: art. 2

But of sum othir thyng fayn write I wolde
my noble lordes herte with to glade
As ther to bounden am I deepe & holde
On such matiere, by god þt me made
Golde I bestode many a balade
Onste I what good freend tell on what is best
me for to make and folde it am I prest

Next our lord lige our kyng victorious
In al this wyde world lord is ther noon
Vn to me so good ne so gracious
And haath been such yeeres ful many oon
God yilde it him, as sad as any stoon
his herte set is, and nat chaunge can
fro me his humble seruant & his man

For him I thoghte han translated verce
Which tretith of the art of Chiualrie
But I see his knyghthode so encrece
yt no thing my labo sholde edifie
For he þt art wel can for the maistrie
Byyonde he preued hath his worthynesse
And amonge othir, thurburgh to Ornesse

This Worthy Prynce lay' beforn yᵗ hold
Which was ful stronge at seege many a day
And thens for to departe hath he nat wold
But knyghtly theÿ abood vp on his pray
Til he by force it wan/ it is no nay
Duc henri yᵗ so worthy was and good
ffolwith this Prince as wel in deed as blood

Or he to Chirburgh cam in iourneyynge
Of Constantyn he wan the close and yle
For which laude and honur and hy preisynge
Rewarden him, and yevten him his whyle
Though he beforn yᵗ had a worthy style
yit of noble renoun is yᵗ encrece
he is a famous prince doutelees

For to reherce or tell in special
Euy act yᵗ his swerd in steel drwot there
And many a place elles/ I woot nat al
And though euery act come had to myn ere
To yexpresse hem, my spirit walde han fere
left of his thank par chaunce myghte abregge
Thurgh lewd concyvynge if ÿ he sholde allegge

But this I seye

But this I seye / he callidne Humfrey
Tounemonth als yt it semeth me
ffor this conceit is in myn herte al wey
Bataillous Mars in his nativitee
Son to yt name of werray specialtee
Titled him makynge in that by pruesse
yt stretche he shold in to his worthynesse

ffor humfrey / as son to myn intellect
Man make I shal / in englissh is to seye
And yt byheeste / hath taken heede effect
As the comune fame / can by weye
Who so his worthy knyghthode / can weye
Duely / in his conceites balaunce
ynow hath / Wher of his renoun enhaunce

To ensample his artes / Wys a good deede
ffor they ensample myghte and encorage
ffful many a man / for to taken heede
how for to gouerne hem in the visage
Of armes / it is a greet auauntage
A man before him / to haue a mirrour
Ther in to see the path vp to honour

Durham fol. 21^r: art. 2

O lord / Whan he cam to the seetze of toon
ffro Thirburgh / Whether fere or cokardise
So my the Gullet made him for to goon
Of the toon as he dide / I nat souffise
To telle yow in hoo knyghthe a wise
he logged him ther / and hooe worthily
he buyr him / What he is al knyght soothly

¶ Now good freend / howe at the art I hoo there
What thyng may I make in to his plesance
Withouten yow reed / noot I What to seye
¶ O no pardee Thomas / o no askance
¶ No certein freend / as nok no chevissance
Can I yow conseil is to me halsum
Sle of tryste in yow mynystyeth me sum

¶ Nel Thomas / trokest thoe sus hy noblesse
Nat rekke What matecie yt it be
yt thoe shalt make of / I no freend as I gesse
So yt it be matecie of honestee
¶ Thomas and thanne I Wole auyse me
ffor Whos s reed / & conseil yeue shal
may nat on heed / soorth venie ther at al

And p[at] is noble a prince wanieth
So excellent vertuus and honurable
Shal haue needith good auyse soothly
p[at] it may be plesaunt and acceptable
To his noblesse it is nat touchable
To wryte to a prince so famous
But it be good mateer and vertuous

Tho[gh] wrost wel who shal an hous edifie
Gooth nat ther to withoute auisement
If he be wys for wel his mental yie
first is it seen purposed cast & ment
how it shal wrought been / elles al is shent
Certes for the defaute of good forsighte
mis tyden thynges p[at] wel tyde mighte

This may been vn to thee in thy makynge
A good mirour / thogh wilt nat hastif [t]rowe
vn to thy penne / and ther [tha]t wilt heedynge
Or thow auysed be wel, and wel knowe
What thow shalt wryte / o Thomas many a throwe
Smertith the fool / for lak of good auys
But no wight hath it smerted p[at] is wys

For er is he war, or he write or speke
What is to do or leue, who by prudence
Rule him shal, no thing shal out from him breke
hastily, ne of vakil negligence

¶ Frend þt is sooth, o nock your assistence
And help, that I shal make I nock byseche
In your wise conceit, seeche yee & seeche

¶ Be a long tyme in a studie stead
And aftir, thus tolde he his entente
¶ Thomas sauf bettir auys I holde it good
Syn now the holy seson is of lente
In which it sit euery man to repente
Of his offense, and of his wikkidnesse
Be heuy of thy gilt, and the confesse

And satisfaccion do therfor it
therof wost well on komen tyme wyt & lak
Ofte hast thou put, be oday, lest thou be qwit
this wordes fille wolde a quarter sak
which thou in writ depeynted haast to blak
In hir repreef, mochil thyng haast thou write
That they nat forgeue haue ne forgite

Ofte

Sum þat nolt deyte in honour & preysynge
Of hem / so muste thou do correccioun
Sumdel of thyn offense and mis berynge
Thou art cleene out of hir affeccioun
Nolt syn it is in thyn eleccioun
Whethir thee list / hir loue ageyn purchace
Or stonde as thou doost / out of loue & grace

Pekke vp / cheese the bettre part
Truste wel this / wommen been fell and wyse
Hem for to plese / hath greet craft & art
Wher no fyr maad is may no smoke aryse
But thou haast ofte, if thou thee wel auyse
Maad smoky brondes / and for al þt gilt
Yit must thou stonde in grace, if þt thou wilt

Thy buxum herte & by submission
To hir grates / yildynge thee coupable
Thou pardon must haue & remission
And do on to hem plesance greeable
To make partie / art thou nothyng able
Humble thy goost / be nat sturdy of herte
Bettir than thou art han they maad to smerte

The Gyft of sothe take I for autrye
þ comen hym no ioie ne deynntee
þ men sholde ley on hem putte my dice
I Loot wel so or hȝt to þ seith shee
Hy Lorde Loȝten · Thomas made thee
Euene as thow by scrypture he haast offendid
Ryȝt so let it be by wrytynge amendid

Freend, thogh I do so, what lust or pleysir
Shal my lord haue in þ noon · thynkith me
Ryc Thomas ys, his lust and his desyr
Ys, as it wel sit to his hy degree
ffor his desport & mirthe in honestee
With ladyes to haue daliance
And this booke wole he she þen hem par chaunce

And syn he thy good lord is · he be may
ffor thee with mene, þ the lightlyeve
Shuln they farewe thee putte in assay
my conseil, let see nat shal it thee dere
So wolde I doon, if in thy plyt I were
Leye hond on thy breest, if thow wolt so do
Or leue þ I can no more seyn ther to

¶ But thogh to woman thou thyn herte bolde
Asshure hir grace with greet repentaunce
Ffor thy giltes thee wole I nat allowe
To take on thee swich rule and gouvernaunce
As theis thee wele wolde for greuaunce
So greet I theis sol be wroghte of it par tie
That thou repente it sholdest on Thomas

¶ Adam betrysled was & Eues weed
And skir so was shee by the Serpent
To whom god seide this woman thyn heed
Treke shal for thurgh thyn entisement
Shee hath y broken my comandement
Now syn woman had of the feend swich myght
To breke a mannes heed it seemeth light

Ffor why I let noon housbonde thynke it shame
Ne repreef syn to him ne soilense
Thorgh his wyf do to him p[ar] selue same
hir reson awith have of men maistrie
Thorgh holy writ witnesse and testifie
men sholde of hem han dominacioun
It is the veuers in probacioun

Durham fol. 24ʳ: art. 2

hauge vp his hachet, z sette hun adoun
ffor women wole assente in no maneere
vn to þt poynt ne þt conclusioun
¶ Thomas how is it twixt thee z thy feere
wel wel yp I what list yow therof heere
My wyf mighte haue hokir z greet desdeyn
If I sholde in swich cas pleye a soleyn

¶ Now thomas if thee list to lyue in ese
Prolle aftyr Conciences beneuolence
Thogh it be daungerous, good is to plese
ffor hard is it to renne in his offense
What so they seyn, take al in pacience
Fette art thow nat, than thy fadres before
Thomas han been, be right wel war therfore

¶ ffeend hard it is, women to greeue / grauute
But what haue I aughlt, for him þt chyde
Nat haue I don why, dar I me auaunte
Out of Conciences graces slippe or slyde
¶ Yis Thomas yis, in thepistle of Cupyde
Thow haast of hem so largeliche said
That they been swart wrooth, z ful euele apaid

¶ Secound douteles ffynd that ther is ther in
yt souneth but right smal to hir honour
But as to yt nook for your fadr thyn
Considereth ther of Eue I noon glotoun
I nas in yt cas but a reportour
Of folkes tales as they seide I wroot
I nat affermed it on hem god woot

Who so yt shal reherce a mannes sawe
As yt he seith moot he seyn & nat varie
ffor and he do he dooth ageyn the lawe
Of trouthe he may tho wordes nat contrarie
Who so yt seith I am hir Aduersarie
And dispreise hir condicions and port
ffor yt I made of hem swich a report

he mis ruysed is and eek to blame
Whan I it spak I spak conpleynyngly
& to hem thoughte no repreef ne shame
What world is this ho wol vndrstande am I
Looke in the same book what stikith by
Who so lookith aright ther in may see
yt they me oughten haue in greet cheertee

And elles woot I neuer what is what

The booke concludith for hem is no nay

Vertuousl'y my good freend, dooth it nat

¶ Thomas I noot, for neuer it iht I say

pro freend. ¶ no Thomas ¶ wel two we I say

ffor had yee red it fully to the ende

yee wolde seyn, it is nat as yee wende

¶ Thomas hou so it be do as I seide

whan it displesith hem & amendes make

If þat some of hem thee therof vpbreide

Thow shalt be bisy ynow I vndirtake

Thy tit to keepe, now I thee bytake

To god, for I moot needes fro thee wende

The loue and thank of women god thee seende

Among I thynke thee for to visyte

Or þat this booke fully finysshid be

ffor looth me wer/ thow sholdest aght wryte

Wherthurgh thow mightest yeve any mavntyee

And for þat cause I wole it ouersee

And Thomas now a dieu & saue weel

Thow fynde me shalt/ al so trewe as steel

2

Whan he was yoong / in min herte dredde
Stonde out of Someurce benevolence
And to fulfille þ... p... he me redde
I hoop me do my peyne and diligence
To serue hir love by obedience
That is / in my werdes can nat wel portueye
To heer the fourme how I hem obeye

My ladies all / as wissh god me blesse
Whi þat yee meeued been / can I nat knowe
My gilt cam neuer yit / to the vpnesse
Al though yee for your to me deene a trowe
But I your freend be / byte me the yocke
I am al other to you / than yee weene
In my corsynge / hath it / as shal be seene

But nathelees I lowe / me submitte
To your bontees / as fer as they him place
In you / vn to me wertthe it may wel sitte
To aye pardon / though I nat trespace
Leuer is me / with pitous cheere and face
And meek spirit do so / than open werre
yee make me / as me gritte atte werre

In fine

Explicit me Gabriell Cnoll...

A tale eke which I in the romain dede

No late say in honur & plesaunce

Of tho & my ladyes as I moot nede

Or take my way for fey in to avaunce

Though I nat shapen be to prike ne prance

Wele I translate and þt shal ȝouȝe I hope

My gilt as clene as keuerchefs doth sope

Fabula de quadam Imperatrice romana

In the romain actes writen is thus

Whilom an Emperour in the Citee

Of rome regned clept Joveslaus

Which his noble estat & his dignitee

Gouerned wysly & weddid had he

The doughter of the kyng of hungarie

A fair lady to euy maner she

And for þe beautee in roman allone

Writen bountee is nat comendable

Thee was ther to a vertuous persone

And spally pitous & mercyable

In all hir werkes which ful comendable

And þtment is on to roman kede

Mercy causith good renon fer to sprede.

Thomas Kyngston

hath rede this quill in boke

Durham fol. 26ᵛ: arts 2, 3

¶ Now in my tale foorth Gode y proceede
Is þt this Emperour in his bed lay
Sleep on a nyght / a thought gan in hṭ breede
On to the holy land to take his way
And on the morwe left lenger delay
His wiff and his brothir he made appere
Before him / and hem seide in this manere

My deere wiff / myn hertes ioie and hele
þt thyng þt stablisshid in myn herte is
And can nat hyde fro thee ne concele
Repat ne Gode / and shortly it is this
On to the holy land of Gode y wis
And for thy make I thee principally
Of al thempyre ne absent S lady

Bytakynge and committynge on to thee
Of peple and land the charge special
And bidth thee my brothir heer shal be
Steward of it to rule & gouerne al
That to me and my peple greet & smal
Profitable is / by conseil & assent
Algate of thee and thyn auysament

Al thogh thee thinke this purpos sodein
Yit be nat hevy, but in gree it take
With goddes grace my comynge ageyn
Shal nat be longe to yf for thy sake
Yole the shortest abood they make
Truste me Wel, as blisue as yt I may
Haaste I me Wole fro thennes a way

To Whom With spirit of humilitee
She seide syn it is your good plesaunce
To departe hene and go to yt Countree
I take moot algates in souffraunce
your Wil, and shal With hertes obeissaunce
As yeelde as turtle yt lakkith hir feere
In your absence I shal be my lord deere

Ful sore I am agast a gretith drede
yt neue yee shuln thennes With your liif
Retorne, almightty god yow saue a speede
He hir yaf Worder confortatif
And kiste hir, and seide fareWel Wiff
Be nat abasht ne nat dredith I preye
And foorth he hastith him in his iourne

Durham fol. 27ᵛ: art. 3

The force of herte and cheep of heuynesse
Which this good lady at his departynge
Made the book nat can telle or expresse
Wherfore of þat haue I no knowlechinge
Eek kepte I nat the belle of force out rynge
Though þat I knewe Eel euch circumstance
Of his word & hys heuy contenance

But whan this Emp(er)o(ur) knewe this tresoon
His brothirs herte was so eleuat
And so prouoked þat by right ne sette he noon
Him self forgat he for his hy estat
The pore & simple folk this potestat
Oppressed sore and dide hem greet distresse
The riche he robbid eek of hir richesse

And yit this wikkid man this Seneschal
Concuied oure verse and to fulfille it thoughte
He dide his might and his peyne total
And all weyes serchid he & soughte
And to bryngge it aboute he faste wroughte
Al though he faillid at proef and assay
The wikke knyght of þ a communly nay

be it knowe vnto all men be thes
presen Wryttyng

he day by day lay on this Emperice
To make hir vn to hym flesshly consente
But shee answerde it weyd ouer greet bire
To me, if I ther to myn herte kente
Nay brothir nay, god woot I neuer it mente
Ne neuere shal, I truste in goddes grace
yee goon Erour, yee mve chosen han your place

In al your lyf, yee neue ne noon othir
Shal make me consente to yt Thyne
ffor shame fry yt yee my lordes brothir
And whom yt he right feithful trust hath Inne
Sholde any Such tale to me begynne
Which Eys ageyni his and your honestee
And myn yt am his wyf wel knowen yee

I treche Eyf I thyue Eole & dye
Ans wole I be to whom yt I am bounde
Whyle he lyueth and I withouten lye
Trustith wel, it noon othir shal be founde
But for al this at euery tyme & stounde
he strued hys, whan he fond hys soul
vn to this dede vicious and foul

And than

And whan shee sy / shee mighte haue no reste
Zat wolde he stynte of his inquitee
Shee aftir thre / or foure / of the grettefte
Of al thempire fente / and thus spak shee
¶ Sires / the cause / þᵗ hath meeued me
ffor yow to sende / is this / as J shal seyn
Of which / J fore encombred am certeyn

Yee woot wel / þᵗ my lord the Emperour
In his absente / hath maad me principal
Of thempire / and his brothir gouernour
And Steward vndir me / for to rule al
With this addicion / þᵗ he nat shal
Werke / my conseil and assent withad
This was my lordes wil / and thus he bad

And natheles / the poore he hath oppressid
And robbid riche folk / yee woot J trowe
And werse thyng / which shal nat been expressid
As now / he wolde han doon / my self it knewe
Wherfore / kep on the feith / which þᵗ yee owe
To my lord / and on his part J yow charge
Enprisone him / let him nat goon at large   (h)

T   h ———— G ——— I   S   ⸗
        ı ————— 10 ——— z   z
    ʃ ——————— 9 —— 4 ⸗
        z   39   4   84
                              100
⸗ ᵗo⸗ ᵗo   z   p   10   100
        Sꝰ totalis 4 z   10   ꝑ

ffetteth him faste / and they answerden thus

Þa dame he hath don many a wikkid dede
Syn our lord wente / it wel knowe is to be
To your comandement / as be most neede
We wole obeie / but withoute drede
yee muste in this warrante be and allowe
Lest our lord / whan he comth us wrowe

What onwes if shee / dotith yow right nought
ffor if my lord knewe / as mochel as I
That he hath doon / sholde be dere bought
þt I yow tharge / wole I stande by
They made anoon arest on his body
And in to prison / they him threwe a caste
And fetted him in yren bondes faste

Ther he abood / til þt word comen us
howe þt the Emperour us hoom comynge
Thanne he thus thoughte / howe shal I doon allas
Nowe knowe shal mys lord bys enqueryng
The verray cause of myn enprisonynge
Wherthurgh his grace I sothly shal leese
Or þt tak my lyf / I ne shal nat cheese

In feith if I may it shall nat be so
Þe messager as blyue ordeyned he
And made him to þe Empereſſe go
And by seche hir of hir hy bountee
Syn ſhee had ay been of hir trvace free
Þt ſhee ſo mochil tryſte ſolde him do
He come and ſpeke a word or two

Ȝin to the dore of his priſon ſhee cum
Withouten danger ſhee ther to obeide
What is hour ſol þ ſhee la heep I am
he lookid pitouſly and meekly preide
O gracious lady reeke on me he ſeide
If þt my lord me fynde lieþ in priſon
my deth ſole it been & confiſion

my gentil lady what ſhal yow profyte
To do me of a meſcheuous deth ſterue
If þt I lyue may wole I me aquyte
treuely to yow and your thank deſerue
What yow liſt me comaunde I wole obſerue
And do as humblely as any man
Þt in this world lyueth do may or can

And shee anoon right meeued of pitee
Goode if I liste þᵗ of thy folie
Thow thyne Goldest & amende thee
Hens foorth / and thee vn to vertu applie
My grace Golde Inat to thee denye
He seide and swoor al þᵗ he coude swere
Amende he Golde and wel aftir him bere

O noble lady symple and Innocent
Trustynge sop on his ooth and his promesse
fful wo is me forthy so consequent
Often happith Commaunce tendrenesse
Torneth him In to harm and to duresse
This Emperice fond it so by preef
Wham þᵗ forsworn man, greet harm dide & greef

This man shee took out of the prison hous
And made him bathid been and fresshly shaue
And dide him clothe in clothes precious
And a fressh coursercels shee made hir haue
And seide now brothir so god yow saue
Takith your hors / and ryde foorth wᵗ me
Toward my lord / and foorth wᵗ his good he

And as they riden right in the hys way
By a fforeste / an hert before hem ran
Ther nas but ryde on ryde and hay dogge hym
Ich man doth his peyne in what he can
The hert to slee / ther lefte no man
Of this good lady / sauf this wikkid wight
This Stewavd / which brak al þt he had hight

Par aventure / men wole han miant
That damoisele / which had slee noon
No force of þt / the book withouten fautt
Makith no mynde / as mochil as of oon
This chance shoop / many a yeer agoon
That tyme par cas / was no swich away
As þt in sundry / countrees is this day

Whan this knyght sy / ther was noon but they two
To thempire / he seide in this manere
It is ago fern / hym I spake yow to
Of loue / come on now my lady deere
With me / in to this priuee foreste heere
That y of yow may haue my talent
Now shal be doon / þt I longe haue ment

¶ What fool took I thee nat out of prison
No lenger hens / than yisterday yp slee
In trust and hope / of thys correccion
Is tho s floor / and beheightest on to me
And now to thy folie and mysetee
Eftone yeldest thee s way douteless
It shal nat be / stynte and holde thy pees

Ther neuere shal man do with me that dede
Sauf my lord themperour / which that of right
Licenced is ther to / o god forbeed
That by myn honestee sette I so lighte
Deme thee nat ther to / for in thy might
Shal it nat be / thy will for to perfome
By no s wole I me ther to confome

And he answerde / and spak convenyently
But if that tho consente wilt to me
In this foreste as swyth the right wole y
Hange thee by thyn heer / vp on a tree
Ther no wight shal thee fynde and so that he
Of wikkid deth / tho sterue shalt & die
Truste on help at al ne remedie

By thy manaces sette I nat a myte
Shee seide / of hem haue I no dreede at al
Thogh thow me thretne / myn heed of to smyte
And do me what torment thow canst I shal
Thee serue ay yt / this for answere final
Take if thee list / for to yt poynt me dryue
Thow nede shalt / Whyles I am on lyue

Thow didst wel in effect thus seide I cey—
He stryppid hir anoon / left al delay
In to hir smock / and seeyng hir by hir heer—
Vp on an cost / and by hir hir palfray
He stonde leet / and foorth on dreel Ony
ffoof this tyrant / this man malicious
This cruel herted man cnuenymous

And Whan he had his felashipe atake
he bleew and blustred / and made heuy cheere
And a stronge lesyng he gan to hem make
he seide allas / yt I ney3 on my beere
So wo is me for yt my lordes feere
my lady is me reft / by force of men
God yeue hym sorwe / and all shrwe

O false hiep, o the coffe and cheste
Of vnclennesse, o stynkynge aduoutour
In fil seyne, and filly to meeste
O false man to god, and tho traitour.
To thy lord and brother the Emperour
O enemy to cristly chastitee
And in thy lurkes ful of crueltee

O cursed feendly wrecche, why hast tho
Deceyued and betrayed innocente
What eilt tho seyse how wilt tho looke hao
Whan tho comest to thy lordes presente
And art opposed by his excellence
Howe that it be his lady hath betid
I am siker that the trouthe shal been hid

For as wel as yt to thy compaigne
Tho hidist whan tho hem ouertook
As lorde wilt tho sin to thy lord hye
Ful bold wel, and yt with bold face and look
Nathelees of this trouth nat the book
Wherfore to my tale wele I go
Of this lady, and forth tell of hir wo

Durham fol. 32ᵛ: art. 3

¶ Whan þat shee so had hanged dayes three
By þt foreste wod ther on huntynge
An Erl þt was of a straunge contree
Beforn whoos houndes was a fox rennynge
And they aftir it blyue folewynge
And as þt they ran they hadden a sent
Of the lady and thidir be they went

And ther as shee heeng they stood at a bay
This Erl of þt mervaillynge hd greeth
Thidir him hyeth in al þt he may
And whan he hir they hangynge syʒ
he seide womman what art thou & why
hangest thou in this wyse vp on the tree
¶ A straunge womman sho am quod shee

Of fer parties how in to this place
I cam quod god woot shee wolde by no way
Deskeuere what shee was ne what fallace
was doon to hir also shee kepte hir ay
And tolde nat o word of hir assay
Than axed hir the Erl whoos hors is this
þt by thee standith // þt shee myn it is

Durham fol. 33ᵣ: art. 3

Wherby the Evl anoon right vnderstood
þᵗ it noon othir Wyse mighte be
But shee san gentil Woman Was of blood
And in his herte routhe of hir had he
And seide to hir / if it like thee
vn to my Wil / thee confourme and enclyne
Deliuer Wole I thee out of thy pyne

To this I meene / this is myn entente
A yong doughtir haue I in soothfastnesse
Of Which I Wolde if þᵗ thee lift assente
Thow took on thee to be gouerneresse
And teche hir as longith to a maistresse
þᵗ lordes children han in gouernaile
And Wel Wole I thee quyte thy travaile

Myn entente is þᵗ and othir right noon
If Sure ger shee gladly Wole I obeye
To yow in þᵗ and shee Was take anoon
Doun fro the tree / as shortly for to seye
With him to his Castel shee rood hir Weye
And of the chyld shee took the gouernance
Which torned hir aftir / to greet meschance

Thee as this yong chyld in the Chambre lay

Full myght Shee say theof and the Contesse

But Chee bedde brente a lampe all thy

And Wel beloued for hir hir goodnesse

Of euery Crysten Vs, bothe more and lesse

This Emperice, til Vp on a myght

Giltlees hir good loos, reste a Cursid Cnyght

Ther Vas a Stywayrd in this Erles hous

That to hir ofte had spoke of flesshly loue

To Chom seide ay this lady gracious

Wald haue I an avow to god aboue

Loueres all, sho myn herte shoue

Sauf oonly him, Chom of goddes precept

To loue, I holde am, and that shal be kept

I truste in god, myn herte shal nat change

Sso that Chal my hyf shal sojourne in me

O. Wilt thou so, Wilt thou make it so straunge

Wilt thou noon other Chse do that he

That I seid haue, I Wole holde that thee

And Chan he sy noon other remedie

He Woortly Wente, out of hir compaynie

And fro thens foorth / compassid in his wit

hou to be venged / vp on hire þ broken

And on a nyght vnhappily shoop it

And for left vas the Erles chambre dore vnstoken

To which he cam / and fond it vas nat loken

And theefly in staal / this vikkid persone

Ther as he fond hem sleppinge euerichone

And he espyde / by the lampes light

The bed / ther as þ lay the Emperice

With therlee doghtir / and as bliue vicht

This feendly man his purposid malice

Ther for to fulfille and accomplice

And so he dide / a longe knyf he out droe

And ther vithal / the mayden chylde he sloe

Thir throte vith þ knyf / on tvo he kutte

And as this Emperice lay slepynge

In to hir hand this bloody knyf he putte

ffor men sholde haue noon othir deemynge

But shee had gilty been / of this murdrynge

And vhan þ he / had vroght this cursidnesse

Anoon out of the chambre / he gan him dresse

The Contesse aftir · of hir sleep awakid
To themperours bed than caste hir look
And sy' the bloody knyf in hir hond nakid
And for the fere shee tremblid and qwook
And wytted on hir lord · and him awook
Preyynge him to the bed he loke wolde
And there a mruallous thyng seen he sholde

Whan he was wel awakid of hie sleep
he lookid ther to as shee him besoughte
And it byheeld · and of it took good keep
And of y' meschief · him sore forthoughte
Deemynge y' this cursid deede wroughte
This Emperour · as y' it was ful lyke
To been · and up he threew an heuy syke

And hir awook · and thus to hir he cryde
Woman what is y' in thyn hand I see
What hast thow doon woman for thy p' dyed
That wikkid spirit hath trauaillid thee
And as soone · as y' awakid was shee
The knyf fil out of hir hond in the bed
And shee byheeld the clothes al bybled .

And the chyld deed · Allas shee cryde allas
hoẅ may this be / god ẅoot al / I noot hoẅ
I am nat pryuee to this heuy cas
The gilt is nat myn / the chyld nat sloẅ
As ẅhich spak the Countesse / ẅhat seist thoẅ
Excuse the nat · thoẅ maist nat seyn nay
The knyf al bloody in thyn hand I say

And thus · en to hir lord shee cryde anoon
Slee this cursed feend / yt our chyld hath slayn
lat hyd no lengere on lyue goon
yt y neuir had hir seen · ẅolde I ful fayn
But or shee heer cam / yt shee had be slayn
ffor so sweet ẅo · ordin neuere to myn herte
Slee hyd as thyne lat nat hyd asterte

Al thoẅgh yt shee ẅeyd in this cas ẅengeable
ffor cause ẅo / me thynkith it smal vice
Shee ẅas in yt in partie excusable
Don is / shee ẅende / yt the Emperice
hyd chyld had slayn of purposid malice
And so it seemed / as by likly ẅede
Al be it yt nat ẅeyd it so in dede

þ othir clause at God euẽ man
In the World so lovynge tendrenesse
Is noon / as is the love of a Womman
To hir chyld namely; & as I gesse
To hir housbonde also. Grief of Otirnesse
Ye Weddid men may bere if þt be hire
And so byhoueth; a thank be to pyse

Now foorth; how the evl to thempire in hadde
And how þt he gouerned þt mateere
Sierkneth; Of henry theere & Gordes sadde
To hym he spak / and seide in this maneere
Womman; O my Word, slee Wolde I thee heere
Sauf for awe of god, at Whos reuerence
þt deede Wole I putte in abstinence

Thow haue shalt for me noon harm at al
But Who so trustith on the curtesie
Of thee / ful soone he deceyued be shal
Whan þt thow Geyd on a tree hangid hye
Deyd as thow ilky; haddest been to dye
Thow Goost Wel; ther from I delyuered thee
And Gith my dorstiwe deeth/ thow qGit hast me

Unkynde womman walke on foorth thy way
Hye thee hens, and neuere see my face
ffor if that I heere aftyr thee see may
Outhir in this or eny othir place
Of my lordsshipe, the Queen othir grace
Shalt han, but die a deeth ful vilenous
Thow wikkid womman fals and traiterous

This Innocent lady, no word ageyn
Spak, for shee spoken had ynow beforn
Excusinge hir, but al was in veyn
ffor whan that shee had al yseyd and sworn
Shee with the Erl and his wyf was doun born
And sikirly, wher as that no credence
May been had, wysdam conseillith silence

What leeue that shee took, ne woot I nat
Or that shee fro that place was ykent
The book makith no mention of that
But hir palfray shee hir self hath hent
And so foorth rood tobward the orient
O Empire, our lord god wye thee
ffor yit thee folbwth more aduersitee

[...]

As shee rood on hir

37

As shee jood on hir right hand / shee espyde
A galwe tree / to which men a theef ledde
hanged to been / and to hys horses syde
The spere gooth / shee faste hir thidir spedde
ffor verray routhe hir thoghte hir hte bledde
And to the Officer meekly shee preide
In this wyse / and right thus shee to hym seide

Sires if yow list / this mannes lyf saue shee
I reedy am / to yeue yow good meede
be dole wel y / they that shul be hawe
What lysith yow / for his lyf be to beede
paieth therfore wel / and yee shul speede
Then of the paiement / accorded beye
Shee paide / and this man / foorth shee took & heye

Be to me treewe / now y shee my freend
Syn fro thy deeth / delivered haue y thee
This certes ladyj / elles to the feend
body / and soule bytake y seide he
Noon othir wolde I / for al cristientee
Been vn to yow / and foorth shee rood hir way
And on his foot / this man hym folwith ay

Til þat they dwell / Into a Citee my
Whidir beforn shee bad him for to go
And take his In / so þat shee honestly
aughter Inned been / and he did right so
And taried nat his lady longe fro
But ageyn hid as blyue right this man
To bryngge his thidir / fast wente than

Shee cam in to hir In / and abood there
dayes dyuerse for his ese and reste
And in the Citee fame þed þeys
Spvang / hoic a lady / the womanliest
Of theep port / shap / and eek the fairest
That any wight beholde might or see
Was come / and Inned hir in the Citee

Many a lusty man in loues art
Expert and sotil / dwel hem to hir In
Beemynge han geten þt of which no part
They gete koud / for noon art ne gyn
To thententes corrupt þat they weys In
Thee wolde for no thyng be we ꝯ euthyne
his hertes Castel koude they nat myne

As fer as the boundes of honestee
Requeren / shee made hem disport and cheere
But passinge it / for al his sotiltee
For profre of meede / ne for fair preyeere
Shee chaunge nolde his vertuous maneere
The lessons yt they in Ouyde had red
Halp hem right nought / they wenten theus disped

Wyes yt seyn wommen be variaunt
And can nat sad been if they been assaillid
Yee been ful vnkonnynge and ignoraunt
And of the soothe foule yee han faillid
Constance is kyn to wommanhode entaillid
Out of yt see they nat be dryue may
Ooth hir nature is thogh summe men seyn nay

They stidefast been as fer as y woot
But it be oon / they take hair a purpos
Yt naught is / which be it nede so hoot
They chaunge / lest it hurte mighte his loos
And keepen it secree couert & cloos
Inexcent / thogh of hem nat a feede
The venewr don / what / the feend is a shrewe

Let al this passe / they come to the port
Of this Citee a ship with marchandyse
Charged / they of hir man made report
To his lady / shee bad him in al wyse
Go thidir and see / and him devise
What thing ther in was / & did hoom hir brynge
Withoute any delay or taryynge

Be thidir wente / & clothes precious
Amonges othir thynges ther he fond
Ful ryche was the stuf and plenteuous
Of the ship / and the maistir by the hond
he took / and seide / ya we to the lond
To my lady see in / shee wolde see
If þt yow list summ of youre marchaundie

I wole gladly seide the Shipman
And to the ladyes In / they bothe two
Goon / but before dressith him hir man
And reported hir / as him oughte do
What he had in the ship seen / and ther to
That the Shipman was comen he hir tolde
preyynge hir / if shee wolde him speke wolde

Thus y shee let him in come / the preise
he entred / and on to him thus spak shee
Syre, yee han in youre ship heer y seye
Dyuerse precious clothes and if yee
Golden some of hem brynge hidr to me
So y⟨t⟩ they mighte accorde Golde y payse
In honde and nat your paiement delaye

Tha dame I wante he seide and took his leeue
And with him her fuant to the ship wente
To whom the shipman by the way gan meete
Freend I am set on a certein entente
on to the Chirche if y⟨t⟩ thow wilt assente
And do thys deuer and my conseil hyde
That thow me knowe thow blisse shalt the tyde

O may I truste may I truste in thee
thow helpe me maist and no wight but thow
If thow wilt so in this necessitee
Gold and siluer wole I thee yeue ynow
Thus y this fuant that I make avow
To god if y⟨t⟩ it in my power lye
Thyn help to thee ne wole y nat denye

If thow keep aftur frynde þt I tabbe
Of my promesse thanne dolle me
I neide mak yit of my tonge a labbe
þt thyng þt me told is in privetee
Keepe I can wel be in noon aCertee
But anoon to me telle out al thy tale
ffor tyeele and trusty be to thee y Cole

Grant mercy seide the Shipman I wis
Now feele I comfort now dar y by Jesse
To thee myn hter seyee which is this
With excellence of beautee is y sene
In thy lady þt but if thow pruveye
ffor me þt y hir loue may obteene
Ful shorte shuln my dayes been y Greene

As this fruant looke how y may profyte
In this let see and me sette in the way
how y shal do and so shal y me qwyte
þt y thy thank disserue shal for ay
til shal be doon yight to thyn owne pay
telle on how that thow þt I me gouerne
The Shipman seide and þt I Cole as yerne

On my behalue to thy lady comende
And to hir seye þt in no maneere
Clothes out of my ship nich I hir seende
If hir good lust be in my ship appeere
Shee shal seen what hir list O ful good cheer
But out of my ship sole y nothyng selle
Right euene thus on to hir seye and telle

But of o thyng thou must thee wel auyse
Good heede ther of take and nat ne fayle
Be thou wel war in al maneere wyse
þt the wynd thanne be good hens to sayle
Al þt thou doost elles may nat auayle
For lede hir hoom sole y to my cuntree
Lo this is al þt y desire of thee

Ful sooth is seid, the fals and coueitous
Been soone accordid, allas this onhede
Shynful shal be, wikkid and trecherous
O Empire, god thee gye and lede
Thou haast or this had trouble greet & drede
And yit a sharp storm is vn to thee shape
But thankid be god, al thou shalt eschape

¶ Ros to purpos / than seide this truant
To the Shipman / come of here me neede
ffor here is fforgid / and make couenaunt
This shal be doon / haue they of no dreed
he had y not What / the deuel hy speed
ffor his labour / to be doon in this caas
And to his lady / dressith he his paas

he tolde hir / how the Shipman Wolde naught
Delyue clothes / out of his vessel
But if it likid hir / to bie aright /
Thidir shee muste come / and he ful Wel
With hir Wolde do / shee knew no del
Of the treson / purposid twixt hem two
And seide / in goddes name / it shal be do

I veedy am to go / Whan þ I shal
Syn þ thaw seist / it may noon othir be
But outhir moot y goon / or leuen al
Let be to thidir as liketh þ shee
A nay madame / it may nat be / seide he
Which occupacion / hath he this day
That he bin to you / nat entende may

ma dame ye muste abyden his leisir

Then on I wole awayte brisshly

And whan tyme is yee shuln han your pleisir

Often oft on him awayte moot y

To wite and knowe wel and redily

The tyme whan we shal be thidir dresse

ma dame for yow this best is y gesse

This humble lamb this ladij Innocent

Of al this treson no notice hauynge

Seide as ye thow doost holde y me content

Thus hir seruant delayed hir comynge

Til ye the wynd wel stood the ship to brynge

Out of the port and thidir he hir spedde

And ye in haaste hire he to the ship ledde

whan shee withyn the shipbord entred was

up goeth the sail to the top of the mast

hire man of purpos lefte on londe allas

And shee nat was y ware of this forcast

And ther with about to wepe shee brast

And seide what treson doost thow shipman

To me I pray ye he no treson woman

Not meene I but thus / lo thus wole I do
fleshly the knocke / and aftur bedde thee
wold þ shee maad haue I god wnto
þ nede so shal thei man do to me
ffor thyng in this world / outake only he
To whom þ am I bounden to / and knyt
The labour is in veyn to speke of it

Keepe in thy wordes / comman I thee rede
As he / considere and thynke wel þ thow
Of thy lyf standist in peril and drede
ffor in middes of the see been we now
To me conforme / it shal be for thy prow
Elles in to the see wole I thee caste
Truste me wel / so wole þ do as faste

Now wel þ shee / syn I may nat astevte
my deeth / but I yow entente fulfille
Al thogh it be greeth ageyn myn herte
yit rather than þ yee me sle or kille
wole I assente / so it be your wille
In the ende of the ship / for to ordeyne
In honest place and pryuee for vs tweyne

It is nat as I hope your entente
In open sighte of folk/ do ȝ̄ me so
hard ȝye it make me/ther to consente
ffor yᵗ a swete enuees ȝye of my ȝo
yit leuer ȝes is to me my lyf forto
It pryuee place as I seid/ proueth
ffor be yᵗ folk see nat tho ȝ̄ the foleȝe

ȝhe in the ship ȝhes as ȝas his plesaunce
A place ordyned entyned aboute
In to the ȝhirch ȝith hemȝ contenaunce
ȝhyles he speeȝ ȝith his meynee ȝoute
ȝhee entred hath and anoon gan to loute
To god ryȝt on hir knees shee hir— prayeere
made / as I to ȝo ȝ̄ shal reherren heere

O god our lord ȝhu our Saueour
yᵗ fro my youthe haast kept me to this day
ȝntierie ȝhu me keepe noȝ̄ this hour
ffrom al pollucion / so yᵗ y may
ȝith herte cleene in this ȝofull affray
my soule ȝilde to thy deitee
ȝeryȝful lord of this biseeche y thee

Þat endid was hir orison þriethee

But soth a tempest aroos in the See

þt the ship braft / and theid took hir dethee

They þt theid in Oren the heol meynee

Sauf oonly this maistir shipman / and shee

Ty oon the bordee / shee faste hir heeld

Which from hir deth was hir deffense & sheeld

And broghte hir vp on to the land saufly

To an othir lord this maistir shipman

Eek olaf / and was sauf / this fil wondrely

many maistres our lord god do can

And þis lady / this noble woman

Was sauf þ this maistir shipman knee no deel

Ne shee / þt he fortuned had so weel

Of this shipman speke y no more as now

But this lady / won to a nonnerie

þt was but theid faste by / hir drew

Ther the ladyes / of hir conpaignie

Wer ful glad / of hir trentrerie

Receyued hir / al though þt no notice

They hadde / of hir estat of Empeire

Thomas

And ther abood shee a long tymes space
In holy lyf and vertuous clennesse
Vn to whom god yaf and shoop swich a grace
yt shee koude hele folk of hir seeknesse
That so it keep and thidir gan hem dresse
ffrom euy part and euy contree
They yt felten any infirmitee

Than shoop it he yt to the Emperour
was brother which this lady on a tree
By hir heer vp heeng yt cursid traitour
thus of malice and iniquitee
He forto a leepre was as myghte be
lo thorgh god him to wreke a whyle abyde
The fals and wikkid q which he sin tyde

The knyght eek which the Eerles doughtir slow
The Empire z shee bothe sleepynge
As y before told haue vn to yow
was blynd and deef and also the tremblynge
Of palesie sore gan him wrynge
No force hou sore swith a wrecche smerte
That to women so cruel is of herte

¶ The theef which to the maistir of the ship
Betrayed thempire his lady ale
ffrom harm ne greef, koude nat make a skip
God sheelde he sholde, he þᵗ was so fals
To lad þᵗ from the voop kepte his hals
Potage and holdrys þᵗ halt he was ceft
And was in othir sundoys offse seek

¶ The Shipman had also the frenesie
þᵗ to this Empire hadde ment
ffulfillid his foul lust of adventure
which was in him ful hoot and ful fervent
See how all hem þᵗ to this Innocent
This noble lady had y doon grevance
Our lord god quitte Dᵗ strook of vengeance

¶ Yee men whos vsage is women to greeve
And falsely deceyve hem and bytraye
No wondir is, thorgh yee mis happe y theeve
God quyte yow wole, and your wages paye
In which wyse, þᵗ it yow shal affraye
Let goddes wreche hene foorth yow mnoiye
ffor but if yee do, yee shul bye it soure

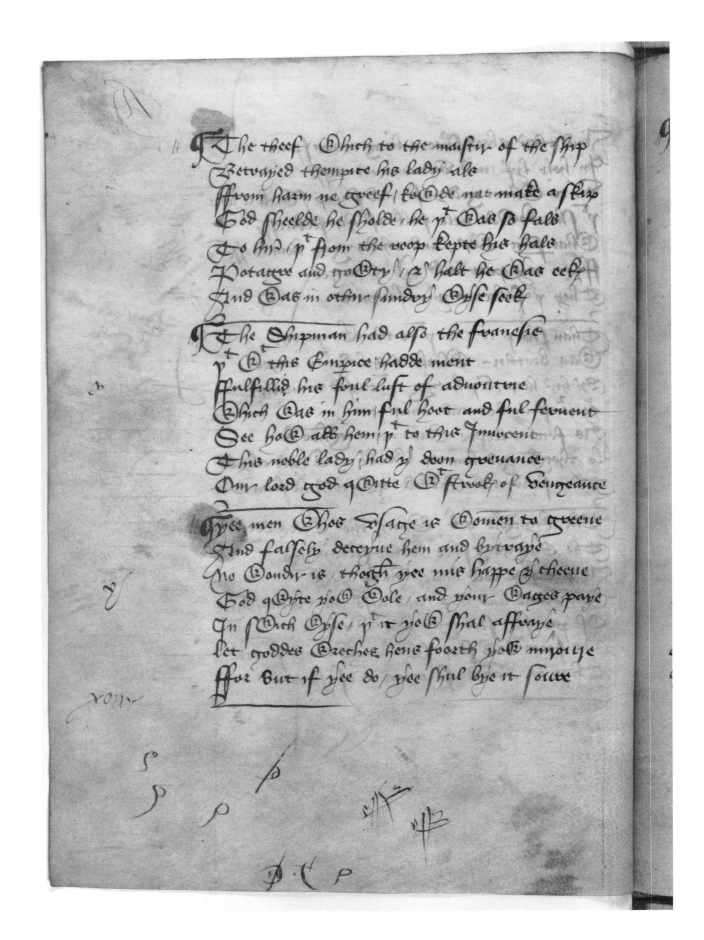

Now to the Emperour torne wele y
Which whan he herde yt in an Abbeye
Of Nonnes was a woman so holy
And ther to so konnynge he herde seye
That bothe to ôe shee and dryue adowne
Seeknesses all of what kynde or nature
They weuen and hem hele wol ȝ cure

Right thus vn to his brothir seide he tho
To this holy woman best is yt We
Be faste as We may make be redy ȝ go
Syn so good and so gracious is shee
yt of thy leepre shee may cure thee
This was assentid they he haaste ȝ hye
Yn what they may ben to yt Nonnerie

Knowen vn to thabbesse ȝ hir Couent
hoôe yt the Emperour was ny comynge
Ageyn him in procession arn they went
hir guide ful deuoutly syngynge
And dide al yt was to which was longynge
And whan he in thabbeye was alyght
Thus of thabbesse he apid anoon right

Durham fol. 44ʳ: art. 3

Is ther any swich woman in this hous
As folkes hele can of hir seeknesse
Men seyn ther is a woman merveillous
Shal it be founden so he seide Abbesse
And shee answerde ous in soothfastnesse
A good woman dwellynge is theer heere
Which in vertu we knowen noon hir peere

Shee dide hir come anoon to his presence
But with hir veil hir face hid had shee
To been vnknowe and dide hir reverence
As longid bn to his hy dignitee
And right as blyne of hir axid he
Can yee my brother of his maladie
Of leepre cure and of meselrie

If yt yee can nowe telle on yowr peyse
For your labour ful wel qwhite wole y
But or yt shee aright wolde answere a seye
Shee caste hir look aboute, and theyr sy
The Emperour brother stande by
yt leepre was, and eek tho othir three
yt had hir don so greet adversitee

That is to seyn

That is to seyn the knyght theef and shipman
And thanne shee spak and seide in this wyse
Syd I noon þt is heere yf tye ent
I may nat take vp on me þt enpryse
Ther to may nat my konnynge suffise
But if þt they an open shrifte make
Of his offenses dirke as synnes blake

To his brothir than spak this Empour
Amonge all do thee openly confesse
Spare nat to deskeue thyn errour
Out þt thou ther by maist of thy seeknesse
Cured be telle out al thy wikkidnesse
Be nat abassht it manly is to shryue
But seendly is loure his ther gryue

In this forme a confession made he
Wich al it was but heere the Empire
his loored wyf he heeryng vp on a tree
Yf his heer tolde he nat þt cursid tree
For torne it sholde him in to priudice
And harm also deskeue kepte he noght
Yit afterward he ther to wax y boght

Thumanu̅ est peccare.

Whan þt she led de shriste Gas y do
Sue þ shee laboure y sholde in veyin
If aght J lerde your brothir bir to
ffor he mad haath noon hool shriste ne pleyin
The Empour son to him spakt ageyn
Boost tho nat Reel, thou art a foul mesel
Telle out let see shryue thee clene and Wel

Or truste me Reel for þt encheson
Thou woldest shalt out of my compaignie
O lord he seide, but if your pardon
yee me promette, J dar nat specifie
O Word of my gilt, J your mdy wye
As thenpour, What haast thou agilt me
Certes rigtt greeiously, my lord seide he

Now þ the Empour, and haast thou so
And of the Empire he thoughte nat
But Deemynge shee many a day ago
Deed had been said, What offense is that
Be nat aferd, but tell on pleyn þ plat
For What so þt it be y forgeue al
Truste Wel þ y seye y holde shal

They with al was his brother herted wel
Al had the Empire had he betrayed
Before hem all he tolde out euerydel
Wher of the Empour was sore affrayed
his brother richard had nat been apaied
Had promesse of the Empour him bounde
To pardon / for which he was the p[...] stounde

Almoost he was out of him self certeyn
So saith the book / and p[...] was no disauaile
What lord is p[...] if such a word sodeyn
To him cam of his wif / was gouernaile
Was hiere hit / but my to sholde him faile
his wit and his good disposicion
ffor the sodeyn Ioyful impression

ffor falle anoon sholde in his remembrance
hir vertuous mande and womanhede
hir beautee shap good cheer z daliance
Al this considered withouten drede
Out of the weye of wo him walde lede
The mine of so vertuous a p[er]sone
And hit nat for p[t] enchesoun allone

But also the vnkyndely treson
Of his brothir · p him to him had qwit
So falsely · me thynkith by reson
Stike right my tin to his herte ecchte it
And causen him ful many an heuy fit ·
But nathelees · Wit gouth & prudence
Al thying p fallith · take in pacience

Lok to my purpos · thempo tho spak
To his brothir · and thus he to ft seide
Thow cursid Wrecche · thow demoniak
p our lord god · Which for vs all deide
The strook of his vengeance vp on thee leide
To Tondir is · had y this beforn Wist
Thy body sholde han the two And slept & kist

And ther to eek as sharp punisshement
As p dyuyse ther koVde any Wight
Thow sholdist han y preeued by the sent
But holde Wele y p y thee haue hight
And thanne confesse him · began the knyght
p the Erles doghtir sleVe as shee sleep
To this he seide · takith no good keep

thomas onslox

Notice noon seide he ne knowlechynge

haue y of yᵗ lady / ne who it is

But as my lord the Erl rood on huntynge

In a foreste ones / wel woot y̶ this

A fair lady he fond hangynge I wis

On a tree by hir heer / and of pitee

And routhe meeued / hir adovn took he

And to his Castel wᵗ him hir he ladde

And the charge bytook to his and cure

To keepe a yong doghter / which yᵗ he hadde

hir to teche and to lerne norture

But to me sheep ther a mys auenture

I bisyed me / to haue by hir leyn

And al my labour / ydel was and veyn

For any craft yᵗ eue kowde y do

To me shee wolde assente by no wey

I kowde in no wyse brynge hir ther to

hir answeys was euer oon / z that was nay

which was nothyng vn to my lust and pay

wherfore meeued was y nat a lyte

But ful greetly / and hir y thoghte qwyte

goutrnor

of all god thyng the wonde brought forthe
z faithefull frende yᵉ thinge moste hocurte

And in hir bed / as shee lay on a nyght
This yonge mayde and shee sleepinge faste
I kilde the chyld and ther with foorth right
The bloody knyfe in to the hand I thraste
Of the lady for yᵗ men sholde caste
And suppose how yᵗ no wight but shee
Raughte of the slaghtre and mūrdred gilty be

And thene my lord maade hir boide anoon
But whey shee becam / am I nat prince kay
God woot yᵗ knowleche haue I ther of noon
Than spak the theef I if noot whom meene yee
But a lady of excellent beautee
Allone and soul / cam by the way rydynge
Whan for my gilt I led was to hangynge

And whan yᵗ this lady benygne is good
had hir look toward me cast and espyed
ffrom a fer / in what meschief y I stood
hir herte anoon of pitee was applyed
me to socoure and helpe / and hath hir hyed
on to the place wher dede sholde I be
And payde for my lyff / and saued me

And aftirward I no a fals traitour
Ageyn hir gentillesse and hir bountee
To a shipman which was a foul lecchour
Betrayed hir, and to his courtee
Hir shoop lede hir / this man delauee
And fer in to the See yt sawe he saill
But what fil aftir / woot ys nat sgnz faill

Swich a fair lady textem ys receyued
In to my ship / seide the Shipman tho
And thoughte haue hir desfouled & deceyued
Amiddes the See / but shee preide so
To god, yt my desir was put fro
I mighte nat acheeue my purpoos
Whan shee had preid / an hidous storm aroos

And shortly of this for to speke and telle
The wynd ful sore in the sail bleew & hard
And the wawes began to bolne & swelle
And our takelinge braft / and the ship claf
In two, of seruice lafte ys my thstaf
vndir the watir / Drenten euerichone,
my self except / knowe ys no saufbone

By a bord of the ship heeld y me faste
And as y my fortune shoop þᵗ tyde
The wawes me kauȝ sop on the land caste
¶ This Emperice list no lenger hyde
That þᵗ shee was but spak and sundel wyde
On hy and to hem seide in this manere
Now been yee clene shryuen freendes dere

¶ Now shul yee all haue of me medecine
Shee dide hir art þ helid euery wiȝt
Of his seeknesse as voidid al his pyne
And from his heed shee hath hir veil y plyȝt
And hem hir face she wid anoon riȝt
And as swithe as the Empᵒ hir sy
þᵗ shee his chef was knew he verraily

And wthoute delay to him he sterte
And hir embraced in his armes t weyne
And kiste hir often with vnfeyned herte
But tho Ekepshire he kowd it nat restreyne
Though it nat caused weys of greef & peyne
But of the inward ioie which þᵗ stownde
He tooke by cause he had his wyf y fownde

¶ Ho many a Doctrie is in this lond þ Greene
þ thogh his Clerk lengges had been tn ffo
No þus but if it had been of the spleene
Shee sholde han had ⁊ forthermore alsß
ffyndynge of hys had been to him but Co
ffor him Colde han thoght þ Such a fyndynge
To los sholde han him torned and harmynge

¶ No force of þt my tale I nolt thus cende
Hoom son to his Paleris this Emperour
And his good lady thempouce Creude
And hrineden in ioie and hys honour
Til þt the tyme of deeth cam and his hour
Which þt no Creaght eschue may ne flee
And Chan god list / alsß dye shul Ge

¶ Explicit fabula de "þr" Impatice ſonn ..

ly freend aftir I tro Ce a Cke or tCo
that this tale endid Cas hoom to me cam
And seide Thomas haſeo almooſt do
To se thy Clerk ⁊ hidir comen þ am
thy tale anoon y fette and he it nam
In to his hand and it al ouerſy
And aftir Card he seide thus therby

ff

Thomas it is Wel vn to my lykyng
But is they right y' thio⊕ purposist seye
more on this tale / nay my freend no thyng
Thomas heed is a greet substance a wey
Wher is the moralizynge / y ha⊕ preys
Ycome heer of / Was they noon in the book
Out of the Which y' tho⊕ this tale took

Yis certes freend / they in ne Was they noon
Sikirly Thomas / they of Y muaill
hoom Wole y' Walke / and retorne anoon
Nat spare Wole y' for s' smal trauaill
And looke in my book / they y' shal nat faille
To fynde it / of y' tale it is parcel
ffor y' seen haue it ofte & kno⊕e it Wel

he cam ther w' and it on to me redde
leyynge it With me / by hoom Coute ageyn
And to this moralizynge I me spedde
In prose Wrytynge it hoomly and pleyn
ffor he conseillid me / do so certeyn
And lo in this Wyse and maneve it forth
Which to y' tale is good be kynd in feith

Hic incipit moralizacio ·

This Emperour þ[at] y spake of aboue þe
counceled Ihu Crist · hie Orf is the
soule · & þemperoure brothir is man · to whom
god comitted and bytook the cure and the charge
of hie Empire · þ[a]t is to seyn of the body · & nathe-
lees principally of the soule / but the Overtid
flessh · ful often stirreth and excitith the
soule on to synne · but the soule þ[a]t entierly loueth
god abouen alle thynges · makith euere resistence
on to synne · and takith his maistrie & powere
þ[a]t is to seye reson · Or intellect and conscience
& makith swich inobedient flessh · to the spirit
to been enprisoned in the prison of penance · til it
obeye in alle thynges to reson · & þemperoure þ[a]t is
to seye Crist · is to come to the schineyd · & thanne
the flessh · cryeth grysinge grace / and as often
as he hath mercy · so he hath hope · & for trust &
hope of mercy · the rather wole he synne · Ther fore
swich folk · spekith holy scripture in this wyse ·
Accursid is or be þ[a]t man þ[a]t synneth in hope · to
which the soule is often sythe enchyned · whee letith
the flessh wron out of the prison of penance /
whee passith & punyth the flessh · of the

filthes of synne clothynge it ⁊ goode vertuee ⁊
makynge it ascende and worthe vp on the steede
of charitee / to vse in goode workes and deedes
þⁱ it may meete with god in the holy day of Es-
tren / but allas and welewey, often sithe the
synner offendith and trespaceth by the way,
in þᵗ holy tyme / Theyf of the hert vseth þⁱ is
to seyn delectacion of synne / and all the vttee
remen aftir synne / and the houndes þⁱ is to seyn
the wikkid thoughtes al wey berken ⁊ maken sich
instigacion þᵗ man þᵗ is to seyn the flessh and
the soule been to gidere left withouten any
vertu / and the flessh apparceynynge þᵗ soliath
and byssieth hym stwynge the ful noble soule which
is cristes spouse vn to synne / but nathelees
the soule þ is wel beloued of god and vn to crist
weddid þ oued wole nat forsake god and consente
to synne. wherfore the wrecchid flessh despoil-
lith often and robbith the soule of hir clothes / þᵗ
is to seyn goode vertues / and hym hongith on an
ook / þ is to seyn worldly delyt ⁊ delectacion /
by the heeres / þᵗ is to seyn by wikkid concupis-
centes and desires / til the Eul / þᵗ is to seyn the

Durham fol. 50ᵛ: art. 5

prechour or discreet confessour hure in the
foreste of this World with vertuous sarmonynge
& prechynge yevynge conseil and reed to do
goode and vertuous dedes berkynge þⁱ is to
seyn pronouncynge the Wordes of holy scripture
and thus the discreet Confessour or prechour
ledith the lady þⁱ is to meene the soule vn to
the hows of holy chirche fer to teche & norisshe
the maiden þⁱ is to seyn to hele the conscience Wᵗ
the Werkes of mercy ¶ The Erl before his bed
hath a laumpe þⁱ is to seyn the discreet confessoᵘʳ
prelat or prechour hath alway beforn the yen of
his herte the laumpe of holy scripture in Which
he seeth the griefs and annoyes of the soule þ
tho thynges eek þᵗ ther to been profitable and
necessarie þⁱ is to seyn dowynge or pluckynge
out of it vices and puttynge or ympynge in
it vertues ¶ The Styward þᵗ excited and sti
red him to synne certem þⁱ is pryde of lif Which
is the Styward of this World by Whom many
folk been deceyued and begyled but the soule of
god beloued Wole nat consente to pryde What

dooth therfore worldly pryde, certem it takith
the knyf of avarice. Whan shee profrith a
man a purs ful of moneye, castynge it beforn
the yen of a man, and so shee sleeth the maiden
þ⁺ is to seyn good conscience. Wher of it is wri
ten thus ¶ Yiftes or meede blynden the Juges
yen, and perverten wyse men, so þ⁺ equitee or
evenehede myghte nat cutte, but stood al aseþ,
and the jugement was torned vp so down. So
the been they þ⁺ been or oghte been put out of
the Chirches lappe or bosom ¶ The lady good
soul or allone, and apperteyninge a man led to
the gallwes cet. This man may be led to his
deth by deedly synne werkynge, let be ther
fore do, as dide þ⁺ lady, shee smoot hir hors &
hir spores, so sholde we do, we sholden pricke
our flessh & the spores of penance, and helpe
and socoure our neighbourgh in his necessitee,
nat oonly wit goodes temporel, but also wit goo
des spirituel ¶ Wher of seith Salomon wo
is þ man þ hath soul in synne, & hath no wight
to be holpen by or conforted ¶ Hye thee man
hye thee, averse or were wp thyn neighbourgh

Durham fol. 51ᵛ: art. 5

yt is doun fall / for the brothir yt is holpen of
his brothir is hijt a stvong or sad Citee / Who
so only yeueth cold water to his brothir to
drynke · he shal nat leese his meede / but manye
vnkijnde folk ther been as was the theef yt
betrayed his lady / aftir shee had saued him
from his deeth / Some men yilden euel ageyn
good to hem don / Therof spekith ysaye thus /
Wo be to hem yt callen good euel / and euel good /
The maistir of the ship is the feend / by whom
many folk been deceyued in the See / yt is to
seyn in this world / All thynges been vanitee
seith Ecclesiastes / but the ship is broken as ofte
as any Wijht theesith wilful pouert / and
he yt obeieth to his prelat in all thynges for
god / thanne hatith he the world and the con
cupiscence of it / It is impossible to plese the
world and god / The lady wente to the Ab
beye / So torned the soule to holy lijf fro world
by tribulacions / Theythyngis all the wittes
by whiche the soule dyed was and troubled
been infect / Of dyuise seeknesses · as yë · by the
concupiscence of yën / heeryinge · by detraccion

and so foorth / Wherfore the soule may nat open
ly be seen of Cryst hir spo[u]se til y[t] all the
[?]rtes be confessed openly / and thanne doute
lees the soule may be led to the ioie of paradys
to Which he vs brynge y[t] starf for o[ur] redempcon amen ~

¶ Explicit moralizacio & incipit ars vtilis
sima sciendi mori .. Cu[m] omes homines
naturali[?] scire desiderunt & c ~

Syn all men naturelly desyre
To konne / o eterne sapience
O Comersel & prynce lord & Syre
Autour of nature / in Whos excellence
Been hid all the tresore of science
Maker of al / and y[t] al seest & Cost
Thus preye y thee / thou lord of myghtes moost

Thy tresor of Wisdam / ys the komynge
Of science oyne tho[u] to me y[i] preye
Y y[t] therof may haue a knoWlechynge
Enforme eek me / and vn to me by[?]Weye
Syn tho[u] of al science kepst the keye
Sotil natures ryhtst yfo[u]nde & grete
Of Which / y feruently desyre trete

O sc[?] min[?]

¶O sone myn / sauour nat so hye

But drede, herkne, and y shal teche thee

thynges þt shal to thy soule fructifie

A chosen yifte shalt thou haue of me

my lore / eternel lif shal to thee be

The drede of god / which the begynnynge is

Of wisdam shalt thou lerne / & it is this

¶Now herkne a doctrine substancial

¶First how lerne the / telle wole y

¶The ij. how þt a man haue shal

¶The iij. how a man sacramentally

receyue me shal / wel and worthily

¶The iiij. how with an herte clene & pure

that a man loue me shal and honoure

Discipulus

¶Tho thynges iiij. good lord haue y eud

desired for to knowe and hem to lere

in to myn herte ther is nothing leid

A better thyng / can y nat wisshen heer

But tellith me this / this fayn wolde y heer

what may profite the lore of lyuynge

whi deth noon hauynge is / but a prysynge

Durham fol. 53ʳ: art. 6

¶ Sapia

For þee man veneth of hys the swetnesse
¶ Soue the art to lerne for to dye
Is to the soule an excellent swetnesse
To which y vede thow thyn herte applie
Ther is noon art þt man can specifie
So profitable ne worthy to be
Preferred artes all/ as þt is thee

To wite and knowe þt man is mortel
Yt is comune on to folkes all
þt man shal nat lyue ay heer/ woot he wel
No truist at al/may in his herte fall
That he eschape or flee may dethes gall
But felle þt can die/shalt thow seen
Yt is the yifte of god/best þt may been

To lerne for to die is to han ay
Bothe herte and soule/redy hens to go
That whan deth cometh/for to cacche hir pray
Man vyxe be the lyf to twynne fro
And hym to take/and receyue also
As he that the comynge of his felawe
Desyrith/and is ther of glad & fawe

Durham fol. 53ᵛ: art. 6

But more harm is ful many oon shalt thow fynde
þ ageyn deeth maken no purueance
hem lothen deeth for to haue in hir mynde
þt thoght they holden thoght of encombrance
Worldly swetnesse sleeth swith remembrance
And syn to die nat lerned han they
ffro the World tOwynne they Wolde in no wey

They mochil of hir tyme han despended
In synne and forthy Whan onwarly deeth
vp on hem fallith and they nat amendid
And shal from hem byreue Wynd and breeth
ffor shee vnredy fynt hem Whan shee sleeth
To hell goon tho sules miserable
Ther to dwell in peyne perdurable

Deeth Wolde han ofte a brydil put on thee
And thee With hyd led away shee Wolde
Nadde the hand of goddes mercy be
Thow art ful mochil bn to þt lord holde
þt for thow ownpid Weys in synnes olde
he spared thee thy synnes now forsake
And on to my doctryne thow thee take

More to thee profyte shal my lore
Than chosen geld, or the bookes echone
Of Philosophres / and for þt the more
Ffervently / sholde it stire thy persone
Undir sensible ensample thee to one
To god / and thee the bettys for to thelde
The mistre of my lore / y shal thee shelde

Beholde nowe the liknesse and figure
Of a man stirynge and talkyng with thee
Þe disciple of þt speeche took good cure
And in his conceit / brifly / sorghte he
And ther with al / considere he gan & see
In him self put / the figure & liknesse
Of a young man of excellent faireness

Whom deeth so my vansakid had & sorght
þt he within a while sholde dye
And for his soules helthe / had he right noght
Dispesid / al conveedys hens to hye
Was he / and therfore he began to crye
With lamentable voys / in this maneere
þt sorwe and pitee greet / was it to heere

¶ Enuyround hath me dethes waymentynge

Sorwes of helle han compased me

Allas eternel god o kyng of kynges

Wher to was y born in this world to be

O allas why in my natiuitee

Nadde I perisshed o the bettershynynge

Of my lyf was deth for me ꝛ O weepynge

And now myn ende comth hens moot y go

With sorwe waylynge and greet heuynesse

O deeth thy mynde is ful of bittyr wo

In to an herte wont vn to gladnesse

And norisshed in delicat swetnesse

horrible is thy presence and ful greeuable

To him þ yong is strong and pysable

litil rende ys so soone to han deid

O cruel deeth thy comynge is sodeyn

Ful vnwar was ys of thy theefly breid

Thow haast as in a wayt sp on me leyn

Thy comynge vn to me was vncerteyn

Thow haast vp on me stolen and me bounde

Eschape y may nat now my mortel wounde

Thinke me O thee dra... in yren cheynes
Be a man dampned / Bout is to be don...
To his torment / outrageous been my peynes
I now for sorwe / and fere of thee...
With handes chight / þe... / Wolde fa...
Oute the place Whider for to flee
But Which con / shilde can y noon ne see

I looke on euch syde bisshly
But help is noon / help and confort been ded
A sone horrible of deeth / so... heep...
Y... seith me thus / Which enpressith mys de...
Thow dye shalt / reson noon ne shewed
Frendshipe / gold / ne noon othir richesse
May thee deliuere / out of deethes duresse

Thyn eende is comen / comen is thyn eende
It is decreed / ther is no resistence
Lord god shal y nowe die / and hennes wende
Whethir nat chaunged mays be this sentence
O lord may it nat put been in suspense
Shal y out of this World so soone ygo
Allas / Wole it noon othir be than so

Durham fol. 55ᵛ: art. 6

O deeth o deeth greet is thy crueltee
Thyn office al to sodeynly doost thaw
Is ther no grace lakkist thow pitee
Spare my youthe of age rype ynow
To dye am y nat yit spare me now ynow
How cruel y thow art on me nat kythe
Take me nat out of this world so swythe

Whan the disciple this complaynte had herd
he thoghte al y he spak was but folie
And in this wyse he hath him answerd
Thy wordes frend withouten any lye
y thow haast but smal lerned testifie
Euene to all is deethes iuggement
Thurgh out the world stretchith hir pauement

Deeth fauorable is to no maner wight
To all hir self shee delith equally
Shee dredith hem nat y been of greet might
Ne of the olde and yonge hath no mercy
The ryche & poore folk eek certainly
Shee sesith shee sparyth right noon estaat
Al y lyff berith whir chek is maat

The swett of will tonges
what woman can eschew
or who can lett a fowle to wryte
the thinge that is untrew:

qd Carton

Ful many a wight in youthe takith thee
And many an other eek in middil age
And some nat / til they right olde be
Bendist thoo han been at swich avantage
Y shee nat durste han pried thee this dagge
But oonly han thee spared & forborn
And the prophetes deid han heer beforn

¶ Than spak thymage answeringe in this wyse
Deeth thow art an heiny confessour
Thow vndirstandist me nat as the wyse
They yt continued han in hir errour
Lyuynge in synne on to hir deethes hour
Worthy be dampned for yt they han wrought
And hoow my deeth is / they ne deede nought

Tho men ful blynde been & bestial
Of yt shal folwe aftir this lyf present
fforsighte swiche folk han noon at al
Y nat be cause deethes iugement
But this is al the cause of my torment
The harm of vndisposid deeth y weepe
I am nat redy / in the grewnd to creepe

I Reepe nat yᵗ I shal hennes twynne
But of my dayes þ the harm bewaill
Frendlees past, sinf & bittyr frwyt of shame
I wroghte in hem nothyng þ myghte availe
To soules helthe, I dide no trauaill
To lyue wel, but lened to the staf
Of worldly lustes, to hem I me yaf

The day of twicthe þ lefte & dwe to grouge
On me nat shoon the light of rightwisnesse
The sonne of intellect, nat in me spronge
I am Recoy of my wroght wikkidnesse
I walkid haue weyes of hardnesse
And of pdicion, nat kewde I knewe
The day of god, wikkid seed haue I sowe

Allas what hath pryde proffytid me
Or what am I bet for richesse heryinge
Alle they as a shadewe passid be
And as a messager faste rennynge
And also, as a ship þ is saylkynge
In the wawes & floodes of the see
Whos kerf nat fewnden is, whan past is shee

Transierunt oïa
illa tañ vmbra
pretericua ç tañ
nuncius cito penͤ
uens ç tañ nauis ꝓ.

Durham fol. 57ʳ: art. 6

And after the folk is already fooghti

Or as a brid / which in the ey[er] y[t] fleeth
No preef so ounde is / of the come of his flight
No man espie can it ne it seeth
Sauf with his wynges / the wynd softe & light
he betith / and cuttith them / by the myght
Of which stryinge & foorth he fleeth his way
And tokne after y[t] no man see ther may

Or as an ar[o]we shot out of a bowe
& whymeth the eyr / which y[t] contynnelly
Agayn is closid / y[t] man may nat knowe
Where y[t] it paste / no wight the eyr sy[?]
Right so / syn y[t] ys born was fayd hauy[n]
Contynnelly / y[t] stynted for to be
And tokne of vertu she did noon in me

I am confumed in my wikkidnesse
Ayin hope is / as it Kep a Botte lote
which the wynd / vp casith for his lightnesse
Or smal foom / y[t] desparplid is and broke
Or tempest / or as & wynd Blastith smoke
Or as inside of an oost / y[t] but a day
Abit / and aftir passith foorth his way

(left margin, Latin and English annotations, partly illegible)

In maligni
tate cpa con
sump[tus] fu[m]
spes mea &c

Circinus perfhon a captam[m]
owen p[er]sone / but yow
be laton, standeth in the ple[a]for of hy[m] y[t] hapt[?]

ffor Chi my speeche is noght in bittirnesse
And my wordes been ful of sorwe & wo
My herte is plunged deepe in heuynesse
Myn yen been al dymme and dirke alsso
Tho wuþ me graunte yt y may be so
Ne I was than yf beautee hadde & strengthe
And had beforn me many a dayes lengthe

In whiche y the harm mighte han seen beforn
yt noght is on me fall, I yaf no charge
Of the good precious tyme y haue it lorn
But as the worldly wynd bleew in my barge
fforth dryf y ther & and leet ttoon at large
I lose the brydil of concupiscence
And ageyn vertu made y resistence

My dayes I despente in vanitee
Noon heede y took of hem, but leet hem passe
Nothyng consideryng hir precioustee
But heeld my self free born as a wylde asse
Of thastyr clap, insighte had no man lasse
I over blynd was, yt nat sy no dredde
Erth whilt wt deeth wolde haaste me to bedde

uod caret alterna requie, durabile non es ——
What thyng resteth not now then among
But still trauaylith, canst tend me longer

to yt knowen vnto all men by þat ...
...

And now as fisshes been with hookes kaught
And as yt briddes been take in a snare
Deth hath me hent / escape may I naght
This unquar. / carful houre me makith bare
Of my custumed ioie / and my welfare
The tyme is past / the tyme is goon for ay
No man revoke / or calle ageyn it may

So short was nat the tyme yt is goon
But yf of goostly lucre / & chymynges
Myghte haue in it purchaced many. con /
Exceedynge in value all eerthely thynges
Incomparablely / but to his ofsprynges
Ther tyme hath take hiede & no purueance
Therin made I my soule to auance

Allas I caytif / for au Wissh & sorwe
My teeres trikelen / by my cheekes doun
And salt watir / me needith begge or borwe
Syn yen floden now in greet foysoun
Allas, this is a sharp conclusion
Though yt the tyme past / compleyne & mone
For al my cry / hole it nat retone

Love is the occupatio or busines of ydell
folkes, that hade nothing elles to settle them
selve on work to all / Diogenes

Of wilde beestes the backbyter is the worst
& of tame beestes the flaterer / Dio.

Beneficium dando accepit qui digno dedit

Durham fol. 58ᵛ: art. 6

O my lord god helpe laach and negligent
haue ye been Why haue I put in delay
And taryynge myn amendement
Whar to haue ye dissimuled delayes
Allas so many a fair and gracious day
haue y lost z arn fro me goon z some
y^t myghte in h^e myn soules helthe han donne

My^n hertes desful lamentacions
Who can h^e tell Who can hem expresse
No man fallen on me accusacions
Wonderly thikke of my grettst wikkidnesse
In flesshly lust and ydil bisynesse
leet y my dayes dryue foorth and slippe
And nat was beten of penances whippe

Thys sette y so myn herte in vanitee
O why ne had y lerned for to die
Why was y nat ferd of goddes mauevee
What cuid me to bathe in swich folie
Why nadde reson gotem the maistrie
Of me Why for my spirit was rebel
And list nat vnderstonde to do wel

An aged man in extreme pouertiee

Vertuus and good men shp̄^s
lyuelye and here ymages
of god Diogenes

Durham fol. 59^r: art. 6

O alle yee yt heep been present
yee yt floure in youthes lusty grennesse
And seen how deeth his bowe hath for me bent
And tyme couenable han to redresse
yt how divuly youthes wantonnesse
Offendid hath d consideveth my miserie
The stormy sesson folowith dayes merie

Let me be your ensannmple and your mirro
lest yee slippe in to my plyt miserable
with god despende of your youthe the flo
If yee me folowe d in to peril semblable
yee entre shuln / to god yee howe enable
In holy ordres your tyme occupie
And whyle it tyme is vices mortifie

Allas o youthe how art thow fro me slipt
O god eterne / y Son to thee compleyne
The wicchidnesse in whiche y am chipt
lost is my youthe y smerte in euery veyne
The gilt / yt wroght hath my shynful caweyne
O youthe / thy frosshnesse and volitee
Naturh thy faethes / be told on to thee

Demaud d

Socrates being asked by what meanes a
man myyt optani an onnest name a fame
Do be ye same in decte, as he desireth
to be /

z (ho knr) prologe hun

No lust had y to doon as y was taught
Ther of had y right greet desdeyn & hokir
Whan men conseillid wel, y herde it naught
Nat so moche, as by an old boote or cokir
Sette y ther by, in to myn hertes lokir
Entre myghte noon holsum disciplyne
No wil had y to good conseil enclyne

Lord god how in a deep dych am y fall
In to the graue of deeth entred am y
Yet had it been than thus had it befall
Neuer han be born of my modres body
But they in han perisshid vttirly
ffor y despente in gryse and in bobaunce
The tyme grauntid me to do penaunce

To which answerde the disciple tho
lo we die alle, and as vatir be shede
In to the eerthe, which p nolt no
ffor one shal, but on a siker syde
be stander all, for god nat wole hyde
his mercy fro man, who so list it craue
be repentant, and mercy axe & haue

8 Forwardes seid that thoos as hadde well broken themselues
to vertuus liuing and temperate dyet, did perceyue & tak oft
the same, bodye more more pleasure and left peynes, they
soo as to all highe ruur and diligence, did on euery syde
make prouision to haue all thingis oo pleasinge

Durham fol. 60ʳ: art. 6

God haastith nat / the gilt of man to wreke
But curteisly abidith repentance
Keep me nocht / that y shal to thee speke
ffor that thee haast offendid / do penance
Torne on to god / with hertes obeissance
ffor him myghty is al merciable
And saued shalt thou been / it is no fable

Thimage of deth answerde anoon to ye
How spekist thou man / shal y me repente
Shal y me torne / o man ne seest thee nat
Ne takist thou noon heede ne entente
Of dethes anguysshes / that me tormente
And oppressen / so grevously and sharpe
That y not what to do / or thynke or carpe

As a partrich / that with the hawkes hent
And streyned with his clees / so is agast
That his lyf ny from him is goon and brent
Right so / my wit is clene fro me past
And in my mynde is ther no thoght ne cast
Other than serche a wey how deth eschape
But y in veyn ther aftir looke and cape

Nat dele it be

Durham fol. 60ᵛ: art. 6

Nat Dole it be / for deeth me doon oppressith
The +Chynynge of my lyf / ful bittir is
þt hurtith me greuously / and distressith
Ful holsum had it be to me or this
x Penance han doon / for þt y woghte ànus
Whyles my tyme / But in his vnpnesse
For þt had been / the Day of sikirnesse

But he þt late / to penance hym takith
Whethir he deyeth or sojurneth
Repentede he noot / vncertain it hi makith
Wo is me / þt my lyf so synfully
I ledde / and to corecte it lached ys
Ageyn my soule helthe haue y dervered
þt for it haue no bettys pursueied

Allas to longe hath be the taryynge
And the delay of my correccion
At good purpos / withoute begynnynge
Good wil / Wouten operacion
Good pnesse / and noon execucion
ffoorth deyuc amendes / fro merke to merke
And neide doon , þt causith al my werke

Deus &

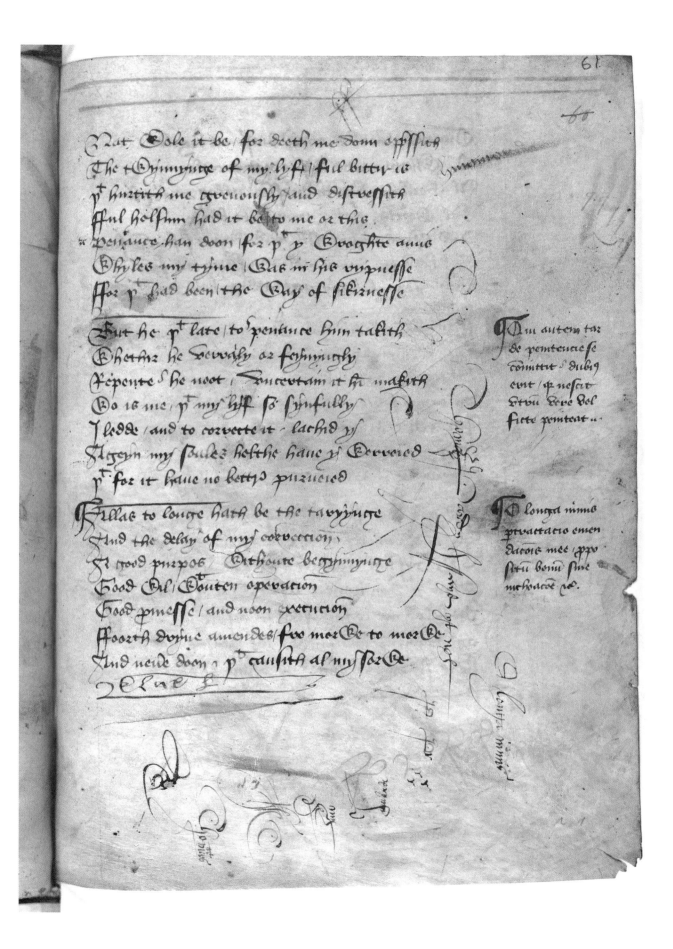

Qui autem tar
de penitencie se
committit / dubig
erit / qr nescit
vtru vere vel
ficte peniteat ..

Et longa nimis
procrastinacio emen
dacionis mee / ppo
situ bonu sine
inchoacoe pec.

Contra mium

O mercy mercy thou hast me begilt
O whethir this misse nat exceede
Al worldly wrecchidnesse allas my gilt
Del worthy is it þ myn herte bleede
And with auȝ kissh and wolme fostre & feede
See how my dayes all arn slipt me fro
xxxv. ẏeer of myn age a way been fro

ffull wrecchidly god woot ẏ haue hem lost
And al myn owne self is it to wyte
So good a piler was ẏ neue or post
On to my soule as o day me delyte
In vertu or aȝht Del to god me gwyste
Is þ ẏ myȝhte haue doon or oȝhite
Thy aȝht ẏ woot ẏ neue aftir þ soȝhte

lord god how shamefully stande ẏ shal
At the doom beforn thee and seintes all
They ẏ shal arted be to rekne of al
That ẏ doon haue & left whom shal ẏ call
To helpe me o how shal it befall
my torment and my wolme hauste and hyse
hens for to twynne as blyue shal ẏ dye

This siluer plate and virge awaye
Oft þ purple herwe I ofte wandered woll
ffor desynyng in a stage player
Our lyf nedith them not a dele

O now this hour/ greter ioie & gladnesse
I wolde haue of a litil orisonn
By me seyd/ with hertes deuout sadnesse
He the aungelik salutacioun
Than y wolde haue/of many a milion
Of gold and siluer/ sould haue y me born
And synfully þt y y nat this beforn

Whan y mighte haue it seen/than wolde y nought
How many houres haue y lost/ þt neuere
Retorne shuln/ how mochil haue y wroght
Ageyn my self/ my lust was to perseuere
In vicious lyf/ & from it nat disseuere
I leste þt good was & necessarie
vn to my soule/ and dide the contrarie

More than was neede or expedient
vn to the help ~~it it~~ of many an othir wight
Entendid y/ y was ful imprudent
I tooke noon heede/ to my self aright
My soules profyt/ sette y nat but light
Whan tyme was/ fynde kowde y no tyme
Me to correcte/ of myn offense and cryme

Who so takethe drie breade w plesure þe same
nedethe no mete to hit, and to whome no maner
of drink comethe a misse, þe same requiretþ
none other cuppe but broth at þe vodye
in þe wayi

Durham fol. 62ᵛ: art. 6

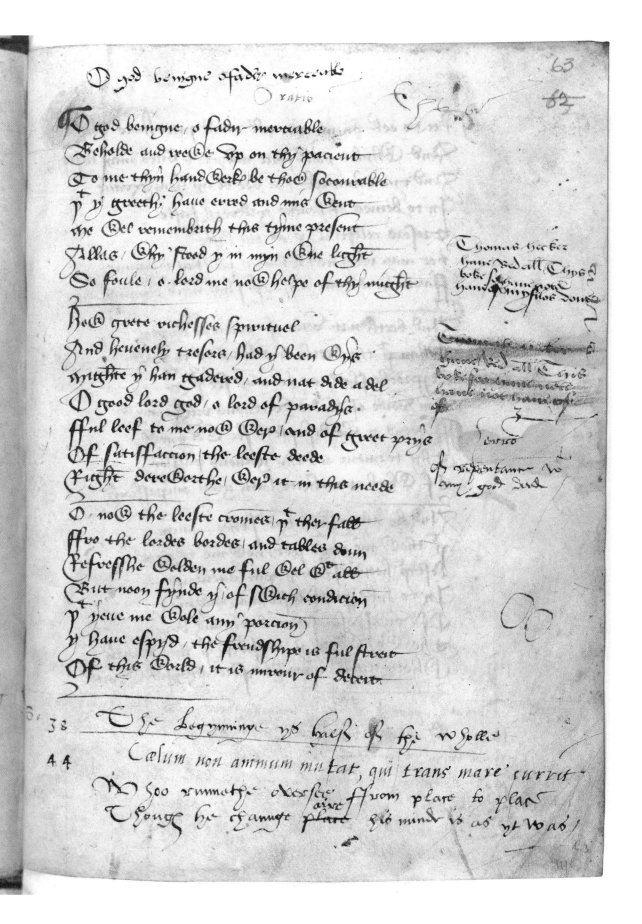

O god benigne o fadir mercicable

oratio

O god benigne, o fadir mercicable
Beholde and rewe vp on thy pacient
To me thyn hand werk be thou seconable
þ y grecth haue erred and me went
the wel remembruth this tyme present
Allas why stood y in myn owne lieght
So foule o lord me now helpe of thy myyght

Reck grete richessee spirituel
And heuenely tresora had y been wys
myyghte y han gadered and nat dide a del
O good lord god o lord of paradise
ffrul leef to me now weys and of grete pryse
Of satiffaccion the leeste dede
Fught dereworthe weys it in this neede

O now the leeste cromes þ ther fall
ffro the lordes bordes and tables doun
Refresshe welden me ful wel wt all
But noon frynde ys of swich condicion
þ yeue me wole any porcion
y haue espyed the frendshype ys ful stret
Of this world it is myrour of deceit

38   The begynnyng ys hardest of the whole

44   Caelum non animum mutat, qui trans mare currit
Whoo runneth ouerse ffrom place to place
Though he chaunge place his mind is as yt was

Feede eek on me yee all and pitee haue
And Whyles your force and ??? vigo myn laste
And tyme han eek / or yee be my ȝon graue
In to bernes of heuene gadereth faste
Tresors celestial / ȝ at the laste
Hee may receyue / Whan ȝ hee shul t whyme
ffrom hene / the blisse ȝ shal neue whyme

And beeth nat voide of vertu ne empty
Whan ȝ the deeth / an other day to ȝoꝛ
Apꝛoche shal / as hee may see ȝ ȝf
Am voide of seedes Vertuous vicȝt noꝝ
ffreend ȝ the disciple / ȝf see Delyueꝛ
Thy torment and thy greuous passion
Of Which myn herte hath greet conpassion

And by almeeȝty god I thee conuue
ȝ thoꝝ me ȝeue ȝeed / hoꝝ me to tyne
lest ȝ heer after / ȝf par auenture
In to hikl pil / haaste may and hyȝe
Of ondisposid sodem deeth and doyse
The Wo / Which ȝf consideꝛ ȝ thee deꝛith
Wherthurȝth / myn hte sore aggꝛissed deꝛith

47 Socraȝs exoꝛted ȝmȝ spiritpally now and then comȝseȝ
to seu and behold ȝeumseldeȝ m a glasȝe, to the ende ȝf
ȝeye were beautifull and of good feartuꝛ off body ȝheȝ
ȝhoꝝ de ware to comȝt notȝing uncomly foꝛ ȝhe sauue
ȝf oȝerwisȝe ȝhat ȝhe defauȝs off ȝe body myȝsȝ ȝu
corryȝt oꝛ furnituꝛe off ȝhe wytȝ, ꝛ to honmoꝝt off
maueꝛȝ a behedenꝛ bo redouked

Than spak thyimage / the best pvrueauce
And that is / han verray contricioun
In strengthe thise / of the mvs goidauce
Of thy lyf / and plener confession
make of thy gylt / and satissaccion
And asseeth do / and alle vices leue
yt thee mighten / the blisse of heuene reue

And so / wt al thyn herte / it is the beste
keepe thee foorth / as yt thou this day vrgste
Or to morwe / or this wike atte fertheste
Sholdist departe fro this worldes light
And ther wtal / enforce thow thy might
As yt shal seyn / in thyn herte to thynke
And thow shalt it nat rewe ne forthynke

Caste in thyn hte / as now thy soule weys
In purgatorie / and hadde pyned be
x yeer in a fourneys bremynge theis
And this only yeer wys grantid thee
ffor thyn help / so beholde often a see
Thy soule in the flaumbes of thys bremynge
wth a wreechid vois / thus to thee wymynge

Non uiuas ut edas, sed edas, ut uiuere possis

Ede not as a glutton / styll fs to eate
but feede to maintayne lyf by thie meat

Of all freendes tho the derworthest
Do to thy wrecchid soule help and socour
yt is al desolat, purchace it reste
See how yt brenne, o yeek on my langour
Be for me so freendly a purueiour
ym this hoot prison, yf no lenger
tormentid be, lat it nat thus me deys

The worldes fauour fleeneris fro me went
fforsake ym am, freendshipe yt can noon frynde
ther is no wight, yt to the indigent
puttith his helpyng hand, slipt out of mynde
I am, in peynes sharpe yt balke & chynde
And of my wo, ther is no wight yt recchith
Nat knowe yf freendshipe, or to whom it strecchith

Men seeken thynges, yt to hem self longe
And me leuen in the flaumbes vengeable
O good freend, lat me nat thus pyne longe
To which the disciple with cheer stable
Seide, thy lore were profitable
Who so it hadde by experience
Is thewe haast, they to yeue y may credence

While fortune the favoureth, frende thow hast plentye,
The time beyng troublous, thow arte all alone:
Thow seest Culuers haunt, howses made whit & dantye,
To the ruynus towre, almost remeth none,
In emptie barnes whire foghleth subst haunt
happeneth no frende in troyme as assuramt

Durham fol. 64ᵛ: art. 6

But thogh thy wordes sharpe & strynge seeme
To many a man / profyten they but lyte
They looke a part / and list take no yeeme
In to the ende / Which mighte hem profyte
yen they haan / and seen nat worth a myte
And eres han also / and may nat heere
They weenen longe for to lyuen heere

And for they vndisposid deeth nat drede
fforsighte at al / ne haan tho wrecches noon
Of the harm / Which they of moot folwe neede
They deemen stonde as siker as a stoon
But weel y see by thee / is moot y goon
They shuln haan cause it for to dreede & doute
Or þt hir lyues light be fully oute

Whan dethes messager comth / sharp seekenesse
ffreendes and felawes he haaste & hye
The seek man to conforte of his feblesse
And al thynge þt good is they prophecie
They seyn thogh thow seek in thy bed no we lye
Be nat agast / no dethes euel haast thee
ffor this / thow shalt eschape del þno we

If thow wilt eschewe bytter aduenture
And avoyde the knawynge of a pensyue harte
Sette in no one persone wholly thy pleasure
The lesse salt therof yow yoye, but lesse salt m̃ y smarte /

Durham fol. 65ʳ: art. 6

Thus bodyee freendes been maad enemyes
To the soule / for þhyl seeknesse greeueth
The man continuelly / yit so vndiþe
If he / þ his enformouwe he wel leeueth
he hopith to been heel / and he mistreweth
Whey as he wende han recoiled be
vndisposid to dye sterueth he

Right so thyn herknere and thyn Auditoure
Tho þt greet trust hun in mannes prudence
That list hir peynes putte or hir labouwe
To execute thyn holsum sentence
Thou mughtist as wel keepe thy silence
They by thy wordes yeuen nat a leek
To whuch thy matre thus aui werde of speek

Idcirco / cū lacho
morth capti' su
comit / cū tron
eric repentina
calamitas &
miriq qi tem
pestas magu
eric red.

For thi whan they in dethes net been hent
whan sodein Wicchidnesse he shal assaulte
whan deeth as tempest sharp & violent
with wooful trouble hem shal þere ptuall
They shuln vie aftir help / and they of fault
For they in hate sapience hadde
And despysed my reed / & heeld it badde

In tyme of prosperitie a man shal not knowe
His freende / and in aduersitie an enemye will
not be hidde

Yf thow be ashamed to speke euel
Be more ashamed to doo the same

And right as now they been but selde founde
þt of my wordes compunct wole hir lyf
Corrette / ne amende in no stounde
Nat may to hem availle my motyf
But they / hir synnes usen ay foorth ryf
And han no lust the synnes to withdrawe
No more / than they neuere had herd my sawe

Right so for the malice of tyme / and lak
Of goostly loue / and for the iniquitee
Of the world, vertu gooth so faste abak
þt selde to the deeth disposid be
So deel / þt list this worlde vanitee
leue / and for desir of lyf þt shal ende
Endiþ / conuerten hens to disseid

But whan deeth on hem stelith with his darte
They sudeedly / wounded in conscience
Nat oonly goon hens whan they hens departe
But they with a mand of violence
Been hent away / so þt ful greet prudence
They wolde han hold it / han deid as a man
And nat as a beest / þt no reson can

The good or evel fortune of / all a manis lyff
Is in the good or evel thow singe his frend or his wyff

¶If of this comun peril thencheson
Thee lyke knowe by y wole it nok cuysse
The desir of honoûr out of reson

Barnabe The body bathynge in worldly swetnesse
Erthely leue / and to greet greedynesse
In mukk heppynge / blynden many an herte
And causen men in to tho pile sterte

¶If thou desire the pile to flee
Of vndisposed deeth s my counseil heere
This heuy plyt in which thou seest now me
Reuolue ofte in thy mynde / & by me leere
Ffor to be waar / if thou in this manere
Wilt do s it shal be thy greet auantage
And ese thee at thy laste passage

¶It shal bn to thee pfyte in þ hour
þ only dye it shal nat thee agaste
But deeth eek as eende of worldly labour
And begynnynge of blisse / ay þ shal laste
Abyde thou shalt / and desire faste
With al thyn hte / it to take & receyue
And al worldly lust leye a part & weyue

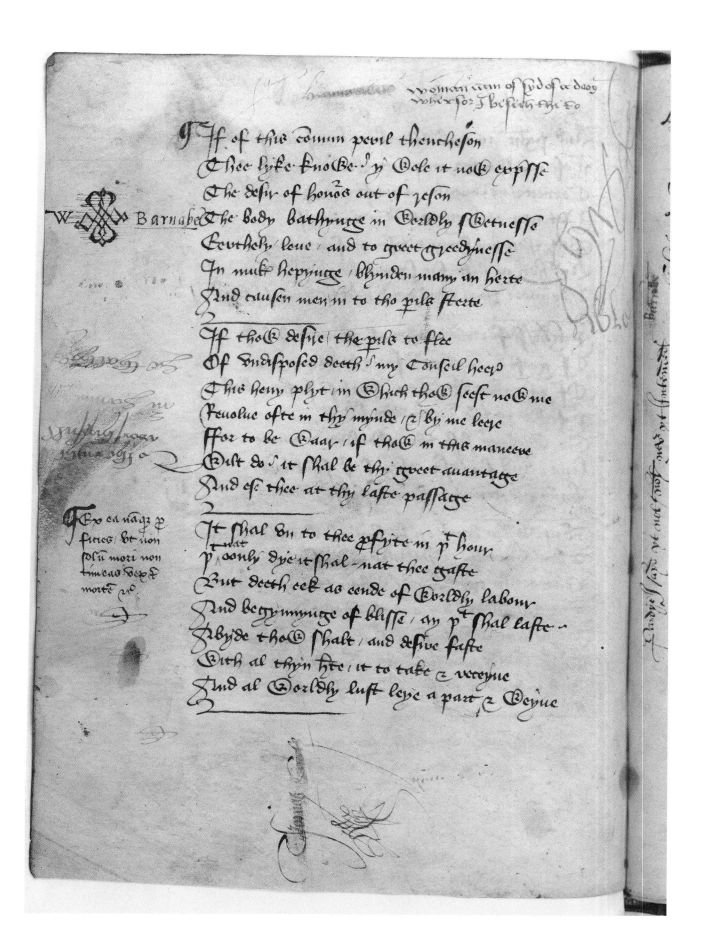

Durham fol. 66ᵛ: art. 6

Euery day haue of me deep remembraunce
In to thyn hrte let my wordes synke
The sorwe and angwissh & greuouse penaunce
Which thou haast seen in me considere & thinke
That of pyl thou art ful in the brynke
Remembre on my doom for swich shal thyn be
myn yistirday and this day syn to thee

Looke vp on me & thynke on the wrecche ay
Whyles thou lyuest o hou good & blessid
Art thou presemie which py alway
This ilke hour haddest in thyn herte impressid
yt man as in holy writ is witnessid
Which whan god comth and knokkith at the yate
Wakynge him fynt he blessid is algate

Blessid is he yt thame foonden is
Redy to passe for he blisfully
Departe shal and truste right wel this
Though deeth assailt and bere greuouslly
The wrecchid man or slee so sodeynly
Hou so he dye he shal go to yt place
Ther as confort is refresshynge & grace

& Thowsand a hunderth fyue and fyfty & last

woman mast

Dauid

woman

(right marginalia) Father and mother xj · P Johu · Ecce qui aun uenit dns & prsaiut pos · the f Pashes · Anarumgz en mortis

He shal be pourged cleene & purified
And disposid the glorie of god to see
Angels shuln keepe him / & he shal be gyed
And led by Citens of the hy Contree
And to the Court of heuene vp taken be
And of his sprvit / shal be the issynge
In to eternel blisse / the entrynge

But allas / Whejs shal my whecchid goost
This nyght become / Whidir shal it go
What herbervgh shal it haue / & in What coost
Shal it arryue / Who shal receiue it / Who .
O What frendshipe shal it haue tho
O soule abiect / desolat & forsake
Greet cause haast thow / for fere & wo to quake
Wherfore y hanynge of my self pitee
Amonges hem Lordes y out shede
Teres / in greet habundance & plentee
But nat auaillith me / it is no doede
Hens forth compleyne / Weepe & crye & grede
ffor in no Wise / changed it be may
Al man thindes so / stoppid hath my way

In hidles in a wayt as a leon
he hath leyn, & my soule led hath he
In to the pit of deeth al deepe adoun
O my lord god, this sharp aduersitee
To stynte of speeche nok compelleth me
y may no more hene foorth speke & bekauss
my tonge and eek my lippe nok so me faile

They is noon othir y see welnok
The tyme is come, as bhyue y shal be deed swa
See hou my face woth pale nok
And my look ful dym, & heuy as leed
myn yen synke eek deepe in to myn heed
And torne vp so doun and myn houdes too
wexen al stif and starke, & may nat do

Prikkynges of deeth me wreeche compace
Stutemeel geeth my po we, and elles naught
mortel pressures sharply me manace
my breeth begynneth faile, and eek the draught
Of it so fer is fet & deepe raught
No lenger y nok see this werldes light
myn yen lost han hy office & myght

But now y see with myn yen mentall
The stat of al an other world than this
I am ny goon / ce faste passe y shal
O my lord god / a gastful sightte it is
Now of confort haue y tweet lak z mie
Horrible feendes and innumerable
Gayte vp on my soule miserable

The blake faced ethiopiens
the enuyrone / and aftir it abyde
To hente it / whan y it shal passen hene
If y par auenture it so betyde
y the let ther of fall vp on hir syde
hir hisouly faces grim z hydous
me putte in thoughtful dreedes encombrous

O streit and fteerne Iuge z domesman
Thow weyest moche / in deemynge me cherche
Tho thyngee whiche feeble folkes can
But final by sette / or of hem charge or yecche
To deethes strook haastith me hens to fecche
my membres shee so thirlith z distressith
That nature ouercome is / shee witnessith

O gastful is

O gastful is the iust Iugee lookynge
Syn to me now present thurgh feve & drede
Which sodeynly shal come in self thee comynge
Ther be freendes & felawes for neede
whoot y mutethe me of thynes deede.
To purgatorie y shal as streight as lyne
ffor myn offense ther to suffre pyne.

And thens Whiue y nat til maad haue y twee
Of the leeste ferthyng y ymen shal
In Whiche place y beholde and see
Afflicion and sorwe ynow at al
Ther y no ioie see but wo oueral
The fyry flammes vp on heighte ryse
In Which the soules bvenne in woodly Wyse

They vp nowe possed been & nowe doun throwe
Right as sparcles of fyr aboute spreede
Whan y a greet toun set is on a lowe
And al is fyred bothe in lengthe & breede
Wo been tho soules in tho brondes reed
ffor peyne of Which torment is ful lowde e hye
They in this Wyse ful pitoushly crye

god haue mercy v pon all crysto sollos
and of thou k
gaylld myss B Thom hewes

Durham fol. 69ᵣ: art. 6

Rokke mey haue on our captiuitee
To yow our freendes namely / Ee preye
Wher is your help now / Wher is your chiertee
Whidir been the promesses goon to pleye
Of yow our Cousine eek / can yee portreye
Your wordes so gayly / and effect noon
Holdth / but al as deedis as a stoon .

By youre desires inordinat
And eek of other mo / our self han we
Wrought in to this pyt and wrecchid estat
Joie han we noon / but of wo greet plentee
Allas / whi nat lop on be weelden yee
We dide al our mieght / to do yow plesaunce
And yee no rowthe han / on our sharp greuance

Ful euele we rewarded been of yow
We breme / and yee the fyr nat qwenche a deel
Allas we wadden for our self or now
Y doon / we weys aduysid no thyng weel
Worldly trust is / as slipir as an eel
It is nat swee we / p the world pinettith
Ful whis is he / p ther by litil settith

No kind of labore is a thing of shame
But ydilnis euermore worthi is blame
Loue is the contrarie or bushus of idle folkes
That haue no thyng ille to put ther selues to werk withelle

Durham fol. 69ᵛ: art. 6

The leeste torment of this purgatorie
yᵗ we souffren / excedith in sharpnesse
Tormentes all of the worlde transitorie
Heer of torment / more is the bitternesse
In an hour / then the worldes witfidnesse
May hurte or greeue man. & heer
Greet is thaffliccion yᵗ we han heer

But aboue alle kyndes of tormentis
Of goddes blissid face the absence
Greeueth most / yᵗ lak our moost
For a memorie / leue y this sentence
To thee / and keep y die in thy presence
Whan the disciple sy yᵗ he was rast
And deed he tremblid and was sore agast

Aboute he torned him / and thus seide he
Wher art thou now / o sapience eterne
O good lord hast thou now forsaken me
Wilt thou thy grace me denye and werne
Thou seidest / sapience y sholde lerne
And now y am brought to the deeth almoost
So tremblid is my spirit & my goost

This syghte of deeth so sore me astoneth
þt ofte y can vnnethe in stedfastnesse
But am in doute wher the soothe koneth
That is to meene, if this be in liknesse
Or in deede, which is my mazidnesse
But how it be, lord y biseche thee
Be my confort in this pplexitee

Now the perile of deeth indisposid
In my hert thiese, as y do now right
Wthyn myn hite been they deepe enclosid
And so sadly, ther in prechid and pight
þt hem foryete hyth nat in my miht
That ghastful syghte, y hope shal proffyte
On to my soules helthe, nat a myte

Dwellynge place y haue espyid and see
Han we noon in this wrecchid world chaungeable
ffor whi, on to þt blissful hys countree
which nat may varie, but is pmanable
Shape y me strecche, o lord god mrciable
y mvst axe, vp on me wrecche yee we
hens for ward, wele y lede a lyf al neewe

Now leyrne for to die — y me purpose
Hens foorth penance dele y nat delaye
My lyf to amende dele y me dispose
ffor swp thoughtes of deeth so me esmaye
Wel more y am seur deeth me shal affraye
Whan yt eschue y shul nat hir presence
Other than help eterne sapience   *sapience presence*

Now dele y void fethirbeddes softe   *softe*
The pilwes nesshe and eek materas
On whiche my careyne hath tymes ofte
Walwid and leyn nowe stande y in swich cas
yt me thynkith al greet folie it was
Of clothynge eek syn on the preciousee
And slouthe of sleep also lettynge me

Syn y tormentid am so greuously
With thynges smale heere sorwes so greete
Suffise myghte if nowe die sholde y
yt neide or this my synnes bywe lete
O what manere of helk fyh the hete
myghte in me thanne fynde certes greet
ffor which my body of cold swoot is al weet

Durham fol. 71ʳ: art. 6

Now woot I weel / what thyng þ may auaile
my soule / and it keepe fro perisshinge
By suffrance of greet labour & trauaile
And exercyse of vertuous lyuynge
Dole þ it helpe / lest al tarying
þ in swich an houres couuenitee
No peyne but reste fynde may shee

Ne sce e mispicors / saluator ta amas / morti ne tradas me

O holy and mercyful Sauueour
Of so bittur deeth suffre me nat dye
Thogh þ be thikke wrappid in errour
See / beforn thee plat on the grooEnd y lye
Weepynge for myn excessyf folye
And curteys lord / of thy benigmtee
This grace vouche sauf to graunte me

After thy lust be my punysshement
Whyle y am heere / and good lord nat reserue
To othir place / the chastisement
Which þ y wrecche / heer in this world disserue
let me abye it heer / or þ y sterue
ffor in þ place horrible / is swich sharpnesse
Of peyne / þ no wight can it expresse

Durham fol. 71ᵛ: art. 6

Thogh longe or this have y been vp
Syn þᵗ deeth vndisposid and the peyne
Of purgatorie y tolde by no cuys
Considerd, ne howe it cokde distreyne
Yet was myn herte in othir thoughtes veyne
þᵗ yaf me lettynge and impediment
To thynke on the perils consequent

But nowe thurgh fadyr amonestynge
My myndes yen þᵗ closed were and shit
I opyne and of tho perils am dredynge
And sapience answerde anoon to it
My sone ito do so, it is greet wit
Whyles thow yong art / in haast strengthe enforce
Thy lyf for to correcte, thee enforce

Whan þᵗ deeth cometh / which cruel and fel is
Whom thow nat maist withstonde ne withsitte
Help ne refuyt is ther for thee noon ellis
But to the mercy of god, thee committe
By no way þᵗ nat leue ne omitte
My passion putte eek / twixt my doom & thee
Lest more than neede is, adrad thow be

Thy right wisnesse nat so mochil drede
That thow fro trust and hope of mercy t'chyme
Contryt' mercy axe / and thow shalt speede
Nor vestfulles in thy trost be ovthynne
That ouer ferd art / thee porage of thy shyne
Scourge thy self with repentances ȝod
Begynnynge of wisdam is drede of god

¶ Scripture serche / & by hem shalt thow leere
That on to man is it greet auantage
Deeth to haue ofte in mynde in this lyf heere
If ȝeeres mange / and on to good age
Man lyue / and in all hem glad & sauage
Be / good is the deth hour / & dayes thikke
Remembre / or that he come to the prikke

ffor whan that tyme is comen and that hour
Depreeued shal be the past dauntee
Remembre theefore on thy Creatour
In thy fressh youthe & lusty jolitee
Or tyme come of sharp aduersitee
And or that ȝeeres approche of disese
In whiche thow wilt seyn, they nat thee plese

Si annis inquit
sapiens multis
vixit ho... in oib;
lhis set9 fut me
muisse debet tene
bros9 teporis ȝo.

Durham fol. 72ᵛ: art. 6

And or asshen in to hir eerthe also
Shepe of they keye / ageyn the thidy dresse
And thy spirit to god / Whene it cam fro
Retorne / god with al thyn herte blisse
Thinke him / shewe on to him thy kyndnesse
For he to thee nock opned hath the way
Wherthurgh thock maist be saued is nonmy

Ful feke been vp to k hertes eie
Konne apparcenie thinstabilitee
Of the world / and konne of the deth han fere
Which yt alway hith in akynt prejuice
Re yt of the ioie and felicitee
Of heuene / which ay shal laste & endure
Take any maner heede at al / or cure

Lifte vp thyn yen / looke aboute & see
Diligently / hock many folkes blynde
In hir conceites nock a dayes be
They close & shitte the yen of hir mynde
They nat keepe in hir conceit serche & fynde
Un to what ende / needes they shuln dawke
And al for lak of dreede of god and ake

Durham fol. 73r: art. 6

They stoppe hir eres / for they nat ne keepe
heer how converted be / and receyue helthe
Correccion is noon / they let it sleepe
They been so dronken of this worldes welthe
That deeth or they be waar / right in a stelthe
ffallith vp on hem / which condicion
hem cause shal hastyf perdicion

The peple now let seen innumerable
yt for deeth Indisposed lost han be
Considere / and if thy wit be ther to able
Noumbre of hir multitude the plentee
Seek of hem yt in thy tyme thee
West han / looke how yt they been take away
Thow seest wel they from hens been past for ay

And as they heer han do so shuln they haue
That multitude in yeeres fele agoo
Thee yit knowynge han leid been in hir graue
That brethren / Cousins / felawes and mo
Of thy knowleche / beholde all tho
Thynke eek / Deth hem hir olde shuue agon is
Touche on to hem / speke and axe hem of this

And they, with worshipe and with commendynge
Shuln to thee seye, and thus attein answere
Blessid is he that can see the endynge
And shynnes that the soule hurte & dere
Eschue can, and hem flee and forbere
And that in my Conseil hath trowd savour
Disposith him alway on to that hour

And therfore, all vicious thynges left
Deel thee dispose, and veedy make thee
To dye, lest the tyme be thee reft
Or that thow be war, for no certeintee
Haast thow ther of, thow art no thyng pryvee
Ther to, deeth is nat fer, right atte yate
Thee is, be veedy for to dyse algate

Right as a marchant stondynge in a port
his ship that charged is with marchaundise
To go to fer parties, for confort
Of him self, lookith that it in sauf wyse
Passe out right so if thow wirke as the wyse
See to thy soule so, or thow hens weend
That it may han the lyf that haath noon eende. Amen

And in this part let us pray to God / ...

John Harlm
& Elizabeth
his wellose loving wyff
...

Prayd te ad dm
vnuse carne ad
horam mort[is] & & &
to nesao q hora
venet & & &
... i manus est &c.

Explicit illa pars per quam sciendum est mori
...

The other iij partes which in this booke
Of the vertu of deeth expressid be
Touche y nat dar, yt labour y forsook
For so greet thing to which a foolis me
Ouer-chargeable is by my leautee
To medle wt, knowe the firste part
For my smal konnynge is and symple art

But as the ix lesson which is rad
In holy chirche, vp on an halwen day
Witnessith, syth it roieful is and glad
For hem yt hennes shuln wel departe away
And to the blisse go yt lastith ay
Translate wole y nat in rym but prose
For so it best is, as yt y suppose

Hou greet ioie and blisse is shapen to hem
yt so shuln passe hennes, vp to the citee
Callid celestial Ierusalem
Aftir our might and possibilitee
Let vs considere, al thogh it so be
That for to comprehende yt gladnesse
Verraily s no wit may ne tonge expresse

o this is seid of þ Citee in a place / Theyr
in is no sorwe, hevynesse ne wayementynge,
What is more blisful than þ lyf is / Theys
no dreede is of pouerte / of maladie / no feeblenesse /
theyr is no Right hurt / no Right wrooth / no Right
hath envye / theyr is no bremmynge or hete of coueytise
no desir of mete / noon ambicion of honour or of power
no dreede of the feend / noon a dayof of develes / the
fer of hell fer thens / no deeth of body ne soule /
but ioieful yiftes and recoimde of immortalitee / theys
shal neuir be discord / stryf ne debat / but alle thyn
ges conuenient and accordynge / no diuision but
onhede / for they shal been o concord of all seintes /
o pees & gladnesse continuel / all thynges peisible /
all in quiete and reste / theyr is an excellent briegt
nesse and shynynge / nat this liegt / þ nowis d but
in so mochil cleeved / as it is bettid and more noble /
for as it is yed / þ Citee shal noon neede haue of the
sonnes liegt / but our lord god almighty shal enlu
myne it / ys the lamb is his lanthe / Theys as seintes
shuln shyne as sterres in perpetuel eternitees / and as
the shynynge of the firmament / þ spredith his be
mes sey on many men / Oþerfore in þ place is no

ryght / no dirknesses / no contours of cloudes / no ffe
tynge cold / no sharpnesse / but swich attempaunce
of thynges shal be ther / Whiche neither ye of man
neide ff / ne eye herde / ne herte can thinke ne compre
hende / sauf of hem þ been worthy / & han deserued to
haue þ blysse / Whos names arn writen in the book
of lyf / & Whiche wisshid hir stoles in the lambes
blood / & been beforn the See of god / and serue hi day
and nyght / noon age is ther / ne misie or Wretchid
nesse of age / Whiles all shul been o parfyt bodys /
o parfyt man in the mesure of the ful age of Cryst /
And abouen all thynges / is to been associed to the
compaignee of the trones / dominacions / principaltz
& potestatz of Angels & Archangels / & to been in
the compaignie of all the celestial and hys vertues /
& to beholde the compaignie of seintes bryghter &
shynynge more lyght than the sterres / shynynge in
the feyth of patriarkes / gladynge & ioyynge in
the hope of prophetes / demynge the Werld of
apostles in xij tribes of Israel / & to beholde eek
the shynyng of martirs with purpurat coro

...ves of victorie / and to fel the compaignies of an-
gmes boowinge brighte gerlandes ¶ And for to
speke of the thing þ sittith in the middes of hem ~
no doue ther to suffisith / it may nat be told ne
expressid / that hono[ur] þ vertu þ magnificence
and þ glorie excedith and passith all wittes ⁊
intellectes of man / and passynge all the senee
sices ~ is to beholde the inestimable brightnesse
of þ thing / ⁊ to be spred on the bemes of his
majestee / let thise thynges sadly synke in to our
hertes / let ve vndirstande hem with ful feith / let
hem be beloued on alle our hertes / let hem be goten
by the greetnesse and by the multitude of goode
werkes and continuel / this thyng is put in the
myght of the werker / for the kyngdam of heuene
souffrith forcible and mighty assautes of vertu-
ous man / this thyng / þ is to seyn the kyngdam of
heuene seekith noon othir prys / but thyn owne self ~
it is as moche worth as thow art / yeeue thee ⁊
thow shalt haue it / what arto astoned or adrad
of the prys : · Cryst yaf hym self ~ to purchace
thee the rewme to god the ffadir ~ kytht yeue

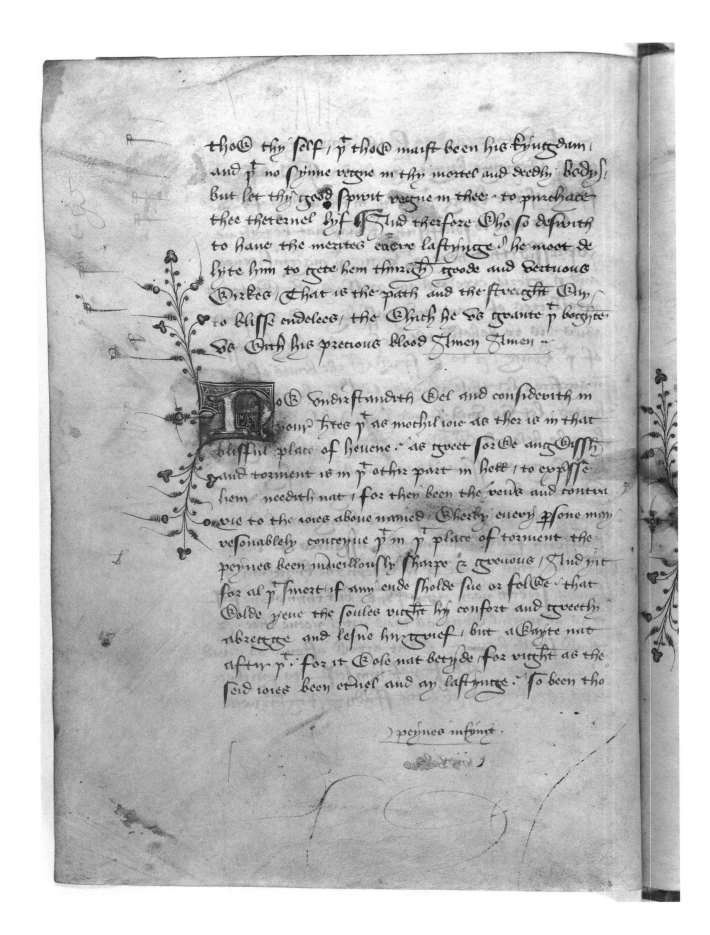

thow thy self / þt thow maist been his kyngdam /
and þt no synne regne in thy mortel and deedly bodys /
but let thy good spirit regne in thee · to purchace
thee theternel hlyf ¶ And therfore who so desyrith
to haue the merites euere lastynge / he moot de
lyte him to gete hem thurugh goode and vertuous
werkes / that is the path and the streight wey
to blisse endelees / the which he vs graunte þt boughte
vs with his precious blood Amen Amen ~

N ow vndirstandith wel and considerith in
        your herte þt as mochil ioie as ther is in that
blisful place of heuene · as greet sorwe and angwissh
and torment is in þt other part in hell / to expresse
hem nedith nat / for they been the verre and contra
rie to the ioies aboue named / wherby euery persone may
resonabely conceyue þt in þt place of torment the
peynes been merveillously sharpe & greuous / And yit
for al þt smert if any ende sholde sue or folwe that
wolde yeue the soules vytht hy confort and greetly
abregge and lesse hyr grief / but alwyte nat
aftir þt · for it wolde nat betyde / for vytht as the
seid ioies been etrnel and ay lastynge · so been tho

peynes infynit ·

peynes infynyt and endeles · And sithen syn god
of his hy grace and benygne courtesie hath yeuen
vs libertee and freedam for to purchace by euyr Mir
tes in this present . . . þt oon or þt othir · al stan
dith in our choys and election · to grete folye·
been wee, but if . . . cheese the better part · Which
part god of his infynyt goodnesse graunte vs
alle to cheese· Amen ·

Hic add(it)² alia fabula ad instanciam
amici mei predita assidu(am)·

Tis book thus to han endid had y thoght
But my freend made me chaunge my cast
Cleene out of þt purpos hath he me broght
Thomas he seide · at Estren that was last
I redde a tale · Which y am agast
To preye thee for the laboures sake
That thow haast had · for to translate & make

Thomas

And yit ful fayn Wolde y yt it maad Were
Thensample of it / to yonge men mighte auaille
And par cas cause hem riot to forbere
The rather / and be bettre of gouernaile
Youthe in no Wyse Wole sue thankes faile
Fflessh for to plese feuel and venal
Payyng for it / more than Worth is al

yt thyng is deyr and ouer deyr bought
That sule sleeth and the body destroieth
And the purs emptith leuyng in it nought
Or final / Which chaffare often sithe annoieth
And yong folk encombrith and accloieth
lettynge hem to purchace hem good renoun
And haastynge hem to hir confusioun

ffor this is yt y speke / and to this ende
To sume haue yj xxti yeer of age
ffor Whom it is as Wisly god mamende
yt y desire in to our langage
y tale be translated for sauage
And Wylde is he / and likly to foleye
Yn Which cas / noW helpe if thoW maist yj preye

Durham fol. 77ᵛ: art. 9

Nat fer the tale fro which thow maad hast
Of themperice, this tale is y tolde
And is of a womman yt was vnchaast
And detestable and sly, as thow shalt knowe
By yt the hynes, thow yed haue on yolde
Bryngge y shal thee, the copie deuyse
Therof, if thee list, seye on yee or nay

Freend leeth me sey nay seye on to yow
But y suppose it may noon othir be
left commen on to chargge the good lord
the likne, and thus seye, o beholde c see
The double man, o youdy lo quoth he
That hony first yaf, and now yeueth galle
he so in herte is, on to women alle

til he of women oute worde tikle
he fastynge is, him seemeth al the day
Out of his mowth, leesynges sclaundren thikke
On women, no good lord, affoorthe he may
And if he wel speke, or wryte, is no nay
he nat meeneth, as he spekith or writ
O lewde dotepol, stode for this writ

This þat yee me now rede is al contrarie
Vn to þat yee me sed han heer before
yee seiden / sith þ many an aduersarie
had of women / for þ mис had me bore
To hem or this: yee yedden me therfore
humble me to hem / and of grace he preye
But this yeed haldith al an othir keye

Sholde y a needle smoke now up veyse
And y so mochil yered haue or now
By your sawes than wey y nat to preise
Thomas to wikkid women wel maist thow
yeue hir parte / z wyte of the euele ȝnow
To goode women shal it be no shame
Al thogh þat thow vnhonest women blame

For Thomas thow shalt vndirstonde this
No woman wole / to thee vnd maligne
But swich oon / as hath ròke hir shoo amis
For who so dooth ful suspect is the signe
The vertuous woman / good and benigne
Noon encheson but good / may han to thee
For this tale / wryte on of charitee

Nat oonly for my sonez tendrenesse
Conceite y̆ / y̆t this tale was makid
But to rebuke also / the wantonnesse
Of lyf of many a woman / y̆t is nakid
Of honestee / and with deshonoꝛ blakid
Bet to mynoure women vicious
What ende takith Which lyf vicious

On goddes half freend / than let the copie
Of y̆t tale / whan yoᵘ list be me sent
And with good will / wole y̆ them to me hye
Whan y̆ them of / take haue auisament
The glad was they / þᵗ al z wel content
The copie on the morwe sente he me
And thus y̆ wroot as yee may heere see

Explicit prologus z incipit
fabula de ꝯꝯꝰ muliere mala

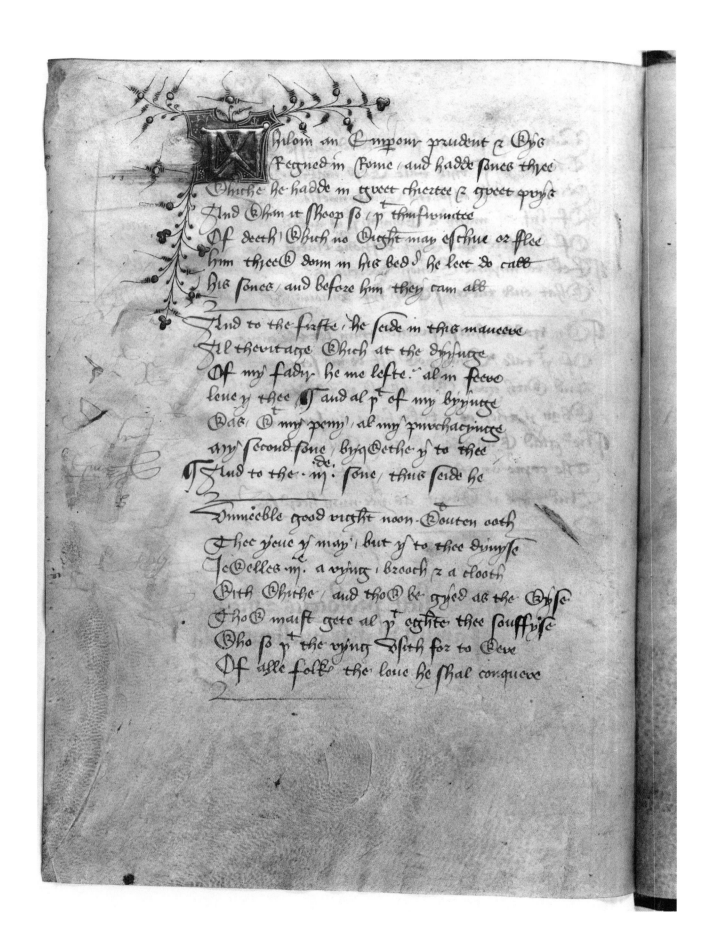

Whilom an Emperour prudent & wys
Regned in Rome / and hadde sones thre
Which he hadde in greet chiertee & greet pryse
And whan it shoop so / þt this worthee
Of deeth / which no wight may eschue or flee
him threw doun in his bed / he leet do calle
his sones / and before him they cam alle

And to the firste / he seide in this manere
Al theritage which at the dyssuge
Of my fadyr he me lefte al in feere
leue y thee ſ and al þt of my byyinge
Was þt my peny / al my purchacynge
any second sone / byyqethe y to thee
And to the .iij. sone / thus seide he

Vnmeeble good wight noon douten ooth
thee yeue y may / but y to thee dyuyse
Iewelles iij. a ryng / brooch & a clooth
with which / and thou be gyed as the wyse
thou maist gete al þt oghte thee souffyse
who so þt the ryng wereth for to were
Of alle folk the loue he shal conquere

80

And who so the brooch berith on his brest
It is ek of swich vertu and swich kynde
That thynke vp on what thyng he lyketh best
And he as blyue shal it haue & fynde
My wordes sone emprynte wel in mynde
The clooth ek hath a merueillous nature
Which yt comitted shal be to thy cure

Who so sit on it, if he wisshe where
In al the world to been / he sodeinly
Withoute more labour shal be there
Done tho three Jewelles bryng Dethe ys
To thee, an to this effect certeynly
yt to the studie of the bnudstre
that go, and yt is bidde, and charge thee

Whan he had thus seid, the deuacion
Of deeth so harstid him yt his sprryt
Anoon forsook his habitacioun
In his body / deeth wolde no respyt
him yeue at al / he was of his lyf qwyt
And bwried was with swich solempnitee
He fil to his imperial dignitee

¶Of the yongeste sone I telle shal
And speke no more of his brethren two
ffor deth hem haue is nat to do at al
Thus spak the modir Ionathas vn to
Syn god his soul hath of thy fadir do
To thy fadres wil wole I me conforme
And trewely his testament parforme

He iij. Iewelles as thou knowist weel
Rynge / a brooch & a clooth thee byqueeth
Whos vertues he thee tolde eurydeel
Or y[t] he paste hens / & yald vp the breeth
O goode god / his departynge his deth
fful greuously stikith in to myn herte
But souffred moot been al/ how sore it smerte

In y[t] tas women han swich heuynesse
p[t] it nat lyth in my kommynge aright
how telle of so greet sorwe the excesse
But Wyse women konne take it light
And in short Whyle putte in to the flight
Al sorwe and wo / and cacche ageyn confort
To which to my tale make I my resort

Hoxiij

81

Thys fadres wil my sone as I seide eer
Wole I parfowrme / haue heer the mynee and go
To studie anoon / and whan þ thow art theer
Be thy fadrs thee bad / do euene so
And as thow wilt my blessyng haue als
Shee in to hym as swythe took the mynee
And bad hym keepe it weel / for any thynge

He wente in to the studie general
Ther he gat loue frendsh and aqueyntaunce
Right good and frendly / the mynee cauhynge al
And on a day / to hym befil this chaunce
With a womman a morsel of plesance
By the streetes of the innercitee
As he was in the walkynge / mette he

And right as blyue he whys had a tale
And ther at al / sore in hir loue he brente
Gay / fressh and pykid was shee to the sale
For to þt ende and to þt entente
Shee thidr cam / and bothe foorth they wente
And he a pistle rowned in hir ere
That wher þ what / for I ne cam nat theere

Shee was his paramour shortley to seye
This man to folkes all was so leef
þt they him yaf habundance of moneye
he feestid folk / and stood at hy boncheef
Of the lak of good / he felte no greef
All whyles þt the vinez he with him hadde
But faylinge it / his frendshipe than sadde

his paramour which þt is called was
ffelicula / meruailled right greetly
Of the despenses of this Ionathas
Syn shee no peny at al with him sy
And on a nyght / as þt shee lay hy by
In the bed / thus shee to him spak / a seide
And this peticion asserll him preyde

O reuerent sire / vn to whom þ shee
Obeye is wole ay / with hertes humblesse
Sith þt shee han had my virginitee
yow it biseeche of your his gentillesse
Tellith me whens comth the good & richesse
That yee with feesten folk / and han no stoor
By aught þ see can / ne gold ne tresor

Durham fol. 81ᵛ: art. 10

82

If y telle it þ he / par auenture
Thou wilt desceueue it / & out it publisshe
Which is commaunce inconstant nature
They can nat keepe conseil worth a visshe
Bettre is my tonge keepe, than to wisshe
þt y had kept cloos þt is goon at large
And repentance is thyng þt y moot charge

Nay goode she, haldith me nat suspect
Doutith no thyng y can be right secree
Oel worthy seyd it me to been abiect
ffrom al good companye, if y þ shee
On to you sholde so me take me
Beeth nat adrad your conseil me to shewe
Wel seid he, thus it is at wordes fewe

Thy fadir the ryng which þt thou maist see
On my fynger, me at his dyyng day
Bygeeth, which this vertu & propretee
hath, þt the loue of men, he shal haue ay
þt werith it and they shal be no nay
Of what thyng þt him lykith axe & craue
But with good wil, he shal as blyue it haue

Thurgh þⁱ ryngⱦes vertuous excellence
Thus am y ryche and haue euere ynogh
¶ Now sire yit a word by your licence
Suffrith me for to seye and speke now
Is it disdayn, as þᵗ it seemeth now
Kepe it on your fyngur continuelly
¶ What woldest thou mene ... he ther by

What peril ther of mighte ther befall
¶ Right greet yͤ thee, as yee in companye
Walke often, fro your fyngur mighte it fall
Or pluckid of been in a vagerie
And so be lost, and þᵗ were folie
Take it me, let me been of it wardeyn
ffor as my lyf kepe it wole y certeyn

This Ionathas, this innocent yong man
Yeuynge vn to hir wordes ful credence
As youthe nat auysed best be can
The ryng hir took of his insipience
Whan this was doon & the hete & the feruence
Of loue, þᵗ he had beforn purchaced
Was qͧeint, & loues knotte was vnlaced

Men of hir yiftes for to festne ym
A theyghte he / for the vsyng y nat ne bere
ffalleth my loue / fecche me womman
Seide he my vsyng / anoon yf hole it keys
Shee roos / and in to Chambre dressith hey
And whan shee they in hadde been a whyle
Allas y shee / out on falshede and gyle

The chifte is broken / and the vsyng take out
And whan he herde hir complaynte and cry
he was astoned sore / and made a shout
And seide / cursed be y day y y
The mette first or with myn yen sy
She wepte and she bad out bard cheeys of wo
But in his herte / was it no thyng so

The vsyng was sauf ynow / and in hir chefte
Yt was / al y shee seide was lesyng
To hym Roman / othir whyle atte beste
Can hir and weepe / whan is hir hrkyng
The man sy hir wo / and seide derlyng
weepe no more / goddes help is ny
To hym vnrest holk fale shee was and shy

A Instrument salve for every disease
The theft wysone y rewle agen
yd player y wysone cast
o delay y flamy

He tourned thens, and hoom to his contree
Un to his modir the streight way he wente
And whan shee sy thidir comen was he
Tow sone q shee, what was thyn entente
Thee fro the scoole, now for to absente
What caused thee, fro scoole hidir to hye
Modir right this seide he, nat wole y lye

Ffor soothe modir, my vsurer is ago
My pawom to keepe y betook it
And it is lost, for which y am ful wo
Sorwefully vn to myn herte it sit
Sone, often haue y warned thee, & yit
Ffor thy profyt, y warne thee my sone
Vnhonest women thow keep aftir shone

Thy brooch anoon right wole y to thee sette
Shee brought it him, and charged him ful deepe
Whan he it took, and on his brest it sette
Yet than he dide his vsurer he sholde it keepe
Lest he the los, be cause sholde and weepe
To the goldsmyth, shortly to seyn
In what he kokde, he haastid him ageyn

||||

And whan he comen was, his paramour
him mette anoon / and vn to hym tooke
As y'ᵗ he dide erst / this yonge venelour
hyr conpanye he nat a deel forsook
Thogh he cause hadde / but as w'ᵗ the hook
Of hyr sleighte / he beforn was cauȝt & hent
Right so he was deceiued eft & blent

And as thurgh vertu of the ryng before
Of good he hadde habundance & plentee
While it was w'ᵗ hym / or he hadde it lore
Right so / thurgh vertu of the brooch had he
What good hym list / shee thoȝte how may this be
Sum queynte thyng / now causeth this richesse
He dide the ryng heer-before yᵗ cesse

Wonderynge heer-on / shee preide hym and besoughte
Bisyly nyght and day / yᵗ telle he wolde
The cause of this / but he an othir thoughte
he mente / it close for hym it kept be sholde
And a long tyme it was / er he it tolde
Shee kepte ay to and to / and seide allas
The tyme and hour / yᵗ euere y bore was

John Bargayly duin i55

Truste yee nat on me sire she seide
leuer me were be slayn in this place
By þat good lord þat for us all dide
Than purpose agein yow any fallace
vn to yow wole y be my lyues space
As trewe as any woman in eerthe is
vn to a man / douteth no thyng of this

¶ Smal may shee do þat can nat wel byheete
Thogh nat parfourmed be swich a pmesse
¶ This Ionathas thoughte hir wordes so sweete
þat he was dronke of the plesant swetnesse
Of hem / and of his foolissh tendrenesse
Thus vn to hir he spak and seide tho
Be of good confort / why weepist thow so

¶ And shee ther to answerde thus / sobbynge
Sire y shee / myn heuynesse and drede
Is this / y am adrad of the lesynge
Of your breeth / as almighty god forbeede
It happid so swich what so god thee speede
Seide he woldist thow in this cas consaille
¶ Ther shee þat y keepe mighte it sanz faille

he seide y haue

Durham fol. 84^v: art. 10

he fede y have a fere & drede algate
Yf y so dide the coldest it lese
As the lostist my vnite y now gron but late
Yf rust god preye y yp shee yp y nat cheese
But y myn herte as the cold frost may frese
Or elles be it brent colde childe fyr
Nay sewch it to kepe is my desir

To hir bordes credence he yaf plencey
And the brooch took hyd and after anoon
Cher as he was beforn ful leef & cheer
To folk and hadde good al was agoon
Good and frendshipe in lakkid they was noon
Woman me fecche the brooch yp he kythe
In to thy chambre for it go now hy the

Shee in to chambre route as yp he bad
But she nat broughte yp he sente hir fore
Shee mente it nat but as shee had be mad
Hir clothes hath shee al to rent & tore
And cryde allas the brooch away is bore
ffor which y cole anoon right myn knyf
my self slee y am wery of my lyf

Ask my dutee don
Y humble remmband
his vnto yon ynsting
In the louyne god
long to remembanc

This noyse he herde, & blyue he to hir gan
Seemyge shee wolde han doon as shee spak
And the knyf in al haaste þͭ he can
ffrom hir took, & threew it behynde his bak
And seide, for the los, ne for the lak
Of the brooch, sorwe nat, y forҙeue al
I truste in god, þͭ yit us helpe he shal

To thempire his modir, this ҙonge man
Aҙein him dressith, he wente hym on to
And whan shee syҙ him & shee to wowdṗ gan
Shee thoghte nowҙ sone what ther is me do
And seide, y dreede thy Iewelles two
Been lost now, þ was the brooch & the ryng
Thmodir he seide, ҙee, by heuene kyng

Sone thow woost wel, no Iewel is left
Vn to thee now, but the clooth precious
Which y thee take shal, thee chargynge eft
The compaignie of women vicious
Thow flee, lest it be to thee so greuous
That thow it nat suffrene shalt ne beue
Which compaignie on my blessynge forbere

The clooth shee fette / and it hath hym take · takyng
And of his lady his modir his leeue
he took / but first this forward þan he make hys keynde ·
Modir seide he / trustith this Weel & leeue
þ y shal seyn / for sooth yee shul it peeeue
Yf y leese this clooth · neuer y hom-fare
hens foorth se Wole / ne yoW preyse of grace

With goddes help / y shal do Wel ynoW
hir blesssyng he took · and to studie is go to vnderstan
And as beforn told haue y en to yoW
his paramour his prince mortel fo
Was Wont for to meete þ suyght euene so
Shee dide thanne / & made hym plesant cheere
They clippe and kisse / and Walke homWard in feere

Whan they Wey entred in the haWe · he spradde
this clooth vp on the ground / and they on sit
And bad his pamo˰ this Woman badde
to sitte alse by hym adin on it
Shee doth as þ he comaudith and bit
had shee his thoght / and vertu of the clooth
Wist / to han sete on it / had shee been looth

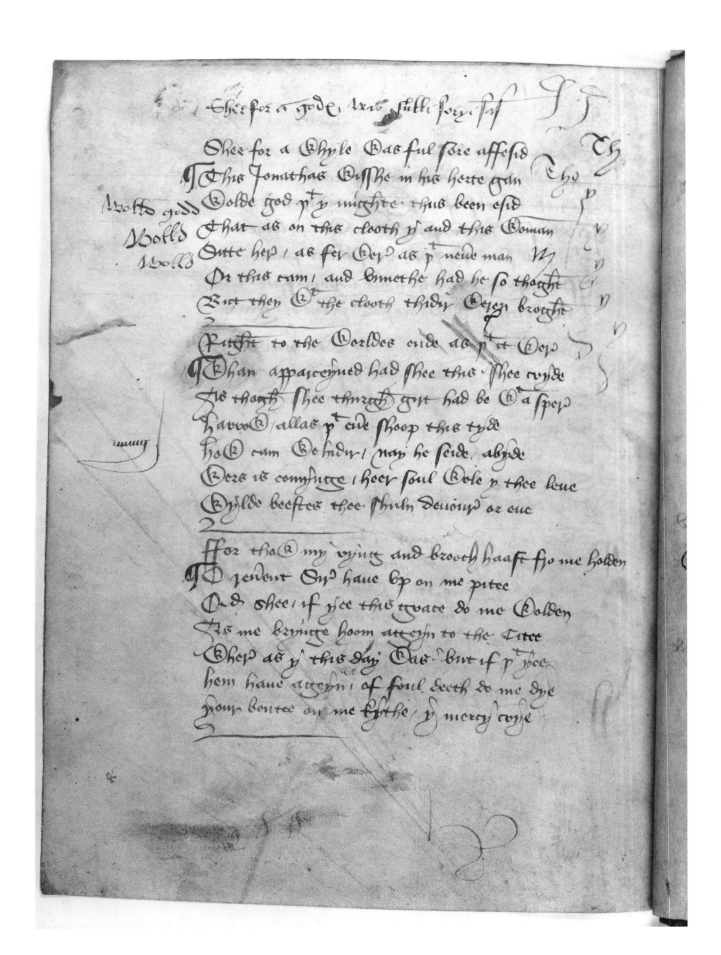

Thee for a gode, was styll fore ... ...

Thee for a whyle was ful sore affesid
This Jonathas wisshe in his herte gan
Wolde god Wolde god yᵗ þ mighte thus been esid
Wolld That as on this clooth yⁱ and this woman
Wolld outte heir / as fer wer as þ newe man
Or this cam / and vnnethe had he so thought
But they wᵗ the clooth thidir weyn brought

Right to the worldes ende as þ it weys
Than apparceyued had shee this · shee cryde
Tis though shee thrugh gyt had be wᵗ a speys
haue wᵗ / allas þᵗ eue shoop this tyde
ho wᵗ cam behndir / nay he seide, abyde
Here is comstute / heer soul wole þ leue
Chylde beestes thee shuln deuoyid or eue

ffor the wᵗ my vyney and brooth haast fro me holden
... rendent oⁿᵈ haue þp on me pitee
And thee / if yee this tware do me wolden
Tis me brynge hoom ayeyn to the citee
theyd as yⁱ this day was · but if þ yee
hem haue ayeyn / of foul deeth do me dye
youp bontee on me kythe / þ mercy crye

Thus Ionathas tolde no thing be Quay—
Ne take ensample of the dedes þ weyne
þt shee dide him beforn but feith him bray—
And this he comanded on dethes peyne
ffro þt the offense thens foorth hir yesterne
Shee swoor and made ther to fore award
But herkneth how shee bray hir after ward

Whan shee sy and knewe þt the wratthe sire
þt he to hir had born / was toon & past
And al was wel: shee thoughte him eft to fire
In hir malice as stood shee stidefast
And to enquere of him was nat agast
In so short tyme how þt it myghte be
That they cam thidir out of his contree

Such vertu hath this clooth on which we sitte
Seide he þt wher in this world we be lift
Sodeynly we the thoght which thidir flitte
And how þt thidir come we be vn wist
As thing fro fer which cometh in the mist
And ther we to this woman fraudulent
To sleepe he seide haue I good talent

Let see yf he / stretche out anoon thy lappe
In which Gole I myn heed doun leye and reste
¶ So was it doon / and he anoon gan nappe
Nappe nay / he sleep right wel atte beste
What dooth this woman / con the sikilesse
Of women all / but yt dooth yt lay
Under thi / shee drow hyte & hyte away

When shee it had al / Golde trod yt shee
I seyd as I was this day mot conyuge
And ther wt this rote of iniquitee
Had hir wissh / and soul lefte tu ther slepynge
¶ O Jonathas lyk to thy perisshynge
Art thow / thy guerdon maad hath thy berd
When thow takist y cause hast thow to be feyd

¶ But thow shalt do ful wel / thow shalt obteene
Victorie on hir / thow hast doon sum deed
Plesaunt to thy modir / wel can I deene
¶ for which our lord god / yolde shal thy meede
And thee delyue out of thy woful dreede
The chyld / whom yt the modir with blesse
ful often sythe is esid in distresse

Whan he awook, and neithir he ne fond
Womman ne clooth he wepte bittirly
And seide allas, now is ther in no lond
Man werse ý two be begoon, than am ý
On euery syde his look he caste and sý
Nothyng but briddes in the eir fleynge
And wilde beestes aboute hir rennynge

Of whos sighte he ful sore was agrysid
He thoghte al this wel disserued y haue
What eild me to be so yuel auysid
That myn conseil forwo y nat keepe & saue
Who can fool pleyse, who can madde or raue
But he ý to a womman his secree
Deskeuereth, the smert cleueth now on me

He thens departed, as god wolde harmlees
And foorth of auenture his way is went
But whidirward he drow he conceitlees
Was he nat wieew to what place he was bent
He paste a watir, which was so feruent
ý fleissh vp on his feet lefte it hi noon
Al cleene was departid fro the boon

It shoop so þt he had a lytil glas
Which þt þt watir anoon filled he
And whan he ferther in his way goon was
Before him he beheeld and sy a tree
þt fair fruyt baar and þt in greet plentee
He eet ther of þe taast hi lykid wel
But he ther thurgh becam a foul mesel

ffor which doun to the ground for sorwe & wo
He fil and seide cursid be þt day
þt I was born and tyme and hour also
þt my modir conceyued me for ay
& now am I lost allas and welaway
And whan sumdel slakid his heuynesse
He roos and on his way he gan him dresse

An othir watir before him he sy
Which for to comen in he was adrad
But nathelees syn ther by othir way
Ne aboute it they kowde noon been had
He thoghte so streytly am I bystad
þt thogh it sore me affese or gaste
Assaye it wole I and thurgh it he paste

And right as the firste water his flessh
Departed from his feet · so the secounde
Restored it / and made al heel and flessh
And glad was he and ioieful þt stounde
Whan he felte his feet hoole weis and sounde
A viole of the water of þt brook
He fild / a foynt of the tree wt him took

ffoorth his ioneyd this Jonathas heeld
And as þt he his look aboute in caste
In othir tree from a fer he byheeld
To which he haasted and him hyed faste
Hungry he was / and of the foynt he thraste
In to his mouth / and eet of it sadly
And of the leepre he pourged was ther by

Of þt foynt more he vatghte / & thens is goon
And a fair castel from a fer sygh he
In compas of which / heedes many oon
Of men ther heeng / as he nyghte wel see
But nat for þt he shone nolde or flee
He thidir ward in dressith the streight way
In al þt euere þt he oon or may

Talkynge so two men cam þ ateyn
And seiden thus deer frend we hoo preye
That man be yee & seuere þ he certeyn
A leeche I am / and though my self it seye
Can for the helthe of seek folk wel pureye
They seide him / of money & astel the thing
A leeche is / and can hool be for no thyng

Þt hir þer hath been many a sundry leeche
þt undrtook him for to cure and hele
On peyne of his heedes but al to seeche
his art was / quar þ thou nat ky þo dele
But if thow trust the charite of helthe ensele
Lest þ thow thyn heed leese as diden they
But thow be wys thow fynde it shalt no pley

Swes seide he yow thanke I of your reed
ffor gentilly yee han yow to me qwit
But I nat drede to leese myn heed
By goddes help ful saaf keepe wole it
God of his grace which konnynge & wit
hath sent me / y I hope I shal him cure
ful wel day I me putte in aventure

Then to the kynges presence han hym lad
And hym of the fruyt of the second tree
he haf to ete / & bad hym to be glad
And seide anoon / youre helthe han shul yee
Eek of the second watir hym haf he
To drynke / and whan he tho two had recevued
his leepre from hym voided was & remued

The kyng / as in to his hy dignytee
Couenient was / yaf hym largely
And to him seide / if þt it like thee
Abyden heere & more habundauntly
Thee yeue wole / my lord sikirly
O & he fayn wolde I youre pleisir fulfille
And in youre hy presence abyde stille

But I no whyle may with yow abyde
So mochil haue I to doone elles where
Jonathas euy day to the see syde
which was my wlente / to looke & enquere
If any ship dra whynge thidir were
which hym heem to sus contree lede myghte
And on a day of shippes had he sighte

And so wise

Thomas

Thomas

m. 6

Durham fol. 90ʳ: art. 10

Cesar xxx· toward the Castel dra(ke)
And atte tyme of euen song they alle
Awynedin / of which he was ful fawe
And to the Shipmen one he gan p calle
And seide, if it so happe mighte & falle
p some of yo(w) me hoom to my contree
me bryn(g)e wolde / wel ycht sholde he be

And tolde hem whidir, p they sholden go·
Oon of the shipmen foorth stirte atte laste
And to him seide / my ship and no mo
Of hem p heer been · hem shape & cast(e)
Thidir to wende / let see / tell on faste
Q(uod) the Shipman / p tho(w) for my trauaille
me yeue wilt / if p I thidir saille

They wel accorded, Jonathas foorth gooth
In to the kyng / to axe of him licence
To wende thens / to which the kyng was looth
And nathelees with his beneuolence
This Jonathas from his magnificence
Departed is / and foorth to the Shipman
his way he takith / as swythe as he can

In to the shipp he entorth / was blythe
He wynd and wedyr good sheep for to be
Thidyr as he purposid hym avyue
They saillid foorth / ʒ cam to the Citee
In which that serpentyn woman was shee
That had hym teened with false deceitis
But whey no remedie folwith / strert is

Teenes been qwit / al be they goode or badde
Ouuityiue / thogh they put been in delay
But to my purpos / shee deemed he hadde
Been deuoured with beestis many a day
Soon shee thoghte / he deliuued was for ay
ffolk of the Citee / knee⊕ nat Jonathas
So many a yeer was past / ᵱ he they was

vnslykynge ʒ thoght / changed eek his face
Abouten he gooth / and for his dwellynge
In the Citee / he hyred in a place
And ther in exerecysid his konnynge
Of phisik / to whom alyen repeyrynge
many a seek wight / and all wey heeld
wel was the seek man ᵱ with hym hath deeld

                    Romane

Now shoop it thus þt this ffellicula
The Belle of deceyuable doublenesse
ffolower of the steppes of dalida
Was thanne exaltat on to hy richesse
But shee Was fallen in to greet seeknesse
And herde seyn / for nat mighte it been hid
hoW maistresful a leche he had him kid .

Messagers solempne to him shee sente
preyynge him to do so mochil labour
As come and seen hir / and he thidir Wente
Whan he hir sy / þt shee his pamour
had been he Wel kneW / and for þt dettour
To his he Was / his he thoghte to qwyte
Or he Wente / is no lenger it respyte

But What þt he Was / shee ne Wiste nat
he sy hir swyne / & eek felte hir pous
And seide / the soothe is this pleyn & plat
A seeknesse han yee straunge & merueillous
Which for to boide is Wondir daungerous
To hele you Wher / is no Way but oon
leche in this World / othir can ffynde noon

Egit filius fait le tronsum foune de aulte enstro Zamos et mory
four en vinge 33e 39k el dñi et quoy of fenet fazzo go

Amys sith that Whethir that yo lift it take
Or nat, for yf told haue yo my Wit
Fy, Oys seide shee, for goddes sake
That say me shelde, and y shal folwen it
That euo it be, for this seeknesse sit
So in myn herte, that y Woot nat hou
Me to demene, telle on preye y yo

Lady yee muste openly yo confesse
And if ageyn good conscience & virght
Any good han yee take more or lesse
Beforn this hour of any maner Wight
Hide it anoon, elles nat in the myght
Of man is it to haue a medecine
That yo may hele of you seeknesse & pyne

If any Wich thyng be, telle out yf vode
And yee shul been al hool yf yo byheete
Elles myn art is naught, Withouten drede
O lord shee thought, helthe is a thyng ful sweete
TherWith desyr y soudaynly to meete
Oyn yf it by confessiou may y ekude
A fool am J but J my gilt deskende

Hou falsly to the sone of themperour
Jonathas / had shee doon / before he all
As yee han heyd aboue / al yt errour
Byfnee[?] shee / o ffelliousa thee call
Wel may y so / for of the bitter gall
Thou takist the begynnynge of thy name
Tho voote of malice / and myp of shame

Than seide Jonathas / Whey avn tho thee
Jeckelles / yt yee fro the Clerk Orthodox
And in a Cofre / at my beddes feet yee
Shul fynde hem / opne it / and see preye y yo
he thoghte nat to make it queynte and to
And seye nay / and trewe conrtesie
But Oith vifght tpoad Wel / thidir he gan hye

The Cofre he opned / and hem they fond liyinge
Tho Was a glad man but Jonathas Tho
The vyng vp on a ffynger of his hond
he putte / and the brooch on his brest also
The clooth eek vndir his arm heeld he tho
And to hid him dresseth to doon his cure
Ture mortel Enys to hy sepulture

he thoghte

This bill made þe xxiij dayes of may . . . in þe
. . . yere of þe rayne of Edward þe . . . þe . . .
. . . by þe . . . of god of Englond fraunc . . . Irelond . . .

He thoughte . . . þt shee sholde and forthynke
þt shee hym hadde don to him mis bere
And of þt watir hym he gaf to drynke
Which þt his flessh from his bones before
had consumed . Wherthurgh he was almoost lore
Nad he releeued been / as yee aboue
han herd / and this he dide eeke for hir loue

Of the fruyt of the tree he gaf hir eete
Which þt him made in to the leepre sterte
And as blythe in hir wombe þan they f>ete
And gnawe so / þt chaunge þan his herte
No woman herkneth / hou þt it hid made smerte
hir wombe opned / and out fil þe entraille
That in hir was / thus seith the book sanz faille

Thus crcethydly lo / this gyfleman dyde
And Jonathas to the Jewelles thre
No lenger they thoughte to abyde
But hoom to þempire his modir hastith he
Cheer als in ioie and in prosspitee
his lyf ledde he/ to his dyssinge day
And so god be graunte þt we do may

Amen

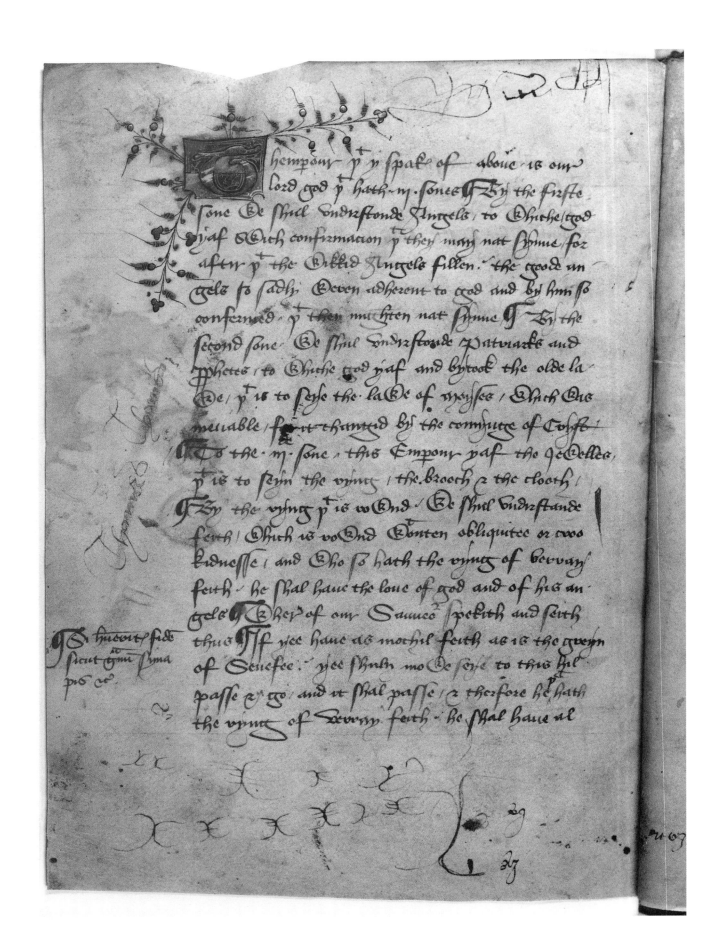

hempour þ y spak of aboue is our
lord god þ hath iij sonee ✠ By the firste
sone we shul vndrstonde Angels, to Whiche god
yaf Wth confirmacion þ they may nat shyne / for
after þ the Wikkid Angele fillen · the good an
gele so sadli Weven adherent to god and by hm so
confermed · þ they mighten nat shyne ✠ By the
second sone we shul vndrstonde Patriarke and
phetes / to Whiche god yaf and bytook the olde la
We / þ is to seye the lawe of moyses / Whith que
meuable · first chaungid by the comynge of Crist
✠ To the · iij sone · this Empour yaf the jeWelles ·
þ is to seyn the vsyng / the brooch & the clooth ·
✠ By the vsyng þ is weknd · We shul vndrstande
feith / Whith is weknd Conten obliquitee or crwo
kidnesse / and Who so hath the vsyng of verray
feith · he shal haue the loue of god and of his an
gele ✠ Wherof our Saueo spekith and seith
thus ✠ If yee haue as mochil feith as is the greyn
of Senefee · yee shuln mowe seye to this hil
passe & go / and it shal passe / & therfore he hath
the vsyng of verray feith · he shal haue al

Durham fol. 93ᵛ: art. 11

thyng at his luft and plesance ¶ God yaf
also to the Cristen man a brooch / þt is to seyn the
holy goost / and seyde / I shal sende to yow the
holy goost / þt he shal telle and enforme yow of
al þt ye seye / and if we haue the holy goost in
oure hertes / douten doute we shul han all goodes þt
profiten to the helthe of saule ¶ Also god yaf to
the Cristen man the iij deed / þt is to seyn
the precious clooth / this clooth is parfyt charite /
Which god shewd be in the crois / he loued be
so mochil þt he dede for be / to bryntge be to et
nel blisse / therefore who so setteth hym on parfyt
charitee / douteles he shal be translated out
of this world / in to perpetuel reste ¶ The seid
Jonathas may be clepe a Cristen man / which
is sliden or fallen in to synne ¶ This pamony
þt is to seyn his wrecchid flessh cometh to hi
and meetith him / stryrynge hym to synne / and
so he leesith the vrtue of feith / which he recey
ued & took in his baptem ¶ Also the brooch
þt is to seyn the holy goost fleeth from hym
by cause of his synne ¶ The clooth eek is with

by cause of his synne ¶ The clooth

Iesus haue mercy vppon vs and thie
holy name we hath here of cristo
 taken from him þ[a]t is to seye passith charitee as
often as he consentith to synne / and thus the
deceyved man dwellith or abydith withouten help
amonge beestes þ[a]t is to seyn / Of the feend, the
world and the flessh / And therfore as dide
Ionathas / Arise vp fro thy synne / Rise vp, for
al to longe hast thou slept in the lappe of
carnalitee or flesshlyhede / as it is writen / Rise
vp thou þ[a]t slepist and y shal enlumyne thee / Right
so Sampson slepte in the lappe of dalida and loste
his strenthe / So Ionathas roos and entred in to
the watir of penance / Which t[ur]meth and disse
uerith the flessh þ[a]t is to seyn flesshly affecciouns /
Afterward he eet of the fruyt of sharpnesse
which chaunged his cheer in to the made of a
leepre / as it is sed of crist / We shal him as
hauynge no cheve or contenance / Right so of
the soule which is in bitternesse for the wreght
offense and synne / Ther of it is sed in the fi
gure and liknesse of the soule / Blak y am
but y am fair / þ[a]t is to seyn blak in body and
fair in soule / And Ionathas entred the second watir
which restored al &c / This watir is the holy
communion after penitence / Ther of spak our
lord him selue

Cuueor. I am the Well. thoo so drynkith
of þ[at] watir. he shal nat thriste ageyn. After
this Ionathas eet of the fruyt of the second tree
Which restored al þ[at] was lost. þ[at] is to seyn Than
man is glorified in eternel lijf. and helith the hurt
þ[at] is to seyn resoun. and so he curith the shyp of
the chirche. and to his pawo þ[at] is to seyn his flessh
he prouieth watir of contricioun & fruyt of
penance and sharpnesse. for Which. the flessh.
þ[at] is to seyn carnel or flesshly. affeccioun steruith
and dieth. and the man purchaseth & getith by
penitence the goodes þ[at] Cristin lost. and so he gooth
in to his Cuntree þ[at] is to seyn the Regne of heuene
to Which god of his grace brynge vs alle Amen

Go smal book to the noble excellence
of my lady / of Westmerland and seye
hir humble seruant with al reuerence
him recomandith vn to hir noblesse
And byseeche hir. on my behalue & preye
hir to receyue. for hir olde right
And looke thow in al manere wyse
to plese hir Bownnhede do thy might

Perlegi 1660

humble seruant
to your gracious
noblesse
T. hoccleue.

Durham fol. 95^v: originally blank